神戸国際大学経済文化研究所叢書18

現代の結婚と婚礼を考える
学際的アプローチ

中矢英俊／近藤 剛編著

ミネルヴァ書房

現代の結婚と婚礼を考える
——学際的アプローチ——

目　次

序　章　現代の結婚観と婚礼の多様性…………………………近藤　剛…1

　　　1　本書の趣旨　1
　　　2　本書の概要　4

第Ⅰ部　歴史にみる結婚と婚礼

第1章　結婚観を考える視座………………………………近藤　剛…9

　　　1　結婚の起源　9
　　　2　混乱する現代の結婚観　12
　　　3　日本人の結婚観の移り変わり　14
　　　4　結婚という思想──昭和の保守論壇から　16
　　　5　結婚観で問われていること　24

第2章　結婚という神秘………………………………………近藤　剛…31

　　　1　アリストファネスの神話　31
　　　2　サクラメントとしての結婚　33
　　　3　救済論としての結婚　39
　　　4　結婚における原初的なるもの　42
　　　5　結婚の本質　48

第3章　古事記における結婚の風景…………………………白砂伸夫…55

　　　1　結婚と歴史　55
　　　2　古事記における結婚の儀式　58
　　　3　国生み神話における結婚　64
　　　4　天の御柱　72
　　　5　柱を回ることの意味　80

目　次

第4章　源氏物語における結婚の風景……………………白砂伸夫…83

1　源氏物語とは　83

2　平安時代の結婚　86

3　源氏物語における結婚　93

4　三日夜の餅　106

第Ⅱ部　調査による結婚とブライダル

第5章　若者のブライダル観はどのように形成されるのか

………………………………辻　幸恵…117

1　ブライダル観と経営資源との関係について　117

2　「ハレ」の場に関する「ヒト」と「モノ」との関係について　118

3　フォーマルシーンに対する「カネ」と「情報」について　126

4　女子大学生たちに対するフォーマルシーンにおける価格戦略　136

5　女子大学生たちに対するフォーマルシーンにおける情報戦略　138

6　今後の課題　140

第6章　結婚と結婚式に対する若者の意識とニーズとは何か

………………………………辻　幸恵…143

1　若者の結婚に対する意識とその背景について　143

2　女子大学生たちの結婚観について　145

3　女子大学生たちのイメージする結婚式について　147

4　女子大学生たちと女性就労者たちとの結婚への意識比較　154

5　結婚式に対する女性のニーズとブライダル戦略との関係について　158

6　今後の課題　161

iii

第7章　ブライダル市場の現状 ……………………………… 中矢英俊… 165

- ① 未婚者の意識　165
- ② 多岐にわたるブライダル業界　167
- ③ セレモニー形態の多様化　172
- ④ 業界にとっての課題　174

第8章　ブライダル業界における課題解決と顧客満足度向上
……………………………………… 中矢英俊… 183

- ① 業界慣習によるビジネスモデルの課題の改善　183
- ② 消費者視点による満足度向上　189
- ③ ブライダルにおける地域マーケティングの重要性　192
- ④ 変化に向けた将来展望　195

第Ⅲ部　観光化する結婚とブライダル

第9章　龍馬ハネムーンロードと観光地づくり ………… 桑田政美… 201

- ① 日本最初の新婚旅行──坂本龍馬とおりょう　201
- ② 昭和の新婚旅行のメッカ・宮崎　209
- ③ 1970年代における終生結婚観の変容と宮崎ブームの終焉　217
- ④ 地方創生と南九州新婚旅行ゴールデンルート復活への課題　220

第10章　観光化された結婚の風習 …………………………… 桑田政美… 225

- ① 日本の珍しい結婚の風習　225
- ② 結婚プロセスの商業化　231
- ③ 結婚の風習の観光化事例　232
- ④ 結婚の風習を利用した新たなツーリズム　240

あとがき ………………………………………………………… 中矢英俊… 245

序　章
現代の結婚観と婚礼の多様性

近 藤　　剛

☐1　本書の趣旨

　本書は，神戸国際大学経済文化研究所プロジェクト XX「結婚観の歴史的変遷と婚礼の多様性に関する学際的研究」（2015～2016年度，代表／中矢英俊）において取り組まれてきた共同研究に基づく成果である。神戸国際大学経済学部国際文化ビジネス・観光学科では「ホテル・ブライダル・セレモニーコース」を設置しており，とりわけブライダルに関する知識の習得と実践の訓練（大学チャペルでの模擬結婚式等）に努めている。関連する専門科目の一つである「ブライダル産業論」（リレー講義）の担当者たちは，それぞれの問題意識や検討課題について意見交換を行う中で，これまで蓄積されている研究成果の共有，並びに当該分野における学際的な研究拠点の形成が必要であるという認識で一致し，本プロジェクトを企図することになった。

　社会状況と価値観の急激な変貌によって，伝統的な冠婚葬祭の意味（習俗，慣行に含まれた行動様式に伴う知の在り方）が見失われつつある昨今，特に現代人の結婚観をめぐる意識変化は顕著であり，個人的な領域においてのみならず，社会的な領域においても先鋭に問題化されてきている。少子高齢化社会の実現とともに，未婚率が上昇し，晩婚化が加速し，非婚化が進行し，いわゆる「家族難民」が大量に生み出される懸念がある。あるいは，同性婚の合法化という世界的な趨勢（例えば同性婚をアメリカ全土で認容した2015年6月のオバーゲフェル判決），および LGBT（レズビアン，ゲイ，バイセクシャル，トランスジェンダーの頭

文字で表わされる多様な性的指向を持つ人々）の人権を擁護するための法整備など，喫緊の課題もある。本プロジェクトでは，こうした問題関心のもとで，過去から現代にいたる結婚観の変遷を歴史的に考察するとともに，多様化する婚礼の在り方について学際的に検討しようとする。具体的には，結婚の原理に関する人文科学的な考察を踏まえつつ，デザイン・ビジネス論，イベント・プロデュース論，マーケティング論，ホスピタリティ・ビジネス論などの実践的な知見，ないし社会科学的なアプローチによる調査，研究，検証を経て，結婚をめぐる歴史的な理解と今日的な特質を明らかにし，これからの結婚の理解と婚礼のスタイルについて，多様な可能性を展望する。

　以下では，研究員の構成について紹介し，2015年度から開始された研究活動について時系列的に報告しておく。

（1）　研究員の構成（五十音順）

　桑田政美（神戸国際大学経済学部教授）

　近藤　剛（神戸国際大学経済学部教授）

　白砂伸夫（神戸国際大学経済学部教授）

　辻　幸恵（神戸学院大学経営学部教授）

　中矢英俊（神戸国際大学経済学部教授）　プロジェクト代表

（2）　研究活動

　本プロジェクトの研究活動は，定例研究会の実施，『経済文化研究所年報』での論文発表，公開フォーラム，および公開講座の開催，叢書の刊行（本書）から成り立っている。特筆すべきは，産学協働と地域連携の観点から企画された公開フォーラム（基調講演とパネルディスカッション）の開催であり，少なからず反響を得ることができた。神戸を拠点に活躍するブライダル業界の関係者を招集して，「神戸ブライダル」のブランドイメージを詳細に検証し，積極的に発信できたことは有意義な試みであったと思われる。次に，これまでの研究実績を紹介しておく。

序　章　現代の結婚観と婚礼の多様性

① 研究会の記録

【2015年度　定例研究会】

第 1 回研究会（ 4 月23日）

「研究活動の基本方針」（中矢英俊）

第 2 回研究会（ 5 月26日）

「新婚旅行の変遷——形態と目的地」（桑田政美）

第 3 回研究会（ 6 月25日）

「ウェディング業界の市場動向と長期戦略」（中矢英俊）

第 4 回研究会（ 7 月23日）

「学生ブライダルアンケート調査の結果報告」（白砂伸夫）

「物語から読み解く婚礼の歴史」（白砂伸夫）

第 5 回研究会（10月29日）

「若者のブライダル観」（辻　幸恵）

「ブライダルジュエリーに対する大学生のイメージ」（辻　幸恵）

【2016年度　定例研究会】

第 6 回研究会（ 6 月11日）

「研究活動の中間的総括」（中矢英俊）

第 7 回研究会（10月19日）

「公開土曜講座に向けて」（中矢英俊）

第 8 回研究会（ 1 月13日）

「結婚観の研究方法について——構造・変遷・思想の観点から」（近藤　剛）

② 刊行物

神戸国際大学経済文化研究所『経済文化研究所年報』第25号（2016年 4 月）

「女子大学生の結婚式に対する意識と結婚観との関係」（辻　幸恵）

神戸国際大学経済文化研究所『経済文化研究所年報』第26号（2017年 4 月）

「結婚観の研究のための覚書——構造・変遷・思想の観点から」（近藤　剛）

③ 公開フォーラム

Kobe Wedding Forum 2016（2016年 2 月13日）

主催：神戸国際大学経済文化研究所

後援：日本繊維機械学会・企業心理と消費者心理研究会

第1部　基調講演

「これからの結婚とブライダル業界の展望」

講演者：福永有利子（株式会社フェイス代表取締役）

第2部　パネルディスカッション

「神戸ブライダルの強み＆ブライダル業界の課題と展望」

パネリスト：吉備由佳（株式会社ポートピアホテル婚礼部長），荻原宏宗（ケント株式会社代表取締役）

コメンテーター：桑田政美，辻　幸恵

コーディネーター：中矢英俊

第3部　バレンタイン　オルガンコンサート

演奏者：伊藤純子（神戸国際大学オルガニスト）

④　公開講座

第31回プロジェクトXX公開土曜講座「結婚──変わりゆくもの　変わらないもの」

主催：神戸国際大学経済文化研究所

後援：日本繊維機械学会・企業心理と消費者心理研究会

第1回（2017年2月25日）

「結婚は人生の墓場か？」（近藤　剛）

「龍馬ハネムーンロードと観光地づくり」（桑田政美）

第2回（2017年3月4日）

「古事記と源氏物語，古代の結婚の風景」（白砂伸夫）

「多様性対応のブライダル・マーケティング」（中矢英俊）

［2］　本書の概要

本プロジェクトの研究員は，それぞれ専門分野が異なり，対象へのアプロー

序　章　現代の結婚観と婚礼の多様性

チの仕方も多様であるため，本書の執筆に際して厳密な意味での方法論の統一（または用語の定義）は図られず，自由裁量に委ねられている。しかし，結婚観の歴史的変遷と婚礼の多様性という研究主題を軸にして，それぞれの立場から考察が行われ，それらが相互に議論を補完し合い，論点を立体的に交差させることによって，構成の全体像が明らかになるよう努めている。以下では，それぞれの担当章についてポイントを指摘するため，最小限の内容紹介を行っておきたい。

　拙論（第1章，第2章）では，結婚観とは歴史的変化にさらされた不定形なものであると指摘しつつ，それは幅広い意味でのパートナーシップに伴う本質的な問題であると再規定し，結婚の原理とは何であるのかを，人文科学的な手法で明らかにした。いわゆる「本質主義」ではないかといった批判を予想しつつも，結婚の本質を哲学的，宗教的に考察し，東西の古典的な思想に含まれた結婚の知恵を現代人にとって再確認すべき斬新な視点と捉え，人間存在の根源に関わる聖性と神秘の復元を結婚という形態に求めた。

　白砂論文（第3章，第4章）では，日本人の婚姻史が取り上げられ，結婚の儀式の起源とその歴史的な変遷について論じられている。特に古事記，源氏物語といった日本の古典作品に描かれた結婚の形態と当時の風俗が詳しく扱われており，興味をそそられる。ご自身が建築家であることに由来するのかもしれないが，古事記にある「柱を立てる」ことを中心とした結婚の様式に着眼し，ハイデッガー哲学を解釈原理として考察された点は注目に値する。ここで概観された古代・中世の結婚イメージは，現代人の感性に豊かさを取り戻すきっかけになるのではないか。

　辻論文（第5章，第6章）では，社会科学的な調査方法が駆使され，大学生を中心とした若者のブライダルに対する意識や関心が浮き彫りにされている。結婚という儀礼のフォーマル性をめぐる若者の社会的・心理的変容，またブライダルに求める若者のニーズの変化（多様性）について，広範囲にわたって収集されたさまざまなデータが提供されている。それらをマーケティング論と消費者行動論の視点から分析することによって，今日のブライダル産業における価

格戦略，および情報戦略に対する問題提起を行っている点は巧みである。

中矢論文（第7章，第8章）では，ブライダル市場（挙式，披露宴，新婚旅行，新生活）の分析が行われている。ご自身が長く業界人であったことに由来する豊富な経験と幅広い人脈に基づき，ホテル業界関係者への聞き取り調査が行われ，ブライダル市場を取り巻く課題が具体的に抽出されたことは貴重な成果であろう。そして，業界慣習の紹介と分析を踏まえて，聞き取り調査によって明らかにされた課題の改善を試みる提案がなされている。地域経済振興策としてのブライダル産業の可能性にまで言及されていることは興味深い。

桑田論文（第9章，第10章）では，結婚の風習がどのように商業化され，観光化されてきたのかが，数多くの事例分析とともに明らかにされている。実地調査により行程の全体を考証された「龍馬ハネムーンロード」の紹介は，日本における新婚旅行の起源を明示するものであり，画期的と言える。さらに新婚旅行と宮崎の観光地づくりとの関係，その中に垣間見える昭和の結婚観について，詳しい説明がなされている。地域性と観光化事例に注目した結婚の風習の分析から，観光振興による広域連携の提言まで，実証的な議論が見受けられる。

本書は，以上のような理論的視点と実践的視点が絡み合った多彩なアプローチを特徴とする。読者は問題関心に応じて，どの章からでも読み進めることができ，それぞれから情報を得ることができる。ただ，本プロジェクトとしては，現代の結婚観と婚礼の多様性について，抽象的な思考から実証的な検証へと段階的に考察を進めており，各章はそのような意図で配列されている。そのことは本書が3部構成によって編まれていることからも明瞭であろう。そして，歴史的な回顧と今日的な状況分析が並行して行われたことによって，結婚をめぐる問題が包括的に示されるよう努力したつもりである。本書は結婚と婚礼についてのささやかな思索と限定的な調査報告を行ったものにすぎないが，一定の論点整理はできたものと考えており，さらなる議論への一助として用いられるならば幸甚である。

第Ⅰ部

歴史にみる結婚と婚礼

第1章
結婚観を考える視座

近 藤 　 剛

1 結婚の起源

　人類は有史以来，異性と交際し，交合し，家族を作り出し，共同生活を通して共働し，協働し，社会を形成してきた。先史時代から現代にいたるまで，男性と女性が夫婦になることで結婚が成立し，それが子孫の繁栄につながってきた。このことが人類社会の礎となってきたことを誰も否定できないはずであろう。経済学者ジャック・アタリは，次のように主張している。「いつの時代にも，たとえごく一時的にであろうと，男と女は一夫一婦的な関係をもってきた。一般に，まず男女は2人でしか愛し合わない。この関係はかならずしもつかのまの性関係とは限らず，ときとしては永続的な愛情関係となる。共有と敬意からなる，感情だけのものであることもある。独身者がたくさんいたり，外部に戦いに行ったりしなければならない状態を受け入れるのでなければ，自然状態で男女の出生数が等しい以上，結局一夫一婦制は社会的に必要なものである。つまり，男女のバランスを維持するための一夫一婦制ということである」（アタリ／ボンヴィシニ 2009：119）。

　しかし昨今，その自明性は盤石とは言えず，配慮すべき事柄の多さ，例えばLGBT や同性婚（same-sex marriage）の問題を前にして揺らぎつつある。結婚とは「人類の究極の契約」または「男女間の永続的な配偶関係」（マイケル・ギグリエリ）であり，男女の絆こそが「人類という種の根本条件」（デズモンド・モリス）であるという伝統的な主張に対しても，慎重な評価あるいは判断の留

9

第Ⅰ部　歴史にみる結婚と婚礼

保が求められる時代状況となってきている。結婚観のスタンダード，つまりこれまで尊重されてきたオーソドックスな価値観（例えば，仕事を持って結婚できれば一人前の社会人と見なされるような考え方）が崩れ去りつつあることは，人類の未来にいったい何を投げかけることになるのであろうか。[1]巷間では，同性婚，同棲婚，コスパ婚，通い婚，ジモト婚，里山婚，産むだけ婚，グローバル婚，逆転婚などの言葉が躍り，結婚の多様性が喧伝されているようだが，筆者は個別的な事例を一般化しすぎることには違和感を覚える。その反面で，結婚の規範性はこうあるべきだと一律的に扱うことができなくなってしまった実情を反省的に捉える必要性も感じている。

　ところで，結婚の起源について研究が盛んになったのは19世紀頃であると考えられている。[2]それらは今日の考古学的な実証性には耐えられそうにない仮説であるが，よく知られているものを取り上げておこう。スイスの法律学者ヨハン・バッハオーフェンは『母権論』（1861年）において，古代社会では性規範が緩く，婚姻制度といった規律もなく，言わば「雑婚」状態であり，そのような中では子供の父親が誰であるのか判別できないので，おのずから女性が決定権を握るという「母権制」が優位であったとされる。同旨はドイツの社会思想家フリードリッヒ・エンゲルスも『家族・私有財産・国家の起源』（1884年）で述べており，古代社会では「雑婚」にして「母権制」が主流であったが（原始共産制），私有財産制の普及に伴って一夫一妻制が確立され，やがて父権制に移行していったとされる。もっとも，エンゲルスの強調点は，これから段階的に共産主義革命が起こり，一夫一妻制が解消されて，階級制度のない平等な世界が実現されるという予見にあった（その歴史的な実験は人類にとって悲劇以外の何ものでもなかったのであるが）。このような「雑婚」と「母権制」の主張に対抗したのが，フィンランドの人類学者エドワード・ウェスターマークである。彼の『人類婚姻史』（1891年）では，オスとメスは同棲するという動物の習性，種の保存という生物学的本能，男性の女性に対する独占欲（男性の嫉妬心）といった点から，もともと人類において一夫一妻制が根づいていたにちがいないと推定されている。

第1章　結婚観を考える視座

　結婚の起源をめぐって，今日では多種多様な学際的アプローチ⁽³⁾があり得て，その真相を一義的に明らかにすることは困難であると言えるが，人類の生殖に関わる本能的な欲求と種の保存への根源的な意欲，並びにそれらを装飾する文化的な関心が，異性間で結婚（さらに婚礼というセレモニー）の形態を取らせたことは首肯できよう。想像するに，生活様式が狩猟採集から農耕牧畜へと移行し，社会において生産性が向上し，余剰財が蓄積されるにつれて，結婚は当事者間で財産的価値の交換，並びに共有という性質（経済性）を帯び⁽⁴⁾，その主導権は個人から集団ないし「家」へとシフトし，制度化されていったものと思われる。近代以降になると，決まりきった仕組みなのだから誰もが適齢期に結婚すべきなのだという考え方だけではなく，自由恋愛のプロセスとして相互の自由意思に基づく個人的な契約関係という捉え方が現われて，制度的な理解（社会性）と契約的な理解（個人性）が並行ないし混在するかたちで結婚のイメージが定着していくものと考えられる。

　このように，結婚観は最初から定型化されているのではなく，歴史的な変化にさらされており，またそれぞれの社会的な構造（共同体）の中で形作られていくものであると分かる。それは基本的には不定形なものと言えるが，変わることのない本質的な問題も提起しているはずである。つまり，異性間であろうが同性間であろうが，一夫一妻であろうが一夫多妻（多夫一妻）であろうが，異なる他者との出会いからはじまる半ば永続的とも言える関係性（継続性）について，それが自分の人生において何を意味するのか，自分の生き方に対してどのような意義があるのか，要するに誰もが直面する普遍的な問い，すなわち思想的な課題として扱わざるを得ないのではないか。私見によれば，結婚観をめぐる研究には，社会的な構造と歴史的な変遷という観点，および意味や価値に関わる思想的な省察が求められると思われる。

　本章では，日本人の結婚観が現代の社会的構造の中でどのように変化しているのか，また日本人の結婚観はどのように移り変わってきたのかを，研究史を参照しつつ簡単にスケッチしてみたい。その上で，時代状況が変わっても見失われてはならない結婚という事柄の本質（いわゆるクラシカルな結婚観）につい

第Ⅰ部　歴史にみる結婚と婚礼

て，昭和の保守論壇の議論を手がかりに論じたい。

② 混乱する現代の結婚観

　世俗化が極まった現代社会において，伝統的な冠婚葬祭の意味は希薄化，形骸化されている。それは単に，儀式という形式が失われていくことのみならず，それが表現していたセレモニーの意味内実が，さらに言えば継承されてきた世界観（宗教性）が消滅していくことにほかならない。とりわけ，現代人の結婚観の変貌は個人的な意識変化の問題にとどまらず，社会的，法律的，国家的な問題にも密接に関わっている。少し前までは，厚生労働省の人口動態統計が示した「熟年離婚」の増加が問題にされていたが[5]，今日では離婚にいたるまでの結婚そのものへと届かないことが問題となっている。現状では，単身世帯が夫婦と子供からなる標準世帯を上回っており，厚生労働省の国立社会保障・人口問題研究所によれば，全世帯に占める単身世帯率は2035年には40％近くまで拡大すると予想される[6]。また，男性の５人に１人は生涯未婚のままで人生を終えると言われるが，『平成27年版厚生労働白書』によれば，2035年の生涯未婚率は男性29.0％，女性19.2％と予測されており[7]，さらに深刻な事態がもたらされそうな気配である。いわゆる「未婚大国」（河合 2017：98-103）の誕生である。

　未婚率の上昇による単身化，晩婚化の加速による少子化，非婚化の進行による孤立化は「家族難民」を生み出し，「超高齢社会」の到来に対する歴代政府の無策と相まって，日本の行く末を大きく左右する[8]。むしろ，政策的に「性別分業体制」から「共働き社会」へと移行させた結果，結婚という選択を避ける人，望んでも結婚することができない人が急増し，生活実態として子供を産み育てることから遠ざかってしまい，筒井淳也の指摘にあるように「家族からの撤退」という現実が浮き彫りになっている。それと同時に「おひとりさま」というライフスタイルが登場してきたことも指摘しておきたい。実際には，未婚の男女ともに結婚願望は80％を超えているにもかかわらず，異性の交際相手がいない人の割合は男性が70％，女性が60％と過去最高の水準になっている[9]。こ

のちぐはぐな状況について，責めを負うのは個人なのか，社会なのか，それとも政府なのか。

　さて，2007年に山田昌弘によって提唱された「婚活」（結婚を目標として積極的に活動すること）という言葉が人口に膾炙して久しいが，それは「就活」とも並行して論じられることが多い。男女雇用機会均等法の施行，就職協定の解除，就職氷河期の到来，非正規雇用の増大など，社会の在り方が激変するにつれて，一昔前のように自動的に就職し，結婚できるという状況ではなくなってしまった。殊にバブル崩壊後，経済の規制緩和によって自由市場が拡大されたが，選択肢が増えれば増えるほど選べなくなり，適正な調整機能が働かないまま，結果として格差社会がもたらされた。「就活」にせよ「婚活」にせよ，自由化と多様性に翻弄されるかたちで，従来のようにスムースには決まらなくなってしまった。石井研士によれば，多様性には2種類の意味があって，一方では，個人が自らのライフスタイルを選択して構築するという積極的意味と，他方では，行動様式や生活様式の規範の崩壊と不一致という消極的意味に解釈されているが（石井 2005：129），現代では多様な選択肢を前にして選ぶこともできず，場合によっては何もあてがわれないままに捨て置かれてしまい，何らかの様式を守るという余裕などほとんど認められない実情がある。江戸時代までは家業を継ぐことが一般的であり，職業を選択する自由はなかったが，逆に言えば，誰にでも何らかの働き口が用意されていたのである。また，不本意かもしれないが，親戚縁者や地域共同体の慣行によって縁組も決められ，結婚から取り残されることも少なかったのである。今や，そのような調整機能は社会において働いておらず，自己責任を原則とする自由化と，消極的な意味での多様性が眼前に迫り，若者の間に徒労感が広がり，閉塞感さえ漂わせている。

　山田昌弘は，晩婚化や非婚化が急速に増えた理由として，①経済環境の変化，②自己実現意識の向上，③交際機会の増大を挙げている（山田・白河 2008：98-110）。つまり，男女の賃金格差が縮小し，女性の望む経済力と男性の実際のそれとが乖離したことにより，女性が男性に養ってもらうために結婚するという発想そのものがなくなってしまった。また，社会進出していく女性の意識が変

第Ⅰ部　歴史にみる結婚と婚礼

化して，画一的であった男女の役割も多様化し，結婚が必ずしも優先順位の高い選択肢になり得なくなった。自己実現の可能性を高く設定すればするほど，自分に合うパートナーへの期待値も上昇し，結果的に理想的な相手を見つけられなくなる（分かりやすく言えば，上を求めればきりがない）。そして，交際の機会が増えれば増えるほど，皮肉なことに恋愛格差が生じて，競争から弾き出された結婚できない男女を生み出すことになった。

　牛窪恵によれば，昭和には，性的衝動が若者を恋愛や結婚に向かわせるという思潮，すなわちヨーロッパに由来し明治時代に輸入された「ロマンチック・ラブ・イデオロギー」──「恋愛・性・結婚」の三位一体化──が支配的であったが，今日ではもう終焉を迎えているとされる（牛窪 2015：43-44）。と言うのも，現代の若者にとって恋愛は人生に欠かせない「必需品」ではないからである。つまり，「性のセルフ化」や「性のコンビニ化」の加速によって，恋愛はあってもなくてもどちらでもよい「嗜好品」になっているのである。牛窪によれば，この超情報化社会ではSNSにより常時，プライベートであるはずの恋愛が衆人環視のもとに置かれ，また恋愛そのものがリスク化しているのだとされる（具体的には，セクシャルハラスメント，パワーハラスメント，ストーカー，DV，リベンジポルノ，デートDVなど）。このように現代の日本社会における結婚観は急激な変化にさらされており，従来のような紋切り型の見解は通用しなくなりつつあると言えよう。

③　日本人の結婚観の移り変わり

　冒頭でも指摘したように，結婚観は最初から明瞭に定型化されているものではなく，日本人の歴史においても，そのつど，移り変わりが見られる。その歴史的な変遷を少しばかり俯瞰しておこう。

　『古事記』（712年）には，伊邪那岐と伊邪那美による国産みの神話が描かれており，男女間の馴れ初めは男性から声をかけるのが決まりであることが分かる（女性からでは支障が生じるとされている）。儒教の影響下にあって律令制が施

行された 8 世紀以降の日本社会（特に上流社会）では，一夫一婦制が正式な婚姻関係であると見なされていた（当然ながら妾制度も容認されていた）。平安時代では，男性が女性の家に婿入りする「婿取り婚」が主流であった。女性は婚前に複数の男性の「夜這い」を受け入れることがあり，貞操観念は曖昧だったようである。なお，「夜這い」については，樋口清之による次のような指摘がある。「夜這いというのは，娘の所へ男がかってに通っていく習慣であるが，夜這いの語源を考えてみると，夜這うのではなくて，名前を呼び合うこと，つまりヨビアイの変化したものがヨバイである。結局，愛情を持って，男が女の名前を呼ぶと，女もまた男の名前を呼び返して，初めて相思相愛の男女であることを確認し合って，女の部屋に入れてもらうというのが，夜這いである。……したがって男は，遊びとしての夜這いはできない。そこへ夜這う限りは，絶対に責任を取らなければならず，もし取らない者があったら，たいてい村を追い出される。そういう懲罰があるくらいだから，夜這い行為をもって，淫奔な性の解放と思っては間違いである」（樋口 2015：131）。このように「夜這い」において，厳粛な性の尊重を見出す立場もあることを付け加えておきたい。

　さて，鎌倉時代に台頭した武家社会においては，男性が家督を相続しなければならないので，婚姻は「家」を中心に取り仕切られることになり，「嫁取り婚」が一般化する。不倫に対する処罰も，この頃の「御成敗式目」（1232年）に明記されるようになる（ただし，地方の農漁村では「夜這い」の習慣は残り続けていくらしい）。家父長制の維持を最優先させるために，政略結婚が横行したとも伝えられている。江戸時代に入ると，都市部へ出稼ぎに来ていた男性が結婚できず，未婚率はなんと50％近くに達していたそうである。そもそも，1721（享保6）年には男女比が100：55と言われており（牛窪 2015：197），結婚にあぶれた男性が多くいてもやむを得なかったものと思われる。

　明治になると，欧米社会から「ロマンチック・ラブ・イデオロギー」が輸入され，「恋愛は人世の秘鑰なり，恋愛ありて後人世あり，恋愛を抽き去りたらむには人生何の色味かあらむ」（北村透谷「厭世詩家と女性」）といった恋愛至上主義が全盛となり，自由恋愛が解禁された。それまでに比べて女性の社会的解

第Ⅰ部　歴史にみる結婚と婚礼

放の流れが顕著になり，個人の自由な選択の末に結ばれる恋愛結婚ができるようになる。宗教者を伴う挙式の形態が整ってきたのは，実にこの頃であり，皇室婚嫁令に則って行われた皇太子の御婚儀（1900（明治33）年）の影響を受けて，神前式の挙式がはじめられるようになる。記録としては，1901（明治34）年の日比谷大神宮で行われたものが最初期であると言われている。さらに，1923（大正12）年の関東大震災で都内の神社が焼け落ちて以降，多賀神社を内部に祀った帝国ホテルに挙式者が参集し，これをきっかけにして，美容室と写真館を備えて結婚式と披露宴を同時に1カ所で開催する，いわゆる「ホテル結婚式」が定着するようになったらしい。

　昭和に入ると，恋愛結婚と，親の意思に基づいて相手を選ぶ「見合い結婚」とが両立するようになる。しかし，1960年代後半の高度経済成長期から，新卒の学生が都市部へ移動することになり，状況が変わってくる。地方では，結婚適齢期になる男性が少なくなり，近所付き合いも希薄化していく中で，見合い結婚の割合が減少していく。やがて恋愛結婚も過当競争の渦中に投げ込まれ，ついには性や恋愛の延長線上に結婚を位置づけるという意識も廃れることになり，平成の混迷期にいたると概括することができよう。

　以上，結婚観をめぐる歴史的な推移を一瞥してきたが，人間の価値観（意識）や社会の風習（生活文化）は時代とともに変化するのであり，日本人もまたその例外ではないことが分かる。しかし，結婚というかたちでのみ表現され得る人間関係には，時代の変化にさらされても変わることのない何かがあるはずではないか。

④　結婚という思想──昭和の保守論壇から

　ここでは，時代状況が変わったとしても見失われてはならない結婚の本質について考察したい（そのようなものがあると信じて）。そのために，明治生まれにして大正を駆け抜け，激動の昭和に活躍した保守論壇を代表する二人，すなわち福田恆存と亀井勝一郎の議論を参照することにする。

（1） 福田恆存の結婚観

シェークスピア戯曲の翻訳でも著名であった福田恆存（1912-94年）は，保守派の論客としても知られているが，まとまった結婚観を1956年の『幸福への手帖』（1979年に『私の幸福論』と改題，以下の引用は本書から）で記している。それによると，結婚は不和を前提とした「合一」であり，それぞれが二つの異なるものである以上は避けることのできない対立を乗り越えてこそ「和の喜び」が見出されると言う。つまり，結婚生活において対立が生じることは当然なのであり，別離の危機や裏切りの可能性は日常的に潜在しており，それを織り込んだ上での覚悟と努力が求められるというわけである。そこにこそ，人格的な成長と成熟が見込まれると言えよう。福田の言葉を引用してみたい。

> 私たちの間の，どんな仲のいい夫婦でも，あすは別れるかもしれないという危機を蔵しているのです。ただそれは無意識のうちに隠れているだけです。……無意識なものをわざわざ呼びさます必要はありませんが，もしいささかでもそれが意識の表面に浮かびあがってきたなら，私たちはごまかしてはなりません。はっきり事態に直面すべきです。二人の男女が一緒に暮らすということが，どんなにむずかしいことか，二つの精神が，二つの肉体が，真の和に達することが，どんなにむずかしいことか，それを自覚すべきです。そしてさらに，このむずかしい仕事をやってのけようとする契約が，とりもなおさず結婚ということなのだと，そう覚悟していただきたい。（福田 1998：180-181）

そして，裏切られたばあい，相手が悪いのかもしれないし，また自分が悪いのかもしれない。いずれにせよ，裏切られてもいいという覚悟が必要でしょう。というのは，諦めでも自棄でもない。まず第一に，裏切られてもいいから，この人がほしいということでしょうし，第二に，今後，おたがいに裏切ったり裏切られたりしないように努力しようということでしょう。結婚に薔薇色の夢をいだく人たちの陥りやすい過ちは，その努力の抛棄で

第Ⅰ部　歴史にみる結婚と婚礼

す。（福田 1998：181）

　福田は結婚における裏切りの可能性にしばしば言及しており，むしろそれも
織り込み済みで，言わば裏切られることを承知した上でもなお，相手を切実に
求め，結婚生活を続けられるかどうかを問うている。相手が自分を裏切るかど
うか，はたまた自分が相手を裏切るかどうか，その緊張的な可能性に対して自
分自身の生を賭けて挑むところに，結婚生活の醍醐味があるのかもしれない。
次の引用は警句的な内容であるが，どこかユーモラスな響きも残している。

　　第一，裏切られっこない結婚などを考えるのは，大変あつかましい。たと
　　えそれが精神的な期待であるにしても，結局は財産めあての結婚と同じこ
　　とです。人生が賭である以上，結婚も賭であり，その責任は全部，自分が
　　背負うべきであります。その覚悟さえあれば，すくなくとも無い人よりは，
　　結婚を実り多きものにすることができましょう。控えめにいっても，被害
　　を最小にとどめられるでありましょう。（福田 1998：188）

　また，福田は結婚における相互の理解について述べているが，その取り上げ
方は単純ではない。彼は相手を理解することが大切であるというような，言い
古された話を繰り返してはいない。結婚は相手を理解することができない（し
ようと思っても無理である）という不可能性から出発すべきであり（そもそも自己
理解も十分にできないのだから），相手を理解できたと安易に思い込んでしまうこ
との危険性を指摘している。なぜなら，そのような浅はかな理解は，相手を自
分の許容範囲内に取り込んだにすぎないからである。相手を理解したというあ
る種の傲慢さによって，その人をより強く束縛し，自分が勝手に仕立てた枠組
みを一方的に押しつけてしまうことになる。自分がこう思うのだから，相手も
そうしてくれるはずだと。ところが，期待された応答がなされず，相手が自分
の理解（許容範囲）の外部に出るや否や，極度の孤立感に襲われて，反射的に
相手を拒絶してしまうのである。自己理解や他者理解とともに，相互理解もま

た，欺瞞であるとまでは言わないが，錯覚であることが多い。要するに，単に
分かったつもりになっているだけである（結婚においては，理解できているという
安心感が禁物なのだろう）。次に引用する福田の指摘は鋭い。

　　恋愛中の男女は，まじめであればあるほど，おたがいに相手を理解しよう
　と努力するばかりでなく，自分を相手に理解させようと骨をおります。
　「ぼくはこういう男です」，「あたしはこういう女です」というふうに，い
　ろいろ過去を説明して，自己表現をやる。ときには意識してうそをついて
　いるばあいもありましょうが，もっと危険なのは，偽善や偽悪の意識なし
　に，無意識のうちにうそをいうことです。なぜそういうことが起るかとい
　えば，私たちには他人を理解することがむずかしい以上に，自分を理解す
　ることがむずかしいからです。自分より他人のほうが自分をよく知ってい
　るかもしれないし，その他人の眼にしても絶対ではありません。その上，
　なにより危険なことは，おたがいに理解しあったと思いこんだ瞬間，それ
　からは相手を自分の理解力のなかに閉じこめてしまい，相手がその外に出
　ることを裏切りとして許さないということです。(福田 1998：184)

　　本当のことをいえば，結婚して十年たとうが，二十年たとうが，一人の人
　間が他の人間を，しかも性を異にする人間を理解することなど，できよう
　はずはないのです。まして，結婚前に相手を理解してしまうなどというこ
　とはありえない。理解しあったうえで結婚しろということになれば，私た
　ちはよほど自分をだましでもしなければ，永遠に結婚できないでしょう。
　(福田 1998：183-184)

　結婚は相互理解を前提していない，という福田の着眼点は興味深い。我々は
何かにつけて，異なる相手を理解しよう，理解できるはずだ，理解しなければ
ならないと言うわけだが，それは虚構なる美徳であるにすぎないのかもしれな
い。通約不可能性ないし共約不可能性という事実に照らして，そもそも異なる

第Ⅰ部　歴史にみる結婚と婚礼

者同士は理解できない（それぞれ違いがあってよいのだ）という原点に立ち戻る謙虚さが必要なのではないか。表面的な理解の押しつけは，その認識上のメッキが剝がれたとき，かえって深刻な分裂を招くことになる。これは結婚生活のみならず，さまざまなコミュニケーション全般にも当てはまり得ることかもしれない。福田によれば，結婚は相互理解に基づくものではなく，理解できないことを発見する望みと喜びとにあるものだという。理解できないが理解しようとする不可能の可能性に挑戦することが，結婚という試みなのである。

　　というわけで，「理解」はけっして結婚の基礎ではない。むしろ結婚とは，二人の男女が，今後何十年，おたがいにおたがいの理解しなかったものを発見しあっていきましょうということではありますまいか。すでに理解しあっているから結婚するのではなく，これから理解しあおうとして結婚するのです。である以上，たとえ，人間は死ぬまで理解しあえぬものだとしても，おたがいに理解しあおうと努力するに足る相手だという直観が基礎になければなりません。同時に，結婚後も，めったに幻滅に打ちまかされぬねばり強さも必要です。（福田 1998：183-184）

　私見によれば，理解し合おうとする努力に足る相手であるという直観が得られるとすれば，それは人生をめぐる価値観と生活設計における方向性の共有（相互承認）によるのではないだろうか。そして，その共有の仕方こそが，他と比べることのできない特別のパートナーシップと言えるのではないか。この意味において，結婚生活を円滑に進めるためのいかなるマニュアルもガイドラインも存在せず，経験豊富なアドバイスも有効とはならないのである。

　　世に結婚した夫婦の数は多いが，それをもう一度くりかえすのではなく，それぞれが，一つしかない組合せで，世界に一つしかない結婚を開始するのであります。したがって，他人の経験など，なんの役にもたちません。同時に，それは未知の世界への旅立ちであるがゆえに，往復切符のない旅

20

行です。（福田　1998：186-187）

　福田は1959年の『私の戀愛教室』において，結婚の定義を明確に示しているが，ポイントとなるのは倫理との結びつきである。倫理とは簡単に言えば，対等な者同士のルールを意味するが，それはお互いを人格として承認し，適切な関係性を構築していくのに役立ち，共同体の紐帯としての役割を担う。まさに，それが育まれる最初の現場こそ結婚なのではないか。結婚生活では，異なる者同士の間に正当な関係性をもたらすための歩み寄りが求められるのであり，その姿勢は倫理的と形容されるにふさわしい。真摯に向き合い，丁寧に取り組む態度が，その人の人生模様を彩る。

　　人生を統一する場，それが結婚です。あらゆる人間関係がそれを中心として展開されます。われわれの共同生活にもし倫理というものが必要ならば，それは結婚の場にもっとも凝縮され純化された形で，提出され鍛錬されるでしょう。そしてそれがまた逆に，広汎な共同生活のうちに導入されていくでしょう。いかなる人間関係の規律も結婚によってためされたものでなければ，いつかはその虚偽を露呈してしまうでしょう。（福田　2009：130）

　　結婚は倫理の最小単位であると同時に最高の単位でもあります。ここで妥協したら，たちまち連鎖反応を起して，われわれの社会的共同生活も，いいかげんなものになってしまいます。（福田　2009：131）

　昨今，顕著となっている共同体における倫理という規範の崩壊と，個における結婚という形態の破綻には，両者に通底する問題要因（社会有機体の瓦解）があると考えられるが，「倫理の単位」としての結婚観という福田の発想は有力なヒントとなるものであり，今後の展開につなげていきたいと思う。

第 I 部　歴史にみる結婚と婚礼

（2）　亀井勝一郎の結婚観

　『日本人の精神史的研究』で名高い評論家の亀井勝一郎（1907-66年）の著作には，人間の恋愛感情の機微に触れた随想が数多く残されているが（例えば『恋愛論』と『青春論』），その中でも秀逸なのは『愛の無常について』（1949年）だと思う。ここに僅かではあるが亀井の結婚観が示されているので，要点を抜粋するかたちで紹介してみたい。まず，次のような一般論の検討から始まる。

　　結婚は恋愛の墓場という通説があります。いかに恋しあった男女でも，長
　　い結婚生活の間には身心に変化を生ずるのは当然で，恋愛という点からの
　　み見れば，結婚は一種の墓場かもしれません。（亀井　1998：93）

　亀井は補足的に吉田兼好の『徒然草』から「妻といふものこそ男のもつまじき物なれ……いかなる女なりとも，明け暮れ添ひ見むには，いと心づきなく憎かりなむ。女のためにも半空にこそならめ」を引照している。「半空」とは，中途半端で進退窮まることを意味する。この大意は，〈妻ほど，男が持ってはならないものはない。どんな女といえども，明けても暮れても顔を見ていたら，気に食わなくなって嫌になってしまうだろう。女にとっても，不安で居ても立っても居られないであろうに〉と解することができよう。現代では「夫といふものこそ女のもつまじき物なれ」とアレンジすることもできるし，その表現の方がより広く受け入れられやすいことだろう。

　どのようなものでも，時間の経過には耐えられない。見慣れると見飽きる。新奇性を欠いたら陳腐に映ってしまう。恋愛という新鮮なものが，結婚という生活実態の中で腐敗していく様は，たしかに生気を失った「墓場」と譬えられるかもしれない。亀井はさらに結婚生活の描写を「墓場」から「地獄」へと突き落とし，必ずしも甘美ではない現実の認識を徹底し（一過的な恋愛と持続的な結婚を連続的に捉えることはカテゴリーエラーであると示唆しつつ[10]），ついに「諦念」と「忍耐」の境地へいたる。『徒然草』の描く風景を前提して，亀井は次のように述べている。

22

第1章　結婚観を考える視座

事実であるならば，結婚生活とは虚偽の生活であります。互に欺き，心底で憎悪しながら生きて行く地獄の連続，あるいは見えざる犠牲の生活と言ってよい。むろん恋愛と結婚は，各々範疇を異にしたもので，単なる延長でなく，結婚は共同の実生活であり，そこには一種の友情を必要とするものなのですが，もとより簡単にこの境地には達しえられませぬ。夫婦生活とは，悪戦苦闘の涯に，辛うじて到達する一種の諦念の生活かもしれないのです。あるいは忍耐することです。私はそれを人生の義務だと思っています。そして出来るなら，義務は楽しく果たすべきであると。（亀井1998：94）

　結婚の要諦は「諦念」と「忍耐」であり，それこそ人生に課せられた義務であるという亀井の結論が，ここに表出されている。一見すると悲壮感が色濃く，うんざりするような倦怠感を醸し出しているようだが，この達観の背後にあるのは，人生に対する気高くて奥深い楽観なのではないだろうか。逆説的な言い方になるが，「諦念」と「忍耐」の愉悦に浸ることができるならば，その実生活は何よりも尊く感慨深いものになり，人間性の妙味が味わい深くなり，人生そのものが豊かに拓かれる。この可能性を楽観的に観測できるからこそ，結婚という共同の実生活が辛うじて成立するのではないか。そうでなければ，悲観と憂鬱が先行し，最初から破局が目に見えており，積み上げるべき土台すら見あたらなくなる。興味深いことに，亀井は結婚の地獄と同様に，恋愛の地獄ということも説いており，ある意味で逃げ道を閉ざしている。

　反対に結婚せず恋愛のみに終始したならばどうであるか。これもまた地獄であります。無常であることに変りはありませぬ。中世のアベラアルとエロイズの物語のように，修道院の学僧と尼僧が，宗教的雰囲気のなかに，終生「性のない性の交り」をつづけた例はありますが，これはむしろ稀有のことで，恋愛は必ず快楽と悲哀を伴う。ファウスト・グレエトヘン悲劇はくりかえさるるでありましょう。結婚するのも悔恨，しないのも悔恨で

23

第 I 部　歴史にみる結婚と婚礼

す。人生何事かを為せば悔恨あり，何事をも為さざれば，これもまた悔恨という言葉があります。人間は適当なとき結婚して，それ相応の復讐を受け，諦念に達すべきものかもしれませぬ。(亀井 1998：94)

　言うまでもなく，アベラールとエロイーズの物語は実話だが，ファウストとグレートヒェンの物語はゲーテの創作である。実話の方が稀有な恋愛の在り方を例証し，創作の方が実際に起こり得る恋愛の喪失を描写していることは興味深い。恋愛の快楽と悲哀について，精神史的な考察を施すことは今後の研究課題となろう。筆者の念頭には，ダンテとベアトリーチェ，シェリングとカロリーネ，キェルケゴールとレギーネ，ニーチェとルー・ザロメ，ガウディとペペタなどが，格好の事例として浮かんでいる。それをもとにして，亀井の議論をさらに展開していきたいのだが，機会を改めねばならない。

　以上，昭和の保守論壇を代表する福田と亀井の随想に学んできたが，これによってクラシカルな結婚観の輪郭を描くことができたであろうか。少なくとも，理解，覚悟，忍耐，諦念といった言葉が，時代状況がどのように変わろうとも，結婚という事柄の本質に迫るキーワードになることが明らかになったと言える。

⑤　結婚観で問われていること

　何事であっても挑戦しなければ，失敗することはない。その反対に，何事かに挑戦したことにより，失敗してしまうことがある。挑戦しなければ失敗しないが，何も残らないし何も変わらない。挑戦して失敗しても，何かが残るし何かが変わる。人が後悔するのは，やってみて失敗してしまったことよりも，何もしないで可能性を閉ざしてしまうことの方である。結婚生活は悲喜こもごも，「忍耐」から「諦念」へとめぐり往きて，異なる相手との間で，なお常に新しい可能性を宿しつつ，試みにおいて挫折と栄光を繰り返す。それは，この上なく悦びであり，極上の愉快にちがいなく，人が生涯を賭すべき舞台であると言え，そこには持続的な緊張感が漲っている。この点に関して，福永武彦は「愛

第1章　結婚観を考える視座

は持続することによってのみ，その真実の力を発揮する筈だが，持続ということは言葉ほどにた易くはない。なぜなら，同じ愛の状態が永続することはあり得ないので，その間には，潮の満ち干きするように，自ら緊張した状態と弛緩した状態とが繰返されるだろう。愛が持続するのは，二つの魂の間の調和が，初めに結びついた時の緊張を失うことなく，絶えず少しずつ強められて行った場合に限られる」（福永 1975：131）と述べているが，彼の言葉は至言である。

　これまで検討してきたように，結婚観は社会的な構造や歴史的な変遷において変化を余儀なくされるものであり，状況に応じて発生する問題の把握と分析に努めなければならない。しかしながら，結婚そのものの意味や価値をめぐる本質論を欠いては，今日の問題に対して十分な対応を取ることは難しくなるのではないか。政府が結婚や出産について行政的な政策を打ち出すことは必要であるとしても，所詮は対症療法にとどまるのであり，個人や社会の意識の在り方が再考されないかぎり，状況は一段と厳しさを増すものと思われる。筆者は，外形的な変化に気を取られるあまり，内在的な普遍への志向性が貧弱になっている世情を憂うる。

　まとめておくと，結婚は人生の「修練の場」であると言えるが，ひたむきな努力を怠ると，人生の「修羅場」，人生の「墓場」，あるいは「生き地獄」と化すので，注意が必要である。けだし，結婚とは，責任や義務に束縛される不自由なものである。個人の自由を至上の原理と見なすならば，結婚しないことが正解であろう。しかし，結婚の束縛は自他をつなぐ最初の紐帯なのであり，人間関係の基礎に置かれるものである。この束縛という紐帯は考慮されなくてよいはずがない。

　そもそも，結婚に意味はあるのか，価値はあるのか。誰にも説明できないのではないか。一つだけ言えるとすれば，意味とは自分で見つけるものであり，価値とは自分で作るものであるから，見つけるのも作るのも，結局は自分自身の問題である。例えば，遠藤周作は『結婚論』で次のように述べている。「結婚生活とは，幻滅，失望，落胆の瞬間からはじまるとお考えください。なぜか。それは結婚生活は人生そのものだからです。人生は決して楽しいものじゃない。

25

第Ⅰ部　歴史にみる結婚と婚礼

そんなことは誰でも知っている。人生は正直言って悲しいこと，苦しいこと，色あせたこと，魅力のないことの連続です。しかしそれを放擲する者は愚かです。なぜならその味けない人生を捨てずにしゃぶりにしゃぶれば，必ず生きる意味が見つかるからです。生きていてよかったと思うからです」（遠藤 1979：162）。

　結婚観で問われているのは，実に主体性の問題なのであり，遠回りのようであるが，この核心に触れないかぎり，時流に振り回されるだけのことである。誰かと何かを見つけて，共に何かを作りたいと願うとき，そこにはある飛躍や超越が求められるように思われる。今後，結婚における生の自己同一，自己変容，自己超越ということについて，さらに考察を重ねていくことが望まれる。その予告的な意味を込めて，倉田百三の「異性の内に自己を見出さんとする心」から引用することによって，本章を閉じたい。

　　　私は殆ど自己の転換を意識した。私は恋人の中に移植されたる私を見出した。私は恋人のために一度自己を失い，ふたたび恋人の中において再生した。私は彼の女において私自身の鏡を得た。私の努力と憧憬と苦悩と功業とは皆彼の女を透して初めて意義あるものとなるのである。私は私のみの生活というものを考えることができなくなった。彼の女を離れて私の生活はない。私らは二個にして直ちに一個なる生命的存在である。私らは二人を歌うのだ。二人を努力するのだ。二人を生きるのだ。（倉田 2008：108）

＊本章は，神戸国際大学経済文化研究所プロジェクトXX「結婚観の歴史的変遷と婚礼の多様性に関する学際的研究」（2015〜2016年度）における筆者の研究成果として公開された拙著（2017）「結婚観の研究のための覚書──構造・変遷・思想の観点から」『経済文化研究所年報』（第26号）神戸国際大学経済文化研究所，1-16頁と重複するところがあるが，本書へ組み込むにあたり，その後の研究成果を取り入れて内容を加筆修正している旨，明記しておく。

第1章　結婚観を考える視座

●注

⑴　むしろ，今日の日本人には，伝統的な結婚観を忌避する傾向があると指摘すべき
かもしれない。一例として，茨田北中学校（大阪市）の寺井壽男校長の講話（2016
年2月29日）を取り上げてみよう。寺井校長は生徒を前にした講話で「子供は二人
以上産むことが，女性にとって最も大切」「子育てには，それほどに価値がある」
「人として育ててもらった以上，何らかのかたちで子育てすることが，親に対する
恩返し」「少子化を防ぐことは，日本の未来を左右します」と述べたのだが，マス
コミによって報道されるや否や猛烈なバッシングを受けることになった。この内容
はポリティカル・コレクトネスの観点から多少なりとも問題視され得るかもしれな
いが，医学的・生物学的な科学的知見に符合しており，人類社会の持続的な生存と
いう意味でも妥当な話であると思われる。しかし，特定のイデオロギーによる批判
や情緒的な拒否反応によって，その真意が十分に吟味されないまま葬られてしまっ
た。このようなセンシティブな状況下で，伝統的な結婚観の有効性について語るこ
とは相当に困難であると言える。

⑵　それまでは，一夫一妻制と父権的な結婚生活が原始社会の基礎として考えられて
いた。当時の代表的な論者としては，比較法学のサー・ヘンリー・メーンや歴史学
のフュステル・ドゥ・クーランジュなどが挙げられる（江守 1965：11-13）。

⑶　結婚の起源をめぐって，例えば人類学の立場からフィッシャー（1983），進化生
物学の立場からリドレー（2014）が詳しい議論を行っているので，参照されたい。

⑷　この点について，以下の指摘を引照しておこう。「世界じゅうで婚礼は家族どう
しのある種の協定であり，男女の愛の告知というより，共通利益の告知である場合
のほうがはるかに多い。家族はほとんどの社会における基礎であり，結婚はこうし
た家族の安定持続を保証するための契約である。したがって婚礼は，象徴的にも社
会的に経済的にも，この安定持続を公に示す行為となる。物質的に貧しい地域でさ
え，婚礼は比較的贅沢に執り行われる。というのも婚礼は，少なくとも一つには富
の示威でなければならないからである。富，それは新しい家族の存続と繁栄を確約
するものであり，前の世代との物質的きずなを思い起こさせるものであり，結婚を
強固にするために交換された贈り物や金銭すべての一覧である」（ビショップ
2000：291）。

⑸　http://www.mhlw.go.jp/toukei/list/81-1a.html を参照（最終確認は2017年8月15
日）。余談ながら，熟年離婚については，慰謝料，養育費，財産分与によって経済
破綻してしまうリスクが高いと指摘されるのが一般的である。

⑹　http://www.ipss.go.jp/syoushika/tohkei/newest04/sh2401top.html を参照（最終

27

第Ⅰ部　歴史にみる結婚と婚礼

　　確認は2017年8月15日）。

(7)　http://www.mhlw.go.jp/toukei_hakusho/hakusho/ を参照（最終確認は2017年8月15日）。

(8)　補足しておくと，「未婚当然時代」（にらさわあきこ），「生涯未婚時代」（永田夏来），「超ソロ社会」（荒川和久）という言葉が登場してきたほどに，事態は切迫していると言えよう。

(9)　国立社会保障・人口問題研究所が2015年6月に18歳から34歳の未婚の男女およそ5000人を対象に調査した結果である。http://www.ipss.go.jp/ps-doukou/j/doukou15/doukou15_gaiyo.asp を参照（最終確認は2017年8月15日）。

(10)　この点について，神話学者ジョーゼフ・キャンベルの指摘も参照に値する。「結局結婚というのは相互の関係性と歩み寄りです。夫婦それぞれが，一つの有機体の中で役割を持っていることを理解し，その機能を理解するのです。私をはじめ，長く結婚している人たちが気づくことは，結婚は恋愛ではないということです。恋愛は手近な個人的な満足にすぎません。しかし結婚は試練です。繰り返し歩み寄ることです。だからこそ神聖なのです。二人の関係に参入するために，一人の単純明快さを手放すのです。自分を相手に与えるのではなく，二人の関係に与えるのです。そして自分が相手と同等に関わり合っているのだと気づけば，関係性に自分を与えることは，自分を失う不毛なことではなく，人生を慈しみ豊かにする経験となり，人生を築くことになるのです」（キャンベル 1997：178）。

(11)　例えば，バートランド・ラッセルは『結婚論』（1929年）において，結婚生活で幸福になる条件を次のように述べている。「両者の側に完全な平等感がなければならない」「お互いの自由を決して干渉してはならない」「限りなく完全な肉体的・精神的な親密さがなければならない」「価値の基準について，ある程度の共通項がなければならない」。かなりの努力が求められそうだが，以上の条件が満たされれば，結婚は「二人の人間の間に存在しうる，最もよい，そして最も重要な関係になる」と主張されている（ラッセル 1996：142-143）。

(12)　少なくとも個人の損得勘定という価値判断（経済観念）のみでは，結婚生活は成り立たないだろう。しかし，近年「金融商品の取引としての結婚」といった議論も盛んであり（藤沢 2017），現代人の価値観は急激にそちらへ傾斜しつつある。ゆえに，結婚への気運はますます減退していくのではないか。

●参考文献

アタリ，J.・ボンヴィシニ，S.／樺山紘一監修／大塚宏子訳（2009）『図説「愛」の歴史』原書房。

アッカーマン，D.／岩崎徹・原田大介共訳（1998）『愛の博物誌』河出書房新社。

荒川和久（2015）『結婚しない男たち——増え続ける未婚男性「ソロ男」のリアル』ディスカヴァー携書。

荒川和久（2017）『超ソロ社会──「独身大国・日本」の衝撃』PHP 新書。

石井研士（2005）『日本人の一年と一生──変わりゆく日本人の心性』春秋社。

ウェスターマーク，E. A.／江守五夫訳（1970）『人類婚姻史』社会思想社。

牛窪恵（2015）『恋愛しない若者たち──コンビニ化する性とコスパ化する結婚』ディスカヴァー携書。

江守五夫（1965）『結婚の起源と歴史』社会思想社。

エンゲルス，F.／戸原四郎訳（1965）『家族・私有財産・国家の起源』岩波文庫。

遠藤周作（1979）『結婚論』主婦の友社。

亀井勝一郎（1998）『愛の無常について』ハルキ文庫。

河合雅司（2017）『未来の年表──人口減少日本でこれから起きること』講談社現代新書。

キャンベル，J.／馬場悠子訳（1997）『ジョーゼフ・キャンベルが言うには，愛ある結婚は冒険である。』築地書館。

倉田百三（2008）『愛と認識との出発』岩波文庫。

筒井淳也（2016）『結婚と家族のこれから──共働き社会の限界』光文社新書。

永田夏来（2017）『生涯未婚時代』イースト新書。

にらさわあきこ（2016）『未婚当然時代──シングルたちの“絆”のゆくえ』ポプラ新書。

バッハオーフェン，J. J.／岡道男・河上倫逸監訳（1991，1993，1995）『母権論──古代世界の女性支配に関する研究　その宗教的および法的本質』（1，2，3）みすず書房。

樋口清之（2015）『子育て日本史──日本人の品性・美意識の源流をたどる』PHP 文庫。

ビショップ，C.／田中雅志訳（2000）『性と聖──性の精神文化史』河出書房新社。

フィッシャー，H. E.／伊沢紘生・熊田清子共訳（1983）『結婚の起源──女と男の関係の人類学』どうぶつ社。

福田恆存（1998）『私の幸福論』ちくま文庫。

福田恆存（2009）『私の恋愛教室』ちくま文庫。

福永武彦（1975）『愛の試み』新潮文庫。

藤沢数希（2017）『損する結婚　儲かる離婚』新潮新書。

森本和夫編（1971）『婚姻の原理──結婚を超えるための結婚論集』現代思潮社。

山田昌弘・白河桃子（2008）『「婚活」時代』ディスカヴァー携書。

山田昌弘編（2010）『「婚活」現象の社会学──日本の配偶者選択のいま』東洋経済新報社。

山田昌弘（2014）『「家族」難民──生涯未婚率25％社会の衝撃』朝日新聞出版。

吉川弘之（1995）『結婚』（東京大学公開講座60）東京大学出版会。

ライアン，C.・ジェタ，C.／山本規雄訳（2014）『性の進化論』作品社。

第Ⅰ部　歴史にみる結婚と婚礼

　ラッセル，B.／安藤貞雄訳（1996）『結婚論』岩波文庫。
　リドレー，M.／長谷川眞理子訳（2014）『赤の女王——性とヒトの進化』早川書房。

第2章
結婚という神秘

近藤　剛

1　アリストファネスの神話

　それがどのような生き様であっても人間みな同じ一生であり，それがどれほど苦労して成し遂げた偉業であっても消費物と化してしまったら終わりである。人生なるものは，まさに一過性であると言えようか。しかし，この一過性は無意味の連続なのではない。生きるに値する確かな意味があり，ある一瞬に「永遠の今」を感じられるような奇跡と不思議にあふれている。例えば，どのようなものだろうか。この世界で行き交う数多くの人々の中から，まさにその唯一無二の人を探し出すことのできた奇跡。もともと何の関係もない見知らぬ他人同士が，あることを機縁にして出会い，語らい，意気投合し，時を重ねて固く結ばれ，添い遂げることを誓い，昼夜を問わず一緒に過ごし，寝食を共にし，やがて子供を授かり，巣立つまで育て，そして命果てるまで生活する，そのような生涯を二人で過ごすことのできた不思議。それは果たして，偶然が織りなすわざなのか，あるいは必然によってあらかじめ定められたことなのか。人類の誕生の元となった，また私たちの世界が形作られる発端となった神秘に満ちた出来事，それが結婚である。

　そもそも，なぜ人間はパートナーを求めるのだろうか。どうして自分以外の他人に恋い焦がれるのだろうか。何をもってお互いに惹かれ合うのだろうか。ずっと探し求めている理想とは何に由来するのだろうか。異なる二人を離れ難くして強く結びつける力の根源とは，いったい何なのだろうか。これらの問い

第 I 部　歴史にみる結婚と婚礼

に答えを与えてくれる奇妙な伝承がある。

　かつての人間は，現在のそれとは容貌が全く異なっていた。人間は球形をしていたのである。なんと回転しながら移動していた。手足は４本あり，顔は二つ，生殖器も二つの異形の存在であった。人間が球形であるのは，天体を模しているからであり，太陽，大地，月，それぞれの子として，「男性」，「女性」，両性具有の「アンドロギュノス」の３種族が君臨していた。強大な力と高邁な志を持っていた人間は自信に溢れており，やがて自惚れ，傲岸不遜となり，神々に対して戦いを挑まんばかりであった。ゼウスはこのような人間の粗暴を許さなかった。だからと言って殲滅することはせず，神々とよく協議して処罰を決めた。すなわち，人間の力を弱体化させるため，真っ二つに切断したのである。一つの球体は，ゆで卵を髪の毛で切るように分割された。半球となった一つの身体は，一つの顔，一つの生殖器，手足を２本ずつとされた。アポロンは切断面にあたる皮膚を巾着のように絞って縫い合わせた。その縫い合わせた口は臍と呼ばれる。分割された人間は，失われた半身のことを思い煩い，悲嘆し，恋慕し，その行方を探し求めた。もともと「男性」であれば男性同士，「女性」であれば女性同士，「アンドロギュノス」であれば男女同士，つまり対象が同性であれ異性であれ，自身の片割れを求め続けた。人間は元の半身を見つけるやいなや，再び一つになろうとして，そのまま抱き合って一緒にいるばかりで，食事はおろか何もすることなく，そのまま死んでしまった。この状況を不憫に思ったゼウスは，後部にあった生殖器を体の前面に移動させ，お互いに向き合って体を絡み合わせて性的な満足を得させることにした。こうして自分自身と相手との間に驚くべき愛情と親密さが湧き出し，普段の生活を案じたり仕事をしたりする余裕が生まれるようになった。鍛冶の神ヘパイストスが，やっと再会できた二人を溶かして元通りの一つの姿に戻してやろうと人間に対して申し出ようものなら，誰もそれを断りはしないだろう。まさしく人間とは一方の割符にすぎず，みな符合する他方の割符を求めて彷徨しているのである。

　周知のとおり，これはプラトンの中期作品『饗宴』に出てくる神話を要約したものである。端的に言えば，『饗宴』の主要なテーマは「エロス」であり，

数名の論者がそれを賛美する物語を紹介している。語り手の一人である喜劇作家アリストファネスは，この奇妙な話を開陳する中でエロスの本質を，欠如を補って全的となそうとする力に見出している。ここでエロスとは「人間の太古の姿を回復させて，二つのものを一つにし，人間本性を癒そうとしてくれるもの」（プラトン 2013：84）であると説明されている。そして，人間存在にとっては「愛する人と一緒になって一つに溶け合い，二つではなく一つの存在になるということ」（プラトン 2013：88）が最善の状態であると考えられている。すなわち，エロスの働きとは，二元的なものを（それがもともと由来していた）一元的なものへと回帰させ，そして結合させ，全体性を回復させようとするものである。アリストファネスによれば，全体性を取り戻すことが人間にとって至上の癒しとなる。

　それまで別々の人生を歩んできた二人が奇跡的に出会い，交わりを深め，喜びを分け合い，慰めを与え合い，エロスの経験を通して一つに結ばれて，神秘的合一（unio mystica）へと導かれる。このような普遍的なモチーフが神話によって語られ，やがて宗教的な観念へと錬成され，単なる習俗を超えた儀礼に結晶する。これが観念的に捉えられた結婚の姿である。この意味において結婚とは，一般的な披露宴によってイメージされる単なるイベントなのではなく，ある超越的な神秘に開かれた，儀礼性を帯びたセレモニーであると言える。

　本章では，ヨーロッパの文化的伝統における結婚観について考察する。具体的には，キリスト教の結婚観（サクラメントとしての結婚），ユング心理学による結婚の解釈，マックス・ピカートによる結婚の哲学的理解を取り上げて，結婚という事象の神秘性に迫りたい。

② サクラメントとしての結婚

　人生の意味を形作っていくために不可欠であると言える儀礼，あるいは普段は無関心であっても，いったんそれに臨むと宗教性を意識せざるを得なくなる儀式，それが冠婚葬祭であり，言うまでもなく本書の主題である結婚はここに

第Ⅰ部　歴史にみる結婚と婚礼

含まれる。冠婚葬祭については，その表面的な儀礼性のみがクローズアップされると，単なる形式主義に陥ったり，または商業主義の扇動攻勢にさらされたりもするが，真に重視されるべきは儀礼という行為に意味を付与する宗教性である。

　教会のロマンティックなイメージが先行してのことであろうが，特に信徒でなくとも，キリスト教的な形式を模した結婚式が人気を集めている。ただし，それらの大半は専門のサービス産業によって運営されており，その中にはあまりにも商業化されてしまったものも散見され，キリスト教によって強調されてきた結婚の神秘性がどれほど理解されているのか，はなはだ疑問に思えることも少なくない[4]。

　多くの人々には耳慣れていることと思うが，「これから後，幸いなときも災いのときも，豊かなときも貧しいときも，病めるときも健康なときも，あなたを愛しあなたに仕え，死が我々を分かつまで生涯を送ります」という誓いの言葉がある。神と会衆の前でこの誓いを立てることが，キリスト教の結婚式では通例であると言えよう。神という超越的な存在を介して誓いがなされるのは，結婚という契約の永遠性を担保する意味合いがあってのことだろう。当事者である二人は結婚の意思を表わすために，誓約の言葉を交わして，指輪を交換して，誓約文に署名するわけだが，さらに結婚式という儀礼のプロセスを通して，本来は私事（個人的契約）だったものを第三者によって承認してもらう。このようにして，結婚の同意は客観的に事実化されて（社会的認知），祝福を得ることができる。キリスト教における結婚とは，超越者による庇護のもと一人の男性と一人の女性との間で自由に交わされる愛の誓約にほかならず，それに基づいて二人は共に生涯にわたって変わることなく愛し合い，助け合い，お互いに忠実であるように努める。

　初期キリスト教の時代には，結婚は家庭儀礼のカテゴリーにあり，聖職者が同席することもなかったようである[5]。当時の社会は父権的であり，また慣行として蓄妾も認められていたが，そのような背景において人格的関係に基づいた双方の合意を求め，女性の同意の自由を積極的に擁護し，このための一夫一婦

34

制を説いたキリスト教の結婚観は独創的で斬新なものだったと言えよう。スペインのカトリック教会の基礎を築いたことで知られるセビーリャのイシドルスによれば、一人の男性と一人の女性が結ばれるという一夫一婦制の根拠は天地創造の物語にまでさかのぼり、神の計らいによるアダムとエバの最初の結びつきが模範となって、男女が一体となる形態を神聖なものにしていると考えられる。また、結婚相手に求める唯一性は、キリスト教の神概念に依存しているというジャック・アタリの指摘があるので、引用しておきたい。「一夫一婦制が教会の監視の下で官能性を拒否し、生涯1人の妻、1人の夫という絶対的な形を帯び、定着しえたのは、キリスト教によってである。当初の一夫一婦婚は、現実生活の中で宗教上の理想を模倣するものであった。人間は唯一神を永遠に愛さなければいけないのと同じように、1人の妻だけを永遠に愛さなければならない。これはしかも人口を考えた場合の理想にも合致する。多くの女を征服する必要がなく、すなわち暴力を使わずに、キリスト教信者の家庭が増える条件を作り出すということである」（アタリ・ボンヴィシニ 2009：123）。キリスト教の結婚観を表わす聖書的な典拠として、次の聖句を挙げておこう。

　　天地創造の初めから、神は人を男と女とにお造りになった。それゆえ、人は父母を離れてその妻と結ばれ、二人は一体となる。だから二人はもはや別々ではなく、一体である。従って、神が結び合わせてくださったものを、人は離してはならない。(マルコ 10：6-9)[6]

　天地創造に起源を持つ男女の固有のパートナーシップ、それが結婚である。基本的に、それは双方の自由な同意によって成立する個人的な契約であるが、儀礼の中で神への誓いを果たした瞬間、二人の間には神によって与えられた恵みという消すことのできないしるしが刻まれ、そこには容易に（人間の好き勝手では）解消されない関係性が生じる。つまり、「サクラメント」としての結婚、および結婚の不解消性という理解である。サクラメントとは「神の国」の隠れた「神秘」を示す言葉で、ギリシャ語では μυστήριον、ラテン語では

第Ⅰ部　歴史にみる結婚と婚礼

sacramentum である。邦語として，カトリックでは「秘跡」，プロテスタント
では「聖礼典」，正教会では「機密」，聖公会では「聖奠」と訳される。その意
味は「見えない恩恵の見えるしるし」と理解されている。このようなサクラメ
ントとして結婚という事象を捉えたのは，4世紀の教父アウグスティヌスであ
った。

　アウグスティヌスは『結婚の善』（410年）において，「ひとたび結婚がわれ
われの神の国において始まると，そこではふたりの人間の最初の結びつきから，
結婚はある種のサクラメントの性格をもち，彼らのうちの一方が死ぬ以外には，
けっして解消されることができない」（アウグスティヌス 1979：255）と述べてい
る。後にカトリック教会において結婚を律する規範が定式化されていくが，そ
の基本的な発想はアウグスティヌスの議論に則っている。例えば，「結婚の三
つの善」（tria bona coniugalia）という考え方がある。「結婚の善はあらゆる民族
およびあらゆる人間を通じて，子を生むという目的と貞潔の信義のうちにある。
だが神の民に関しては，さらにサクラメントの聖性のうちにもある」（アウグス
ティヌス 1979：274）。つまり，それは「子供の善」（bonum prolis），「信頼・忠実
の善」（bonum fidei），「秘跡の善」（bonum sacramenti）のことである。キリスト
教の歴史では性的不品行という罪過への反省が強調されていく中で，生殖とい
う目的を果たすための性の在り方は正当化される。結婚は姦淫や淫蕩を避け
「欲情の治療」（remedium concupiscentiae）を行うためのものと考えられ，生殖
を中心に据えた結婚観[7]が主流になっていく。

　アウグスティヌスによれば，このような結婚観から三つの義務が派生すると
考えられる。すなわち，愛情に満ちた養育と教育を保障するための子孫に対す
る義務，結婚生活以外の性的充足を認めないための貞潔の義務，離婚を防止す
るための宣誓の義務が，それである。「子孫や，信義や，サクラメント，これ
らすべては善であり，それらのために結婚は善なのである」（アウグスティヌス
1979：275）。こうした基本線に即してキリスト教の結婚観は形成されていくが，
カトリック教会において制度化されるまでには時間を要している。一組のカッ
プルが祭壇の前で聖職者から祝福を受けるようになるのが4世紀頃[8]，そのため

第 2 章　結婚という神秘

の祈禱が典礼書に記されるようになるのが 5 世紀頃，教会堂の中で挙式されるようになるのが 9 世紀頃とされている。結婚が七つのサクラメントの一つに位置づけられたのは13世紀の第二リヨン公会議（1274年）であり，さらに教義として確立するのは15世紀のフィレンツェ公会議（1439-45年）を待たねばならなかった。ここでは，「結婚の三つの善」が「第一に子女を生み，神の礼拝のため教育すること，第二は忠実であり，これによって配偶者は相手に忠実でなければならない。第三は婚姻の不解消性であり，これによってキリストと教会との分離不可能な一致を表す」（浜口 2010：158）と説明されている。

　ところが，16世紀の宗教改革において，カトリック教会が主張してきたサクラメントとしての結婚は問題化される。なぜなら，プロテスタンティズムにおいて，救いの恩恵が与えられるという意味で結婚を理解することは正しくないと考えられたためである。宗教改革者マルティン・ルターは『結婚問題について』（1530年）で，「だれも，結婚が着物や食物，家や財産，この世の権威への服従のように，外的なこの世的なことであることを否定できない。人々に課せられている多くの帝国の法律が証明するとおりである。また私は，新約聖書において，キリストや使徒たちが自らそうした事がらに関わっているような例を，どこにも見いだすことはできない」（ルター 1973：251）と主張している。

　あくまでも結婚はこの世の法的な行為，つまり世俗的な事柄にすぎず，サクラメントと称して教会裁判所が管轄し，聖職者が統制するものであってはならない。そもそも結婚とは，神の善なる創造の秩序にまでさかのぼる制度であり，教会の外にも存在してきたのであって，キリストによって制定された洗礼や聖餐のような（聖書において明示的な）サクラメントとは性質が異なっている。ルターの考え方では，サクラメントによる神の恩恵とは，罪人の赦しの約束を表現するものであって，結婚の性格には全くそぐわない。結婚観が宗教改革によって争点化されていたことは興味深いが，注意しておかなければならないのは，プロテスタンティズムにおけるサクラメントとしての結婚の否定と，結婚の聖性の否定は同義ではないということである。プロテスタント教会では，結婚をめぐる教義的な理解がサクラメント論から創造論へと移行したものの，なお神

37

第Ⅰ部　歴史にみる結婚と婚礼

に連なるその神秘性は保留され続けたと考えられる。宗教改革の意図は「結婚と召命とが背馳せず，人間の愛の秩序と神への献身の秩序とが相即する新しい世俗内倫理の構築を目指すこと」（森本 1999：66）であったという指摘があるが，実に的を射ていよう。

　このような論争を経てもなお，カトリック教会はサクラメントとしての結婚にこだわってきた。その理由は，神の愛のわざが結婚を通して目に見えるかたちとして実現されていると考えられているからである。ただし，サクラメントとしての理解は堅持されつつも，結婚に対する教会の不当介入は当然ながら避けられる傾向にある。例えば，そのことは教皇ヨハネ・パウロ二世の使徒的勧告「家庭——愛といのちのきずな」（Familiaris consortio）の見解からも明らかである[9]。「結婚の制度は社会や権力による不当な干渉でも，また外からの形式の押しつけでもありません。むしろ，それは創造主である神の計画を忠実に生きるために，唯一独自のものとして公に証言される夫婦愛の誓約から生じる，内面的な要求なのです。人間の自由がこの忠実によって制限されるどころか，むしろ主観主義や相対主義のあらゆる形から守られることになり，創造的な神の英知を担うものとされるのです」（ヨハネ・パウロ二世 2005：24）。

　カトリック教会が現代世界への適応，いわゆる「現代化」（aggiornamento）を掲げて1962年に開催した第二バチカン公会議において（1965年まで），「現代世界憲章」（Gaudium et spes）が採択された。その中の「結婚と家庭の聖性」（48条）が，カトリック教会の結婚観を集約していると思われるので，少し長くなるが紹介しておきたい。

　　いのちと愛の親密な夫婦の共同体は，創造主によって設立され，法を与えられた。それは結婚の誓約，すなわち取り消しえない主体的同意を基礎とする。こうして夫婦が互いに自分を与え受ける人間としての行為によって，社会から見ても，神の制定による堅固な制度が生まれる。この聖なるきずなは，夫婦と子ども，そして社会の善を目指すもので，人間の気ままになるものではない。神ご自身が，種々の善と目的を賦与されている結婚の創

38

設者だからである。これらはすべて，人類の存続のため，また家庭の各成員の個人的向上と永遠の目的のため，家庭と人間社会全体の尊厳，安定，平和，繁栄のためにきわめて重要である。結婚制度そのものと夫婦愛とは，その本来の性質から，子どもの出産と育成とに向けられているものであり，これらはその冠のようなものである。したがって男女は，結婚の誓約によって「もはや別々ではなく，一体であり」（マタイ 19・6），夫婦どうしと働きの親密な一致をもって互いに助け合い，仕え合う。こうして彼らは自分たちが一つであることの意味を体験し，日々ますますその一致を完成させてゆくのである。二人が互いを分かち合うというこの深い一致は，子どもの善と同様，夫婦間の完全な忠実を要求し，また彼らの一致が不解消であることを求める。（第二バチカン公会議文書 2013：650-651）

　もちろん，「現代化」を試みているとは言え，このような結婚観は因襲にとらわれているように映り，現代社会では万人に受け入れ難いという評価もできるだろう。例えば，キリスト教の教会には離婚した人々や再婚した人々を受け入れることに抵抗がありはしないか，あるいは同性愛者を排除することになりはしないかという指摘が容易に想定される。これらは避けて通ることのできない課題であるにちがいないが，本章の趣旨とは異なるので扱わず，稿を改めて論じることにしたい。

③　救済論としての結婚

　結婚が儀礼として位置づけられ宗教性を帯びていると考えられるのは，それが救済論に関係しているからだと主張する興味深い議論がある。それはユング派の心理学者アドルフ・グッゲンビュール - クレイグの説である。一般的に言って「結婚しよう」という言葉には，「幸せにして」（という要求），「幸せにしよう」（という意志），「幸せになろう」（という願望）という含意があるものだが，クレイグによれば，幸福は結婚の中心的な問題ではないとされる（言い換える

第Ⅰ部 歴史にみる結婚と婚礼

と，人間が結婚するのは，本当は幸せになるためではない）。「いわゆる幸福な結婚は明らかに終りを告げたのである。幸福を保障する制度としての結婚は，もはや正常性をもたない」（グッゲンビュール-クレイグ 1982：178）。むしろ，結婚は救済の事柄であり，宗教的な課題を担っていると考えられる。これはいったい，どういうことを意味しているのだろうか。

　クレイグの理解によれば，幸福（well-being）とは苦痛に満ちた感情を避けていること，不快な緊張感から逃れていること，身体的な快適さを十全に得られていること，要するにこの世の生活の最高の状態（繁栄，健康，福祉など）を意味している。救済（salvation）とは宗教的に言えば，神の恵みによって魂が救われている状態を意味しており，それは人生の意味の探求，その経験の実践的追求というプロセスを経て，時に犠牲や苦難を伴うものと考えられる。詰まるところ，結婚とは，その最終的な到達目標への道筋に苦痛が含まれないものとは考えられないのであり，したがって単純に（不快とは無縁である）幸福のカテゴリーに収められるものではないのである。むしろ，それは犠牲や苦難を生き通す果てに得られる救済のカテゴリーに含まれる。

　クレイグは，このことを説明するために「個性化」（individuation）[10]という概念を用いている。その定義を確認しておこう。「個性化とは，自分自身の複雑な心が，その対立物の結合へ向って積極的に，困難や，不愉快な仕事に立ち向かって働きつづけることを意味する」（グッゲンビュール-クレイグ 1982：46）。個性化は欲動の一種であり，一つの生の過程でもあるが，その中で人間は唯一無二の個人になるのと同時に，種や類の持つあらゆる人間の可能性を実現させようとする。個と全体という「反対の一致」こそ，真の自己実現にして人生の究極目標であり，宗教的に「救済」と呼ばれてきたものである。クレイグによれば，そこへいたるまでの個性化のプロセスの一つが，結婚というかたちを取る。結婚する二人は互いに愛し合い，一緒に子供を育て，幸せになろうと望んでいるばかりではなく，むしろ「個性化」しようとしている，つまり魂の救済を見出そうとしている。

第2章　結婚という神秘

　個性化の過程の中で更に決定的に重要なことは，男性が一人の女性あるい
　は女性的なもの一般と親しい関係になること，逆に女性が一人の男性ある
　いは男性的なものと親しくなることである。個性化の最大の主題の一つは，
　人間存在は，――動物存在も同様に――男性対女性という対極性の文脈の
　中でのみ実り多く生きられるという不思議な事実である。愛と憎しみ，自
　己の外界と内面に現われる異性の像からの分離と，またそれとの結合は，
　この救済論的な過程という旗印の下にある心理的発達に所属しているので
　ある。(グッゲンビュール-クレイグ 1982：47)

　クレイグの表現では，結婚は「幸福への制度」でも「至福への道」でもなく，
「救済論的制度」であり「個性化の道」である。ダンテの『神曲』のストーリ
ーに典型的であるように，天国（救済）への道とは地獄（過酷）を通るものと
相場が決まっており，それと同様に結婚にも犠牲と苦難が伴うのであり，甘い
幻想を夢見ているだけでは破綻しかねない。人間は長い人生経験において辛酸
を舐め，苦労を重ね，自らを失ってはじめて，自分自身のこと，世界のこと，
神のことを知ることができる。クレイグは，人生経験の中でも結婚という形態，
つまり男女という異性間で生じる相剋と葛藤，並びにそれらへの対応こそが，
真の自己実現をもたらせる個性化への特別の道であると述べている。

　二人の配偶者間の生涯にわたる対話的出会い，男と女の死ぬまでの絆は，
　魂の発見の特別の道である個性化の特別の形と解することができる。この
　救済論的道筋の本質的な特徴の一つはそれには逃げ路のないことである。
　聖なる隠者にとって，自分自身への直面は避けられないように，結婚した
　人は自分の相手を避けることはできない。この半ば高揚させ，半ば責めさ
　いなむ逃げ場のなさのうちに，この道の特殊な性格が存在する。(グッゲン
　ビュール-クレイグ 1982：62)

　個性化とは，自分は何者であるのか，人生を動機づけるものは何であるのか，

41

第Ⅰ部 歴史にみる結婚と婚礼

すなわち自己自身の真相の深層を探求する一つのプロセスである。そうであればこそ，意味や価値の獲得に伴う悩み，苦しみ，痛みあるいは絶望から逃げ続けることはできない。逃げ道のない結婚生活において，人は相手に差し向かい，追い込まれつつ，解き放たれ，人格的な発達を遂げる。生のモチベーションは，対立するものとの分離と結合に見出される。とりわけ，個性化の成否は男女の対極性に発端する憎しみと愛において試されると言えるのではないか。それは単純な意味での幸福感を得る結婚というような生易しいものではありはしない。それは人生の救いを求める厳しくも意義深い旅路なのであって，それなりの紆余曲折があり，それなりの艱難辛苦があり，決して楽なものではないが，人間の人格的な成長に大きく資するものである。本節をまとめるには，次の引用がふさわしいだろう。

　　結婚というものはそもそも快適でも調和的でもなく，むしろそれは，個人が自分自身及びその伴侶と近づきになり，愛と拒絶をもって相手にぶつかり，こうして，自分自身と，世界，善，悪，高み，そして深さを知ることを学ぶ個性化の場なのである。（グッゲンビュール - クレイグ 1982：90）

④　結婚における原初的なるもの

　医学者であり著述家でもあったピカートは『神よりの逃走』『われわれ自身のなかのヒトラー』『沈黙の世界』の著者としても知られているが，美しい結婚論を書き残している。それはさまざまなトピックスを扱った22章からなる『ゆるぎなき結婚』（1943年）という書であり，結婚という現象を深遠な世界観の問題として捉えている。例えば，次のような文章が印象深い。「結婚は一つの世界であって，そのなかで愛もまた世界となるのだ。まことに，結婚は一つの世界である，……そこには勤労とその成果とがあり，心配と喜び，幸運と災禍とがある。しかし，幸運はここでは単なる利得ではなく，一つの世界の充溢のしるしであり，また災禍は抽象的な欠陥ではなくて，たとえば大自然の旱魃

第2章　結婚という神秘

のようなものなのだ。そして，何よりも，ここには持続がある。……瞬間では
なくて，何よりも先ず持続が，一つの世界をなすものの不可欠の要素なのだ。
また，ここには不足と充溢，予期されたことと予期されなかったこと，潜在せ
るものと明白なもの，いや，一つの全き世界のなかにあるものはすべて存在し
ている」（ピカート 1957：120）。ピカートの結婚論は多岐にわたっており，使用
される概念も難解で全体像を捉えるには相当の考察を必要とするが，ここでは
主題に即して議論のポイントを三つに絞り，そのエッセンスを明らかにしたい。

（1）　世界の中心としての結婚

　ピカートによれば，結婚とは「一人の男と一人の女，何人かの子供と幾つか
の道具」から成り立っているごく素朴なものであるが，それは世界という現象
の中心にある「原初的なるもの」であり，「現世における神的なるもの」や
「秘蹟的なるもの」とも表現される。世界創造の原初から今日にいたるまで，
文明は栄枯盛衰を繰り返してきたが，結婚という現象のみが変わることなく続
いてきて，人類社会を形成してきた。私たちがいつでも戻って来ることができ
る，またいつでもそこからはじめることができる「原初的なるもの」が，結婚
の本質であるとピカートは主張している。

　　結婚というこの現象から，社会へ，国家へ，文化へ，そしてまた夫と妻と
　の個人的生活へと影響を及ぼすところのもの，それらすべてのものもこの
　現象そのもの——つまり，世界創造の最初から今日に至るまで，結婚家庭
　のなかには，何人かの子供と幾つかの道具とをもった一人の男と一人の女
　とが渝ることなく存在しているということ——に較べれば，取るに足りな
　いことなのである。この現象のなかで具体的なかたちをとっているのは，
　実に，不変性そのものなのだ。結婚という現象は，世界の終りまでつねに
　変りなく存続するであろう。そして，世界の終りは涯しない彼方にあり，
　また世界の開始も涯しない後方にあるのであるから，結婚はつねに中心に
　ある。それが結婚の均衡を形づくっているのである。結婚は世界の発端と

43

第Ⅰ部　歴史にみる結婚と婚礼

終焉とによって支えられているのである。（ピカート　1957：11-12）

　これまでの歴史では，事あるごとに国家や民族の相違が顕在化され，ナショナリズムやエスノセントリズムが喧伝され，分裂と対立が助長され，紛争や衝突が勃発し，その対処に右往左往してきた。それらについて議論することは必要であるが，大上段に構えすぎるあまり，私たちにとって目先の肝心なことが忘れ去られてはいないか。つまり，私たちは人間の在り方にとって原点となるものを見失ってはいないだろうか。それは国家や民族に関係なく常に存在してきた結婚という（世界を形成する）原初的で核心的な現象の重要性であり，全ての基盤をなす家庭という在り方の尊さである。このような人間の生存にとって最も素朴で単純であるところの結婚の中にこそ素晴らしい奇跡が見出せるはずなのに，なぜ私たちは無視して過ぎ去ってしまうのか，そして物事をより複雑化してしまうのか。結婚や家庭という土台を疎かにして，天下国家について大言壮語するのは愚かなことだと言っては過言だろうか。大切な足元が揺れていては，何ごとも上首尾には運ばないだろうし，立つ瀬もないのではないか。ピカートは「世界の中心としての結婚」という観点から，次のような文明批判も展開している。

　　社会や国家や芸術も，それらが発生した最初の時期には，結婚現象と同様にきわめて簡素なものであった。ところが，それらは次第に原初的なものから離れて，複雑なものへとうごいて行き，今では逆に，複雑なものによって生きている。ただ結婚だけが，原初的なものから離れ去りはしなかったのだ。今日ではいかなる哲学も，いやいかなる人間の言葉も，現代世界の普遍的錯綜状態を制御する力は到底ない。ただ結婚という無言の現象だけが，ただこの現象だけが，いまだにその能力を有しているのである。結婚は原初的なるものを自己の内部に保存してきた。結婚は原初的なるものを保存し，そして，すでに原初性を失ってしまった社会や国家や芸術のために，それを管理してきたのである。（ピカート　1957：12）

第2章　結婚という神秘

　ピカートによれば，結婚は「生成」ではなく「存在」であり，諸々の事物に
その原初的な性質を得させると言う。「人間が結婚の外部の世界のなかで，い
わば鋳型によって千遍一律なかたちで受取っていたもろもろの事物も，結婚の
なかにある夫と妻とに対しては，原初的なものの力によってふたたび何か新し
い清らかなものとして贈り与えられる」（ピカート　1957：16）。結婚という現象
の中では，普段は見慣れたものであっても新たな発見がなされ，あらゆる事物
に清新さが与えられる。室内に灯る火も，漂う空気も，台所で流れる水も生き
生きとし，あらゆる事物は原初の躍動感に満ち溢れ，私たちを取り囲んでいる。
家庭では，語られる言葉も元来の神秘性を取り戻している。夫が妻に呼びかけ
る「おはよう」という朝の挨拶ですら，あたかも天地開闢を闡明するかのよう
に響きわたり，世界を新しく開くのである。私たちは発見のつど，新しい驚き
と感謝に満たされる。結婚という現象を通して，どれほどありきたりなもので
あっても，そこから根源的な光輝が溢れ出し，私たちを照らすのである。結婚
は世界の中心であり，その生活の日常（素朴さ，単純さ）において，私たちは非
日常（奇跡）を経験し，そのつど，進化し，深化し，新化する。「秘蹟的なる
ものは単純なものを好むのである。何故なら，秘蹟的なるものは目立つことな
く，ほとんど気づかれずに地上のもののなかに潜んでいようとするのだからで
ある」（ピカート　1957：81）。

（2）　客観的事象としての結婚

　普段の生活において，お互いが自己主張ばかりを繰り広げると喧嘩になり，
やがて意思疎通ができなくなると，その関係には終止符が打たれることになる
かもしれない。もともと異質な二人であり，それぞれに主観的な思考，感情，
意思があり，容易な妥協を許さないことは理解できる。しかし，それでは生活
そのものが成り立たない。ピカートによれば，主観性の衝突を回避させてくれ
るのは，「客観的事象としての結婚」であると言う。すなわち，結婚の中に宿
っている客観的な力によって，二人の主観性に平衡がもたらされるのである。
「結婚は一つの客観的事象である。結婚は夫によって，または妻によって創り

45

第Ⅰ部　歴史にみる結婚と婚礼

出されるものではなく，逆に夫と妻とが結婚によって創られるのだ」（ピカート 1957：33）。つまり，夫と妻が二人そろっているから結婚が成り立つのではない。その逆なのであって，全く客観的な結婚という事象が，男を夫に女を妻に創造し規定するのである。それをなす者のわざよりも，なされたわざ（客観的事実）の方に優位性を見出す思想は，神学的には「事効論」の立場であり，ここでも結婚の秘蹟的な特徴が浮き彫りになっている。

　　宗教的信仰における場合を除けば，人間に対しては客観的事象というものの恩恵が二度あたえられる。まず最初には，人間が生れおちて，世界という客観的事象のなかに置かれ，この客観的世界の規準によってみずからも規準を獲得するようになったとき，──第二番目には結婚によってであって，結婚という客観的事象により，彼はもう一度世界と規準とを与えられるのである。（ピカート 1957：32）

　人間が誕生すると，まず世界という客観的事象のもとに規準を与えられ，ある位置づけを得ることができる。しかし，世界一般は広大すぎて関係を結ぶ対象を限定することができず，人間は途方に暮れ自己自身にのみ愛着した一人の人間になり得るのみである。ところが，結婚という客観的事象においては，自己がそこから生じてきた中心を志向し，その中心を周回するように人間が限界づけられるのである（ピカートの指摘によれば，これが人間存在に安心感を与えることになる）。それは要するに，主観性の制限ないし放棄をもたらせることを意味している。つまり，結婚という客観的事象は人間の主観性への固執を打破し，そのことによって（逆説的に）主観性を喜びで満たすのである。ありていに言えば，私たちは我（自己の執着性）を捨てることによって，本来の自己（自己の開放性）を得ることができる。本来の自己に到達するためには，今ある自分自身を超克しなければならない。それを可能にするのが，結婚という客観的事象なのである。そこでは規準が与えられ，自らの狭隘な主観性が抑制されるとともに，向き合わねばならない相手の主観性との対立が緩和され，自らのより開

46

放的な主観性が立ち上がり，本来の自己が立ち現われてくる。「夫と妻とは，結婚のなかにいるということによって，個人としての彼ら以上のものになるのである。彼らは，彼らの個性的人格のそとにある結婚という客観的現象のなかに存在しているところの実質によって，彼ら以上のものになるのである」（ピカート 1957：46）。自らを失ってはじめて取り戻される本来の自己の獲得を可能にするのが，客観的事象としての結婚なのである。主観的な幸福は結局のところ自己満足にすぎないのであって，それぞれが従い守るべき範型となる客観的な規準に照らされることによって本当の幸福が得られる。二人が主観性を脱して（自分自身を超越して）寄り添うことができたとき，はじめて人格的な主体性が回復される。

（3）　求心的構造としての結婚

　ピカートによれば，結婚という現象は「求心的構造」を持っており，「円環」をなしている。およそ学問，経済，生活一般の構造は，ある特定の目標に向けられた一本の直線のようであり，因果の法則や形式論理の法則に貫徹されている。例えば，それは工場における原材料から完成品にいたるまでの操業，つまりベルトコンベヤー式の製造工程に似ている。ある事物は直線状に配されて，目的達成までのプロセスの中で一つの場所を占めているだけであり，前後の脈絡を自ら知ることもなく，断片化されている。しかし，結婚においては，あらゆる事物が秘蹟的な中心に由来し，常に変わることなく寄り添って存在している。「結婚のなかではあらゆる感情，あらゆる思考，あらゆる行為が秘蹟的なる中心において発生し，そしてふたたびそこへと帰って来るのである」（ピカート 1957：68）。

　結婚の構造は直線的な論理の展開なのではなく，求心的な運動そのものであり，部分は全体において常に結合されている。これが人間存在のアトム化を阻んでいるのだと，ピカートは主張している。要するに，結婚は論理のカテゴリーではなく神秘のカテゴリーに属しており，原初的で秘蹟的な中心から出て中心へと還る生の循環運動を促進し，人間の真の本質を明示する役割を果たして

第 I 部　歴史にみる結婚と婚礼

いる。ピカートの用いる表現は，いささか大仰なきらいがあるが，その深い洞
察は結婚という現象に比類なき神秘性を見出し，人間存在の本源とは何である
のかとの省察に大きく貢献していると評価できる。次の引用によって，本節を
締めくくろう。

　　あらゆる結婚は――実に，愛なくして結ばれた結婚でさえも――善い，真
　　実な，そして美しい方法で生きられ得るのである。何故なら，結婚は一つ
　　の原初的な現象であるからだ。しかしながら，最も原初的なるものは神で
　　ある，そして，それゆえにこそあらゆる原初的なるもののうえには祝福の
　　光がさしているのである。だが，如何なる現象といえども，結婚現象のよ
　　うにそれほど多くの原初性を保有してはいない。如何なる現象も，結婚ほ
　　ど繰り返し繰り返し，その原初性から生きているのではない。原初的なる
　　ものの祝福が，結婚現象のうえに最も多く存在しているのはそのために他
　　ならないのである。（ピカート　1957：24）

⑤　結婚の本質

　実際のところ，ギリシャ的なアンドロギュノスの発想とキリスト教の人間理
解は相容れない。カトリシズムとプロテスタンティズムの結婚観には明らかに
隔たりがある。しかし，全てに共通（遍在）しているのは，人間存在の根源に
関わる神秘性ということであり，それを表出している結婚の聖性である。教義
の歴史においてサクラメントとしての側面が否定されたとしても，結婚には聖
性の残滓と神秘への憧憬があり，現代の世俗化された世の中にあっても，それ
らは決して除去されておらず求め続けられている。
　元来，一元的であったものが二元的なものに分化されることで，人間存在
（男女）は誕生し，歴史が開示された。その歴史は試練と過酷の連続であった
がゆえに，そこからの救済を求めて，全体性の回復，すなわち一元的なものへ
の回帰が望まれ，「聖婚」（ἱερὸς γάμος）のイメージを通して神秘的合一が図ら

第2章　結婚という神秘

れた。その意味において，結婚とは歴史を超越した神的な出来事であり，〈人間の世界〉の原初への遡及性を有するものである。結婚とは，まさに原初と照応する神秘的な出来事が起こっている現場なのである。作家スザンヌ・リラールは一元性へ回帰する道を救済の事柄としても認識の事柄としても重視しており，愛（エロス）によって世界が新たに開示されることを説いている。

　　愛の力は，愛の対象との真のつながりを，あるいは，愛する者自身の愛の躍動を明るみに出すだろう。この躍動は「一なるもの」に回帰する躍動であり，愛し合う二人はそこから確信を得るだろう。すなわち，われわれがいかなる犠牲を払っても愛し合うつもりなのは，愛をとことんまでつきつめてゆくつもりなのは，われわれが「法」に支配されていることを感得したいがためである，と。この「法」とは，われわれが神々しきものについて認知し得るところのものであり，われわれが抱いている神のイメージまたは観念を批判的浄化に委ねたときに最後まで消えずに残るところのものである。いずれにせよ，われわれの前に連続性と一貫性の世界が開け，われわれは「一なるもの」に回帰する。これが神霊的エロスの最高の成果である。それは，救いの道であるとともに認識の道であり，聖徳であるとともに知恵である。（リラール　1970：279）

　以上の議論は思弁的であり，現代の日本人にとっては理解し難い内容であるかもしれず，むしろ古色蒼然とした印象を与えるかもしれないが，筆者の考える結婚の本質を説いたまでである。今回は異性愛を主眼とした結婚の神秘に焦点を絞ったため，今日的に注目される問題（同性婚や独身について，また家族論のテーマ）を扱えなかったことは残念であるが，筆者の念頭には絶えず置かれており，いずれ本格的に検討したいと思っている。

　なお，本章には，結婚という題材を用いて，変えてはならないことを安易に変えてしまって新奇さをもてあそび，ことさらに事態を複雑化させ，袋小路に入り込んでしまった現代の精神状況に対して，警鐘を鳴らす意図もあったと付

第Ⅰ部　歴史にみる結婚と婚礼

け加えておく。畢竟するに，結婚の本質は「一人の男と一人の女，何人かの子供と幾つかの道具」からなる素朴な生活にほかならず，その単純明快さこそが人類を保ち守ってきた神秘のわざであり，原初的なものであり，サクラメントとして表現されてきた超越的な恩恵のしるしであり，また普遍的な法なのであって，決して変更されてはならない歴史の叡智であることを強調しておきたい。

　　結婚という現象のなかにはいささかの発展もない。数千年来，結婚は不変であった。秘蹟的なるものは結婚が変化することを許さないのである。結婚は秘蹟的なるものによって単純さのなかに保たれるのである。（ピカート1957：83）

●注─────────

(1)　この点について，澁澤龍彦は次のように語っている。「神話のなかの最も神話らしいもの，それがアンドロギュヌスの神話である。両性具有者としての神による宇宙発生論は，古代地中海世界や近東世界のみならず，その他の文化圏の神話においても，その例を豊富に見るのである。原初に，二つの性のしるしをもつ唯一の存在があって，それがやがて二つの部分に分れ，一方が男性，他方が女性になる。そして，この二つの部分の結合から人類が誕生する，──という方式は，神話において普遍的であるとさえ言える」（澁澤 1984：173）。

(2)　人は死にゆくために生まれてくる。しかも，生を授かるのは偶然である。明確な必然性があるわけではない。つかの間の人生が過ぎ去ってゆくのみである。人の境涯とは，ただそれだけのことであり，さしたる重要性はないのかもしれない。だが，人は無意味であることに耐えられない。自分が存在していることの意味，目的，価値を求める。具体的に言えば，誕生，成人，結婚，死にいたるまでの人生の節目に応じた儀礼を通して，人間の生は意味づけられる。それは社会を構成する一員として，一生のうちに通過すべきものでもある。文化人類学者アルノール・ヴァン・ジェネップは，これを「通過儀礼」（rites of passage）と呼んでいる。人生の通過点を明瞭に示す儀礼は一定の形式に則っており，その内実には宗教的な観念がある。儀礼という宗教的な行為を通して，人はそのつどの変容を確認し，人生の階梯を踏みしめ，次の段階への確かな一歩を進めることができる。要するに，儀礼とは一定

50

第 2 章　結婚という神秘

の方法にしたがった様式を持って，ある社会的な変容を客観化する行為であると言える。

(3)　日本の文化伝統における冠婚葬祭は元来，儒教的である。冠は初冠（成人式），婚は婚礼，葬は葬儀，祭は祖先祭祀を意味する。これらの儀礼には儒教的な「家」意識が反映されているが，それは個人を社会化させていく役割を担っている。

(4)　五十嵐太郎の言葉を借りれば，イメージの消費者のために存在する「結婚式教会」がそれである。「結婚式教会は，西洋的なものへの憧れを背景とし，イメージのうえで西洋人との同一化をうながす。結婚情報誌をめくると，外国人のモデルがなんと多いことか」（五十嵐 2007：234）と述べているが，そのとおりである。また，「結婚式教会」は宗教と世俗化の問題を浮き彫りにしている。「巨大化した結婚産業は，もともと宗教的な儀礼を活用しつつ，やがては宗教そのものの変容を迫るだろう」（五十嵐 2007：217）という鋭い指摘があり，今後，本格的に扱ってみたいと思う。

(5)　浜口（2010）が指摘しているように，「初期には結婚の契約は世俗的な行為であったが，それはやがて，キリスト教の倫理問題となり，徐々に聖職者の介入が必要になってきた。司祭の祈りや祝福が結婚式に見られるようになるのは四世紀の頃からであり，それらは結婚の宗教的な意義を自覚させるようになる」（浜口 2010：58）。なお，ここでは全く取り上げることができなかったが，キリスト教以前の古代ギリシャ・ローマ時代の結婚観にも興味深いものがある。例えば，古代ギリシャについてはフラスリエール（1984：157-180），古代ローマについてはグリマル（1994：73-95）を参照のこと。

(6)　聖書からの引用は，日本聖書協会『聖書　新共同訳』に拠っている。

(7)　結婚観を語る上で，性の問題は避けられない。人間の性は生殖の次元のみならず，人格形成の次元でも問題にされねばならないが（愛と性の倫理という問題系，さらには生命現象の神秘というテーマ），紙幅の都合上，議論を展開することができない。この不足について，以下の引用によって説明を補充しておきたい。「聖書が語る創造の秩序によれば，男性と女性の二人は神の似姿として愛の共同体を形成し，新しい生命を生み出す「生殖」によって神の創造行為に参与するのである。なお，人間に具わっている生殖能力にはある種の限界があることを認めるならば，結婚における人間の性の意味は，生殖能力の意義を否定することなく，それと密接に結ばれた人格的な愛の営みのうちに見出されることになる。結婚における二人の関係は，お互いをかけがえのない存在として認め合い，自分を与え尽くす愛に支えられて，互いの過ちを赦し合うという相互補足性または補完性が重視されるようになる。夫婦の性的関係は，このような相互関係において人格の完成を目指すものである」（浜口 2010：20）。

(8)　歴史的な経緯については，次のような指摘がなされている。「ローマとイタリアで結婚の典礼的挙式が始まったのは，教皇ダマスス一世（位366-384）の時からで

51

第Ⅰ部　歴史にみる結婚と婚礼

ある。結婚の絆を結ぶのは神ご自身であるが，司祭の祝福は花嫁にヴェールを被せるという典礼的行為によって与えられた。まだ結婚の典礼盛式は教会の掟ではなかったが，既存の法令によって有効に締結された結婚の宗教的また倫理的表現である。また父親の同意または花婿と花嫁の相互の同意が，それぞれの国の既存の習慣に従って結婚成立の本質的要素であったのである」（浜口 2010：59）。

(9)　ヨハネ・パウロ二世は，結婚における個人の自由意志を尊重している。例えば，結婚とは「自由に自分の意志で選び取った夫婦の愛の誓約」（ヨハネ・パウロ二世 2005：24）であると主張し，教会の恣意的な介入を退けている。ただし，サクラメントとしての結婚の理解は堅持されており，「夫婦は，結婚の秘跡の力によって，もっとも深く解消できないしかたで互いに結ばれて」いることが宣明されている。現代においても，結婚とは「救いのわざの記念であり，働きであり，預言」（ヨハネ・パウロ二世 2005：27）であるという伝統的な主張を続けているところに，カトリック教会の立場が示されているものと思われる。

(10)　個性化とはユング心理学における重要なキーワードの一つで，「個人が自分自身になること」「自らの存在が不可分，全体的となり，かつ他の人々や集合的な心理状態から区分されていること」（サミュエル・ショーター・ブラウト 1993：52）と定義される。個性化は孤立状態ではなく，人格の中心である自己を周回し，集合的資質を十全に満たしつつ，分割できない統一体，独立した全体としての個を実現することであると考えられる。単純化すれば，自分がユニークな人間存在であると同時に単なる普通の人であるということに気づくことである（サミュエル・ショーター・ブラウト 1993：52）。

●参考文献────────────

アウグスティヌス／岡野昌雄訳（1979）「結婚の善」『アウグスティヌス著作集』（第7巻）教文館，231-278頁。

アタリ，J.・ボンヴィシニ，S.／樺山紘一監修／大塚宏子訳（2009）『図説「愛」の歴史』原書房。

五十嵐太郎（2007）『「結婚式教会」の誕生』春秋社。

石居正己（1993）「キリスト者の結婚──ルターを中心に」日本ルーテル神学大学教職神学セミナー編『結婚──その恵みと試練』キリスト教視聴覚センター。

一条真也（2016）『儀式論』弘文堂。

グッゲンビュール-クレイグ，A.／樋口和彦・武田憲道共訳（1982）『結婚の深層』創元社。

グリマル，P.／沓掛良彦・土屋良二共訳（1994）『ローマの愛』白水社。

クレーマー，S.N.／小川英雄・森雅子共訳（1989）『聖婚──古代シュメールの信仰・神話・儀礼』新地書房。

桑野萌（2017）「キリスト者の召命と結婚の秘跡──第二ヴァチカン公会議とそれ以

降」『福音と世界』（2017年4月号）新教出版社，34-40頁。

ゲッツ，ハンス゠ヴェルナー／津山拓也訳（2004）『中世の聖と俗――信仰と日常の
　　交錯する空間』（中世ヨーロッパ万華鏡Ⅱ）八坂書房。

佐藤啓介（2016）「近代プロテスタンティズムの「正しい結婚」論？――聖と俗，愛
　　と情欲のあいだで」藤田尚志・宮野真生子共編『愛――結婚は愛のあかし？』
　　（愛・性・家族の哲学　第1巻）ナカニシヤ出版。

サミュエル，A.・ショーター，B.・プラウト，F.／山中康裕監修／濱野清志・垂谷茂
　　弘共訳（1993）『ユング心理学辞典』創元社。

ショッケンホフ，E.／丹木博一訳（2017）「結婚の不解消性と再婚」『神学ダイジェス
　　ト』（122号）上智大学神学会，49-65頁。

澁澤龍彦（1984）『夢の宇宙誌』河出文庫。

田中昇（2017）『カトリック教会における婚姻――司牧の課題と指針』教友社。

第二バチカン公会議文書公式訳改訂特別委員会監訳（2013）『第二バチカン公会議公
　　文書　改訂公式訳』カトリック中央協議会。

長島正・長島世津子（2017）『結婚と家族の絆――キリスト教人間学の視点から』教
　　文館。

日本ルーテル神学大学教職神学セミナー編（1993）『結婚――その恵みと試練』キリ
　　スト教視聴覚センター。

浜口吉隆（2010）『結婚の神学と倫理』（南山大学学術叢書）南窓社。

ピカート，M.／佐野利勝訳（1957）『ゆるぎなき結婚』みすず書房。

フラスリエール，R.／戸張智雄訳（1984）『愛の諸相――古代ギリシアの愛』岩波書
　　店。

プラトン／中澤務訳（2013）『饗宴』光文社古典新訳文庫。

村上みか（2017）「宗教改革期における結婚の問題」『福音と世界』（2017年4月号）
　　新教出版社，6-11頁。

百瀬文晃・井上英治共編（1993）『女性と男性――キリスト教の性・教育・結婚の理
　　解』サンパウロ。

森本あんり（1999）「性と結婚の歴史」関根清三編『性と結婚』（［講座］現代キリス
　　ト教倫理2）日本基督教団出版局，50-71頁。

ヨハネ・パウロ二世／長島正・長島世津子・糸永真一共訳（2005）『教皇ヨハネ・パ
　　ウロ二世使徒的勧告　家族――愛といのちのきずな』カトリック中央協議会。

リラール，S.／岸田秀訳（1970）『愛の思想』せりか書房。

ルター／石居正己訳（1973）「結婚問題について」『ルター著作集』（第1集第9巻）
　　聖文舎，251-324頁。

第3章
古事記における結婚の風景

白 砂 伸 夫

1 結婚と歴史

（1） 歴史へのまなざし

　歴史が人間の歴史であるかぎり，そして人間が常に男と女の大半数ずつから成り立ち，その男女の結びつきの上にのみ人類社会の継続が依存しているものである以上，結婚や性がどんなに重要なものであるかは，ことごとしく説明するまでもないことである，と家永三郎（1996：56）が指摘したように，結婚は社会存続の基盤であると言えよう。

　しかしグローバル化し，多様化する現代社会の中で，結婚や性への価値観が変化し，社会存続の基盤であるはずの結婚に対するオーソドックな価値観が崩れ去りつつある。そのような現状の中で，結婚とは何か，という問いを発することと，日本における結婚の歴史を学ぶことは，人生における最大のイベントであるはずの結婚を価値あるものにするとともに，私たち自身の生き方を，改めて問い直すきっかけになるのではないだろうか。結婚のはじまりを探求することは，生き方を問うと同時に，結婚は単に個人の行事としてとどまるのではなく，そのベクトルは時間と空間へと開かれ，日本文化のオリジナリティを追求することにもつながり，日本人としてのアイデンティティを確立する作業でもあると言える。

　日本において，結婚の儀式はどのような意味が込められ，あるいは結婚にはどのような価値があるのか，そのはじまりを歴史の中に求めてみたい。第3章

第Ⅰ部　歴史にみる結婚と婚礼

および第4章では，日本における結婚の歴史を古代にまでさかのぼり，結婚の儀式の起源を，文学作品を通して俯瞰することが主題である。

しかしながら，古代の結婚がどのようなものであったのか，それを知ることは存外難しく，儀式は考古学的な記録として残ることは少なく，また文献を精査しても，結婚の全体像を浮かび上がらせることは容易ではない。その中にあって，物語は結婚の全体像を情景として浮かび上がらせ，生き生きとした生活の風景の中に描き出していることもあるに違いない。物語は虚構であると言ってしまえばそれまでだが，紫式部は源氏物語の中で，光源氏に次のように語らせている。

　　これらにこそ，道々しく，くはしき事はあらめ

物語にこそ，道理にかなった真実がある。

この言葉は，紫式部自身の創作に向かう態度そのものであると同時に，物語における真実性の追求を言い表わしたものだろう。

優れた物語は虚構であるがゆえに，時代の本質を見抜き，その時代の人々の精神の輝きまでもが緻密に表現され，現実を超えた真実が，私たちの目の前に生きた風景として色鮮やかに浮き彫にされる。そこでは人々の心の襞に刻まれた喜びや悲しみ，複雑に入り組む人間模様，その時代の人々の生活スタイルや社会構造にもスポットが当てられ，細部が陰影を宿しつつ立体的に浮かび上がる。物語をして，結婚を時代の大きな流れの中に位置づけ，その背景も含めて生き生きと描き出される風景の中に，結婚の儀式の様子を眺めてみたい。

ここでは日本の起源を物語として書き示す古事記と，日本を代表する最も優れた文学作品であり，結婚の形態が物語を大きく構造づけている源氏物語を取り上げ，この二つの文学作品から古代の結婚の風景を俯瞰する。古事記は日本文学史上，最も古い文学作品であり，日本を統一するにいたる天皇の世界の物語（神野志 2013：5）であるのに対して，源氏物語は平安時代の貴族社会のごく限られた私的な世界を描写した物語であり，物語が書かれた背景や内容も，こ

第3章　古事記における結婚の風景

表3-1　結婚の歴史的変遷

	古　代			中　世		近　世	近代・現代	
時　代	古墳 3C中頃～	飛鳥・奈良 592～794	平安 794～1185	鎌倉 1185～ 1333	室町 1336～ 1573	安土・桃山 ・江戸 1573～1868	明治・大正 ・昭和 1868～1945	戦後 1945～
国の形態	部族連合	律令国家：貴族社会		封建制：武家社会			近代国家・民主主義国家	
族　制	母系氏族	父系母所 〈過渡的父系氏族 ＝氏族崩壊〉		父系（家父長制）			双系 核家族	
婚　姻	妻問婚	婚取婚		嫁取婚			寄合婚	
婚姻の 形態	対偶婚	一夫多妻妾		一夫一婦妾			一夫一婦	
夫婦の 形態	通い	同居（親とは別居）		同居（親と同居）			同居（親と 別居が主）	

出典：高群逸枝「日本婚姻史表」をもとに作成。

の二つの物語は大きな隔たりがある。このように相反しているように見える二つの物語も，結婚の儀式に着目すれば，日本における結婚の始原と，現代にいたるまでの婚礼の原型がすでに提示されていると考えられる。これら二つの物語が語る結婚の風景は，結婚の現在から未来への道筋をも照らし出し，私たちの生活に艶やかな輝きを放つ新たな視座を与えてくれるに違いない。

（2）　結婚の歴史的変遷

　古代の結婚について話を進める前に，日本における結婚がどのような歴史的変遷を辿ったのか，結婚の歴史を通史的に明らかにした高群逸枝の『日本婚姻史』（高群 1963）から見てみよう。高群の「日本婚姻史表」をもとに，結婚の歴史的流れを表3-1にまとめた。この表では，婚姻やその形態などが時代ごとに明確に区分されているが，しかし結婚は基本的には習俗であり，それぞれの時代のような明確な区分が存在するわけではなく，時代と結婚の形態のおおまかな関係を示していると理解していただきたい。

　結婚はそれぞれの時代の社会や権力，あるいは祭祀などと密接に結びついていることから，時代の趨勢に応じて，結婚の形態も変化していく様子を表3-

第Ⅰ部　歴史にみる結婚と婚礼

1から読み取っていただければ十分である。部族連合から律令国家，封建制，近代国家へと国の形態が変化すると，結婚も妻問婚から婿取婚，嫁取婚，夫婦の平等に基づく寄合婚へと変化していく。同時に結婚の形態も，対偶婚から一夫多妻妾，一夫一婦妾，さらに一夫一婦制へと変化し，結婚は単なる男女の結びつきではなく，儀式的な要素が加わることで，社会制度に組み込まれつつ歴史的に変遷していく。

②　古事記における結婚の儀式

（1）　古事記とは

　古事記は日本の最古の歴史書であり，上つ巻，中つ巻，下つ巻の3巻から構成されている。上つ巻は，序と神々の誕生であり，イザナギとイザナミ，アマテラスとスサノオ，大国主命の話など，慣れ親しんだ神話が収録されている。中つ巻は，初代から第15代までの天皇の歴史であり，神武東征，倭建命の熊襲征伐，小碓命の東伐などの勇壮な物語が展開する。下つ巻は，第16代の仁徳天皇から第33代の推古天皇にいたるまでの歴代の天皇の系譜が記されている。

　古事記は成立の経緯を記す序によると，天武天皇（生年不明-686）の命により稗田阿礼が誦習していた帝皇日嗣と先代旧辞をもとに太安万侶が編纂し，元明天皇（661-721）の代の712年になって完成させた。帝皇日嗣は天皇の系譜，先代旧辞は祭祀と氏族の歴史と伝承に関するものである。記紀神話の中に，日本の文化と思想の原点を見出すことは不可能ではない，と大隅和雄（1998：20）が言っているように，古事記は単なる神話に終わるのではなく，日本の歴史の起源を書き示すとともに，天皇の歴史を語る中で風土記との関連性や，神社の創建に関わる記述など多様な歴史的内容を包含し，時代を経て連綿と継承される中で，日本固有の思想や文化を形成し，現在の私たちとも深くつながっている。

　古事記が著された当時，日本は東アジアの中で孤立した存在ではなく，大陸とも緊張した関係にあり，こうした状況の中で古事記は成立した。618年に隋は滅亡し，新たに建国された唐は628年に国内を統一した後，新羅と軍事同盟

第3章　古事記における結婚の風景

を結び百済を滅ぼすなど東アジアは大きな変動の中にあった。663年に百済の残党と連携した白村江の戦いで，天智天皇は唐と新羅の連合軍に敗北するなど，7世紀の日本は対外的な危機に直面していた。それに対処すべく，国家体制の新たな確立が求められ，国家統一の方策として律令制が採用され，天皇を中心とした律令国家が整備されていった。そのような律令国家の建設と古事記，日本書紀の成立は表裏一体であり，古事記，日本書紀がバックボーンとなり律令国家体制の基盤になることが求められた。古事記，日本書紀の目的は，自分たちの世界を根拠づけ，自分たちの世界の正統性を確認できる歴史を持つということが本質である（神野志 1993：38）。

（2）　飛鳥・奈良時代の結婚

　そのような時代背景の中で，結婚に視点を移すと，飛鳥時代から奈良時代の結婚の研究の対象となっているのは，古事記等の物語，万葉集，各地の風土記等であり，それぞれの文献の中から結婚に関する部分を抽出し，比較分析することで，当時の結婚がどのようなものであったかを解明しようとする。しかし同じ文献であっても，研究者により結婚に対する理解と捉え方は異なっている。飛鳥時代から奈良時代の結婚については，夫婦関係は定まっておらず，結婚の儀式も成立していないという説，男女の合意により結婚は成立していたが，儀式は成立していないという説，いろいろな物語や風土記から結婚の儀式を読み取ることができるという説など諸説あり，結婚についての論議は多様である。このような多様な議論が存在すること自体，結婚に対する考え方や結婚の有り様，また結婚という言葉の意味するものも現代の認識とは異なり，結婚という概念すらあったかどうかも判然としていないことを意味している。

　とは言え，平安時代に入って突然，結婚の儀式がはじまるとは考え難く，結婚儀式の萌芽と目されているのがヨバヒである。万葉時代には，名前を聞くことが結婚の申し込みとなり，それに答えて名前を教えることが結婚の承諾となると栗原弘（2012：7）が指摘するヨバヒと呼ばれる習慣があった。ヨバヒはまず男性が声をかけ，その次に女性がそれに答えて名前を名乗る。現代では，名

59

第Ⅰ部　歴史にみる結婚と婚礼

前を名乗ることは日常的な行為であり，特別な意味がある訳ではないが，当時の人々には，言語には精霊が宿っているという言霊信仰があり，人の名前も人格の一部と考えられていた。人格の一部である自分の名前を相手に告げることは，自らの生命そのものを結婚相手に委ねることであり，名前を呼び合う，そのことに結婚の儀式性があったと考えられている。万葉集では結婚という言葉に，結婚という読みが当てられ，単なる求婚ではなく神事的な意味合いもあった。時代が下るとヨバヒは夜に男が通ってくる夜這いと理解されるようになるが，もともとの言葉の原義は呼び合うことにある。

　　　籠もよ　み籠もち　ふ串もよ　美ふ串もち　この岡に　菜摘ます子　家聞
　　　かな　名告らさね　そらみつ　やまとの国は　おしなべて　我こそ居れ
　　　しきなべて　我こそ座せ　我こそは　告らめ　家をも名をも

　万葉集巻頭の雄略天皇のこの歌は，草を摘んでいる女性に雄略天皇は「家聞かな　名告らさね」と尋ね，「告らめ　家をも名をも」と自分の家も名前を告げようと言い，このように男性が女性に名前を尋ね，それに対して女性が名乗ることが，求婚の儀式であったと理解されている。万葉集の巻頭に，この歌が載せられている意味を考えると，春のおおらかな男女の出会いこそが万葉の風景そのものを代表していたからだろう。しかし古代の集落の中では，男女が出会い結ばれる機会は限られており，春の野遊び，四季折々の祭りや神事などが男女が出会う最大のイベントであった。

　　　春の野にあさる雉の，つま恋に，己があたりを人に知れつつ

　万葉集1446番の大伴家持のこの歌も，春になれば妻を求めて鳴く雉にたとえて，春の野で男女が出会っている様子をも思い起こさせる。全てのいきものがそうであるように，春の野は待ち焦がれる男女の出会いの場でもあった。万葉集では，このような恋愛や結婚に関わる相聞歌が大きな位置を占めており，そ

第3章 古事記における結婚の風景

こで歌われている歌垣からも，男女の出会いの風景を読み取ることができる。

歌垣は春や秋などの時期や場所を決めて宴が催され，歌を詠み合う神事である。そこでは穀物の豊作，子孫の繁栄を祈願するとともに，男女が自由に性を交歓する出会いの場でもあった。万葉集1759番の高橋虫麻呂の歌は，歌垣の風景を読んだものである。

鷲の住む　筑波の山の　裳羽服津の　その津の上に　率ひて　娘子壮子の行き集ひ　かがふかがひに　人妻に　吾も交じらむ　わが妻に　人も言問へ　此の山を　うしはく神の　昔より　いさめぬ業ぞ　今日のみは　目ぐしもな見そ　ことも咎むな

鷲の棲む筑波山の裳羽服津の渡し場の上に，連れ立って女と男が集まり歌を歌いあう歌垣で，人妻に私も交わろう，私の妻に人も声を掛けよ。この山を治める神が昔から禁じていないことだ。今日だけは非難の眼差しで見るな，咎めてもいけない。

筑波山の歌垣の例を見ると，普段は他人の妻と交わることはよくないが，歌垣のときだけは，各地から男女が集まってきて，人妻と交わってもかまわないし，また自分の妻にだって言い寄ってもいいのである。この歌の背景からは，この当時の夫婦関係は流動的なものではなく，固定した夫婦関係がすでに成立していたということが読み取れる。また歌垣での男女の自由な交わりは，誰からも咎めを受けない神が認める昔からの神事だったという，このことは神代の時代には，男女の自由な交わりが普通に行われていたことをも想起させる。

古事記の清寧天皇，「袁祁命と志毘臣」の段は，オケノミコトが第23代顕宗天皇に即位する前の話であり，歌垣がテーマになっている。歌垣の場で，オケノミコトと結婚を約束している美人のオオウオに，平群臣の祖であるシビノオミが言い寄ってきたので，オケノミコトも歌垣に参加した。歌の掛け合いを繰り返し朝になって別れた後，今ならまだシビノオミは寝ているからと，オケノミコトと兄のオホケノミコトは軍を起こしてシビノオミを殺害した。これは単

61

第Ⅰ部　歴史にみる結婚と婚礼

なる恋の鞘当てであるのか，あるいは，この後にオケノミコトが天皇に即位したことを見ると，シビノオミを殺害する理由として，歌垣が利用されたとも考えられる。このように歌垣には，平民だけではなく天皇の位につくような人物でも彼らに混じって参加する行事であった。

　歌垣は万葉集，古事記のほかに，常陸国風土記，肥前国風土記などにも見られ，歌垣の場も筑波山のほかに同童子女松原，肥前杵島岳，摂津歌垣山，大和海石榴市，大和軽市などの全国から集まる大々的なものと，それぞれの地域でも行われていたようである。歌垣と同様に，田畑を山の上から展望し豊作を祈る国見の行事もまた男女の出会いの場であり，そこで営まれる男女の性の交歓は，生殖の力を豊作に結びつけ祈願する神事であった。神事とは言え，歌垣や国見の行事での饗宴と性の交歓は，現代の私たちには，ちょっと想像のつかない世界であるが，近年まで各地に，歌垣のような性の交歓を交えたさまざまな風習が残っていたことも記録にある。

（3）　百取の机 代物

　研究者の間で飛鳥・奈良時代の結婚の儀式と考えられているのが「百取の机代物」である。古事記では，上つ巻のコノハナサクヤヒメとニニギノミコト，トヨタマヒメとホヲリノミコト，下つ巻の雄略天皇とヒキタベノアカイコの物語に百取の机代物が登場する。

　コノハナサクヤヒメとニニギノミコトの物語には，「その姉イワナガヒメを副え，百取の机代物を持たしめて，奉り出しき」とある。ニニギノミコトは麗しい童女に出会い，誰の娘かと尋ねた。その娘は，オオヤマツミノカミの娘のコノハナサクヤヒメであると名乗った。また，お前には兄弟はあるのか，とも聞き，そして「吾 汝に目合わせむと欲ふは奈何に」，お前と交わり（結婚）たいと思うのだがどうか，と言った。その話をコノハナサクヤヒメは父のオオヤマツミノカミに話すと，たいそう喜んでコノハナサクヤヒメの姉のイワナガヒメとともに，百取の机代物を持って行かせたとあり，ここでの百取の机代物は結婚の引き出物のように見える。

第3章　古事記における結婚の風景

　トヨタマヒメとホヲリノミコトの物語は，ホヲリノミコトはコノハナサクヤ
ヒメとニニギノミコトの子供で，ホヲリノミコトは山幸彦と呼ばれ，兄のホデ
リノミコトは海幸彦であり「海幸山幸」の物語として知られている。また，ホ
ヲリノミコトが海神の国に出かけトヨタマヒメと結婚する話は，浦島太郎伝説
を下敷きにした物語であると考えられている。その結婚のシーンに「海驢の皮
畳八重を敷き，亦絁畳八重をその上の敷き，その上に坐せて，百取の机代物
を具え，御饗して，すなはちその女トヨタマヒメを婚せしめき」とある。アシ
カの皮と絹でできた敷物を何枚も重ねて敷き，そこにホオリノミコトを座らせ
て，百取の机代物を具え，御饗して交合（結婚）したとある。アシカの皮と絹
でできた敷物は結婚の場の設定であり，そこに百取の机代物が具えられ，神に
神饌を捧げ，それを共に食すことで結婚が成立している。ここでの百取の机代
物は，結婚の儀式を荘厳にするお供え物のようである。

　下つ巻の雄略天皇とヒキタベノアカイコの物語では，老婆となったヒキタベ
ノアカイコが雄略天皇に百取の机代物を届けるシーンがある。その昔，雄略天
皇が遊びに出かけたとき，三輪川の辺で，洗濯をしている美しい童女に出会っ
た。そこで天皇は娘に名を尋ねると，娘はヒキタベノアカイコと名乗った。天
皇はお前は他の男に嫁いではならない，これからお前を召し上げると娘に言っ
て，宮中へ帰っていった。アカイコは天皇の命を守って待っている間に80歳を
過ぎてしまったが，「然れども待ちし情を顕さずては，悒きに忍びず，とおも
ひて，百取の机代物を持たしめて，参出て貢献りき」，今までずっと待ってい
た気持ちを，あなた様に申し上げないではいられないと，百取の机代物を持た
せてやって参りました，と雄略天皇に告げた。これは単にヒキタベノアカイコ
が百取の机代物を引き出物として雄略天皇に献上しただけのことのように見え
るが，ヒキタベノアカイコは巫女であり，三輪山神婚伝説をもとにした物語で
あるという指摘もあり，そうすると百取の机代物は結婚の神事であったのか。

　いずれの物語も，はじめに男性が女性に声をかけ，女性が名前を名乗ってい
る。これは当時の一般的な求婚であるヨバヒであると考えられ，であるからこ
そ，雄略天皇に声をかけられたヒキタベノアカイコは，80歳までその思いを抱

63

第Ⅰ部　歴史にみる結婚と婚礼

き続けていたのであり，名乗り合ったことが結婚の合意であったと考えられる。

　こうして見ると，やはり百取の机代物は，結婚の儀式と何らかの関わりがあることが分かる。折口信夫は百取の机代物について，儀式の依代の用途が忘れられて供物容れとなり，転じてはさらに贈答の容れ物となった百取の机代物を置き足すようになったのは，遥かに国家組織の進んだ後の話で，元は移動神座なる轝籠が，一番古いものであったと思われる（折口 1995：200）としており，百取の机代物は移動神座である轝籠がはじまりであると指摘している。そのように理解すると，百取の机代物はもともと結婚の儀式の依代としてあったものが，やがてその用途が忘れられ，結婚の引き出物やお供え物のような形になったと考えられる。時代が下り，平安時代の婿取婚では，女性の家が祝宴を開催し引き出物を贈り，それが鎌倉時代以降に嫁取婚になると逆転し，男性の家が祝宴を催し引き出物を贈るようになる。現代でも多くは，結婚の祝宴の開催と引き出物は男性の家の行事であり，このような引き出物の習慣は，飛鳥・奈良時代にまで遡ると考えてもいいのではないだろうか。

３　国生み神話における結婚

（1）　イザナギとイザナミの誕生

　天の神々の意思によりイザナギとイザナミが誕生し，やがて結婚をして国土を生んでいく，天と地を結ぶ壮大な結婚の風景に，古事記の歴史的な正統性と天皇の世界の確立への思いが込められている。けれども，このイザナギとイザナミの結婚のシーンは，あまりに単刀直入に語られているため，これ以上の議論はしようもないと言ったふうで，いままで結婚の議論の中心にはなっていなかったようにも思われる。

　古い歴史を踏まえ，その伝統を受け継ぎつつも新しい世界の創立をめざす古事記の理念からして，イザナギとイザナミの結婚は，荒唐無稽な結婚の儀式が創作されたのではなく，古い時代の儀式が神話として伝承されているものを採用したのか，あるいはいくつもの古い伝統をつなぎ合わせて，世界の創造にふ

第3章 古事記における結婚の風景

さわしい結婚の儀式として創出された，と考えるのが自然ではないだろうか。いずれにしても，イザナギとイザナミの結婚が日本という国のはじまりを物語る。

　序に続く「別天つ神五柱」「神世七代」は，神々の名前が羅列されているだけで，一見なんの脈絡もないように見える。しかし本居宣長をはじめ多くの研究者が，さまざまな解釈を述べているように，神々の名前の由来とその順序に，イザナギとイザナミの誕生のストーリーが込められている。

　別天つ神五柱，神世七代にわたる神々の名前が列挙される中で，イザナギとイザナミの誕生へといたる聖なる場が成立することに注目したい。ここでは，古事記を作品論の立場から鋭く分析している神野志隆光の解釈（神野志 2008）をもとに登場する神々を考察すると，何ら脈絡のないように見える神々もその名前に意味が込められていることがわかり，日本という国の成立前夜の情景が浮かび上がってくる。

　最初に，アメノミナカヌシ，タカムスヒ，カムムスヒ，ウマシアシカビヒコヂ，アメノトコタチの別天つ神と呼ばれる五柱の神が登場する。アメノミナカヌシは天之御中主神と書かれているように，天の世界を司る中心の神である。次にムスヒの二神であるタカムスヒ，カムムスヒが登場する。ムスヒについて本居宣長は以下のように説明している。

　　　産巣は生なり，其は男子女子，また苔の牟須など云牟須にて，物の成出るを云，日は，書紀には産霊と書かれたる。……されば産霊とは，凡て物を生成することの霊異なる神霊を申すなり。（本居 1940：179）

　ムスヒとは，全てものを成り立たせる生成の霊力であり，タカムスヒとカムムスヒは生成の霊力を持った神々である。ウマシアシカビヒコヂという神の名前のウマシは称辞，アシカビは葦の芽，ヒコヂは男性である。ウマシアシカビヒコヂは生長の早い葦の芽が一斉に勢いよく伸びるように，ムスヒの霊力が発揮される様を表現している。

65

第Ⅰ部　歴史にみる結婚と婚礼

　次にトコタチという名前の二神，アメノトコタチとクニノトコタチが登場する。トコは生成の場であり，苗床という言葉が示すように繁殖を準備する場，あるいは新婚初夜の共寝を床入りと言うように，生殖の場をも意味する。タチは出現の意であり，ここでは神々が生成する場が出現したことを表わしている。トコを共通する二神であるが，アメノトコタチまでが別天つ神五柱であり，クニノトコタチは神世七代に属する。クニノトコタチから地上の神となり，神々の誕生の場が地上においても実現したことを表わしている。トヨクモノのトヨは称辞，クモノは雲の覆う野であり，神々が誕生する場所のイメージであると言う。

　次に登場する二神は，泥を意味するヒヂを名に持つウヒヂニ，スヒチニである。神野志隆光はヒヂ（ヒチ）は神の身体の原質と捉え，その次の二神，ツノグヒ，イクグヒのクヒは杭のイメージであり，現われ出ようとする最初の形であると言う。男女の神が土人形のように形作られていく様を表現している。

　オホトノヂ，オホトノベの二神のトは性的部位を意味し，男女それぞれの性的部位が備わったことを表わしている。オモダルのタルは身体の完成を意味し，ここに男女二神が誕生したことを物語る。カシコネはそれに対する畏敬（カシコ）である。このように別天つ神五柱，神世七代の神を中心とした話を，以上の解釈にしたがってまとめてみると，次のようにイザナギとイザナミの誕生の風景が描き出される。

　天の世界の中心を司る神であるアメノミナカヌシは，ものごとを成り立たせる生成の霊力を発揮させ，生長の早い葦の芽が一斉に勢いよく伸びるような勢いで生成の場をつくり出した。その場所は，天にあるような雲が一面に覆う野のような場所であり，それが地上においてもつくり出された。土から神の姿を模した人間の形が整えられていった。その二人は男女の性的部位を持ち，名前が示すような誘い合う男女の神，イザナギとイザナミの二神が誕生した（図3-1参照）。

　次にイザナギとイザナミが国を生み出す様子を「伊邪那岐命と伊邪那美命」の段から見てみよう。

66

第3章　古事記における結婚の風景

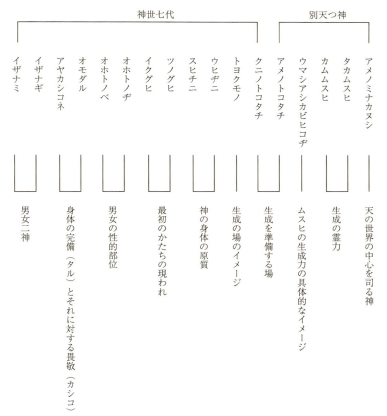

図3-1　別天つ神，神世七代の構成と神々の意味
出典：筆者作成。

（2）　国土の修理固成

　ここに天つ神諸の命もちて，伊邪那岐命，伊邪那美命，二柱の神に，「この漂へる国を修め理り固め成せ」と詔りて，天の沼矛を賜ひて，言依さしたまひき。故，二柱の神，天の浮橋に立たして，その沼矛を指し下ろして畫きたまへば，鹽こをろこをろに畫き鳴して引き上げたまふ時，その矛の末より垂り落つる鹽，累なり積もりて島と成りき。これ淤能碁呂島なり。

67

第Ⅰ部　歴史にみる結婚と婚礼

　天つ神一同の命で，イザナギとイザナミの二神に「この漂える国を作り直しなさい」と，天の沼矛を授けて委任された。イザナギとイザナミは，天空に浮いている天の浮橋に立って，天の沼矛を指し下ろし，海水をコロコロと撹き鳴らして引き上げたときに，矛の末から垂れ落ちた塩が積もり積もって島となった。これが淤能碁呂島である。

　天の沼矛は，日本書紀では天之瓊矛と書かれ，瓊は玉のことであり，瓊矛とは玉で飾った矛，すなわち男根を象徴している。その「矛の末より垂り落つる鹽」とは，男根の先から出た塩，つまり精液のことを表現したものだろう。そうすると「こをろこをろに畫き鳴らして引き上げたまふ時」という文章は，前後の文脈から推測すると，意味するところは性の営みの描写ではないだろうか。「こをろこをろに畫き鳴らして」という部分のリズミカルな表現はいかにも交合運動のようにも感じ取れ，その後に矛の末から塩が垂れ落ちるというのは，交合のクライマックスである。いわばこのシーンは，イザナギとイザナミによる大地との交合により，生殖的に淤能碁呂島が生み出される場面なのである。

　西洋的倫理観を規範としている現代の私たちにとって，直接的な性的表現ははばかられるところがあるが，古代において性は神秘的かつヌミノーゼであり，性の営みにより，国生みへと発展していく雄大な風景として読み解くことができる。この国土の修理固成を成す行為があたかも性の営みの手本となり，イザナギとイザナミの結婚が開始される。

（3）　二神の結婚

　その島に天降りまして，天の御柱を見立て，八尋殿を見立てたまひき。ここにその妹伊邪那美命に問ひたまはく，「汝が身は如何か成れる」ととひたまへば，「吾が身は，成り成りて成り合はざる慮一慮あり」と答へたまひき。ここに伊邪那岐命詔りたまはく，「我が身は，成り成りて成り餘れる慮一慮あり。故，吾が身の成り餘れる慮をもちて，汝が身の成り合はざる慮にさし塞ぎて，国土を生み成さむと以為ふ。生むと奈何」とのりたまへば，伊邪那美命，「然善けむ」と答へたまひき。ここに那岐命詔りたま

第3章 古事記における結婚の風景

ひしく、「然らば吾と汝とこの天の御柱を行き廻り逢ひて、みとのまぐはひ為む」とのりたまひき。

その島に天から降りてきて、天の御柱を立て、八尋殿を立てた。そこで、イザナギがイザナミに「おまえの体はどのようになっているのか」と尋ねると、「私の体

図3-2 天の御柱と呼ばれている淡路島の沼島の上立神岩
出典：沼島よしじん観光協会提供。

は成り整ってはいるが、まだ合わないところ（女陰）が1カ所ある」と言った。さらに、イザナギが言うには、「私の体も成り整ってはいるが、成り余っているところ（男根）が1カ所ある。だから、私の体の成り余っているところで、お前の体の合っていないところを刺し塞いで、国土を生もうと思うがどうだろうか」。生むのはどうか、と問えば、イザナミは「いいでしょう」と答えた。そこでイザナギが「そうしたら、私とお前がこの天の御柱の周りを回って、みとのまぐはひをしよう」と言った。

「別天つ神五柱」「神世七代」では、生成の場が整い、性的部位を持つ男女二神であるイザナギとイザナミの誕生が語られ、「国土の修理固成」では交合がメタファーとして暗示された。「二神の結婚」では、男女の二神が交合する場面が具体的に描かれている。

天の御柱を見立て、八尋殿を見立てた、というのはどういうことなのだろうか。「見立てる」というのは江戸時代からさまざまな説があり、本居宣長は見定めて立てると解釈し、平田篤胤は柱を立てたのではなく、天の御柱になぞらえたと考えた。神野志隆光は発見というものに近いという考えを示している。日本書記には「八尋之殿を化作つ。亦天柱を化堅つ」とあり、八尋之殿は「作つ」と書かれ、同じ「たつ」でも天柱は「堅つ」と異なって表現されていることに注目すると、柱は八尋殿を構築している柱ではなく、独立した1本の柱が

69

第Ⅰ部　歴史にみる結婚と婚礼

しっかりと大地に堅く建てられたことをイメージさせる。倉野憲司の「古事記」の校註によると，柱は結婚の儀礼と関係があり，八尋殿は新婚のための婚舎と注釈しているように，このシーンは聖婚の儀式の場が成立したことを示している。「みとのまぐはひ」とは，「みと」は御所，「まぐはひ」は「目合い」から転じて交接を意味し（倉野 1963：20），二人は天の御柱を回って交合する。

　　かく期りて，すなはち「汝は右より廻り逢へ，我は左より廻り逢はむ」と詔りたまひ，約り竟へて廻る時，伊邪那美命，先に「あなにやし，えをとこを」と言ひ，後に伊邪那岐命，「あなにやし，えをとめを」と言ひ，各言ひ竟へし後，その妹に告げたまひしく，「女入先に言へるは良からず」とつげたまひき。然れどもくみどに興して生める子は，水蛭子。この子は葦船に入れて流し去てき。次に淡島を生みき。こも亦，子の例には入れざりき。

　そうして，「お前は右から天の御柱を回り，私は左から回って逢おう」と言い終わったとき，イザナミが先に「あぁ，いい男」，その後にイザナギが「あぁ，いい女だ」と言った。イザナギは「女が先に言うのは良いことではない」と言った。そうして寝床で交合をして生んだ子は水蛭子であった。この子は葦船に入れて流してしまった。次に淡島を生んだが，子供のうちには入れなかった。

　柱を回る結婚の儀式について，柱に関しては後ほど詳しく考察するにして，「回る」という行為に関しては，古代中国の文献に次のような記述がある。漢代の経書を解釈した「春秋緯元命苞」には「天は左旋し，地は右動す」とあり，唐代初期に成立した「芸文類聚」（天部所引の白虎通）には「天は左旋し，地は右周す」，「医心方」所引の洞には「天は左転し，地は右廻。……此物事は常理也。……故に必ず男は左転し，女は右廻すべし」（勝俣 1996：24）とある。天は左に回転し，地は右に回転するのは，ものごとの道理であり，ゆえに男は左に回転し，女は右に回転する。このように男女が左右に回るというのは，天

第3章　古事記における結婚の風景

と地の動きに連動し，天の信仰と深く関わっていると考えられ，「お前は右から天の御柱を回り，私は左から回って逢おう」というイザナギの言葉は，古代中国の天の信仰と一致している。イザナギとイザナミが古代中国の天の信仰に従い，天の御柱を左右に回ることで，この聖婚の儀式が天の世界と深くつながっていることを意図したと考えられる。

（4）　大八島国

　　ここに二柱の神，議りて云ひけらく，「今吾生める子良からず。なほ天つ神の御所に白すべし」といひて，すなはち共に参上りて，天つ神の命を請ひき。ここに天つ神の命もちて，太占に卜相ひて，詔りたまひしく，「女先に言いへるによりて良からず。また還り降りて改め言へ」とのりたまひき。故ここに反り降りて，更にその天の御柱を先の如く往き廻りき。ここに伊邪那岐命，先に「あなにやし，えをとめを」と言ひ，後に妹伊邪那美命，「あなにやし，えをとこを」と言ひき。かく言ひ竟へて御合して，生める子は，淡道の穂の狭別島。次に伊豫の二名島を生みき。

　ここで二人の神は語り合い「今生んだ子供は良くない。天つ神のところに行って相談しよう」と言って，二人で天上に登って行き，天つ神の意見を求めた。天つ神の占いによると，「女が先に言うのが良くない。地上に戻って改めて言い直しなさい」，そこで地上に降りて再び前回のように天の御柱を回られた。イザナギが先に「あぁ，良い女よ」と言い，その後にイザナミが「あぁ，良い男よ」と言った。そう言い終わって交合して生まれた子供が淡路島の穂の狭別島である。次に伊予の二名島を生んだ。

　イザナミが先に「あぁ，良い男よ」と声を発し，そのあとにイザナギが「あぁ，良い女よ」と，女が先に声をかけたことが間違っていたのである。天つ神の占いに従って，イザナギが先に「あぁ，良い女よ」と言い，その後にイザナミが「あぁ，良い男だなぁ」と言って交合すると，かたちのある淡路島の狭別島と伊予の二名島を生むことができた。

71

第Ⅰ部　歴史にみる結婚と婚礼

　古事記が書かれた時代，男が女に名前を尋ね，それに対して女が名前を名乗ることが，ヨバヒと呼ばれる結婚の儀式であった。このシーンでは名前こそ尋ねていないが，「あぁ，良い女よ」とイザナギが先に声をかけ，その後イザナミが「あぁ，良い男よ」と答えるように返事をしたことで，まともなかたちのある島を生むことができたのである。二人の声の掛け合いは，男が先に声をかけ，その後，女が答えるという当時のヨバヒの習慣と符合する。その習慣に反し，最初にイザナミが声をかけたことが失敗の原因であったのである。言わばここでは，当時の結婚の儀式であるヨバヒの習慣が，イザナギとイザナミの声の掛け合いに，象徴的に語られていると考える。

4　天の御柱

（1）　柱とは

　イザナギとイザナミの聖婚の中心となるのは，天の御柱の周りを回って国生みをすることである。回るという行為は，古代中国の天の信仰に依拠すると考えられるが，回る場所が，なぜ柱でなければならなかったのか。また「柱を立てる」ということには，どのような意味があり，なぜ柱を立てる必要があったのだろうか。

　古事記では，冒頭に別天つ神五柱とあるように，まず柱そのものが神として存在し，同時に，柱は端と端をつなぐものとして，天上世界と地上世界を結びつける役割がある。イザナギとイザナミが生み出した地上の世界は，天の御柱により天上界とつながり，天の意思を地上界へと伝達する。

　柱を立てる，その「立てる」という意味について，ハイデッガーの思索は興味深く，『芸術作品のはじまり』からその部分を引用する。

　　たてることはここではもう，ただとりつけることではありません。……神
　　聖なものを神聖なものとして開き，神をその本質的にあることの開かれた
　　もののなかへ招きよせるということです。……威厳のなかに，光のなかに

神が本質的にあるのです。この光の照りはえるところに，僕らが世界とよんだあのものがひかりかがやくのです。（ハイデッガー 1974：51）

　ハイデッガーの文脈にそって古事記の記述を理解すると，柱は回るための道具としてただ取りつけられたのではなく，「柱を立てる」そのことが，神聖なる空間を開き，そこに神を招き寄せることができる。柱の打ち立てた神聖な空間の威厳の中に，神聖な空間の発する光の中に神の本質があり，結婚の場そのものが聖なる世界として光り輝く，そのように理解できる。
　また，ハイデッガーは立てる，という意味を次のようにも言っている。

　　しっかりとそそぎたっているということが，空中の目に見えない空間を，みえるものにします。（ハイデッガー 1974：48）

　天の御柱が，天に向かってそそぎ立つことで，はじめて，いままで見えなかった神聖なる空間が顕わし出される。「柱を立てる」ことの意味は，いままで見えなかった神聖なる空間を現前させ，イザナギとイザナミの聖婚の場を創出することにあった。このように神を迎え入れ，聖婚の場を現前させる天の御柱は，古事記の単なる創作にすぎないのだろうか。

（2）　古事記と柱

　柱は神を象徴し，イザナギとイザナミの聖婚の中心となるものであるにもかかわらず，今まで大きな注目を集めてこなかった。しかしながら，柱にスポットを当ててみると，古事記に登場，あるいは関連する柱が，古い格式のある神社に現在もなお存続し，その柱に関する儀式が継承されるなど，古事記における柱の存在が大きくクローズアップされる。
　アマテラスを祀る伊勢神宮には心の御柱があり，大国主を祀る出雲大社には岩根の御柱，大国主の子であるタケミナカタを祀る諏訪大社には，柱を立てる行事として御柱祭が古代から連綿と受け継がれている。それらの柱はどのよう

第Ⅰ部　歴史にみる結婚と婚礼

なものであるのか，次に考察してみよう。

① 心の御柱

　伊勢神宮は神世の11代の垂仁天皇25年に内宮に鎮座したとあるが，伊勢神宮の創建については日本書紀に記述があるものの，古事記ではほとんど語られず，またその年代についても正確なことはわかっていない。伊勢神宮には，アマテラスを祀る正殿の真下に位置しているにもかかわらず，祭神であるアマテラスとも，正殿の建築とも関係しないが，しかし，古くから重要な祭祀の対象となっている「心の御柱」という不思議な柱が存在している。心の御柱は，古事記の天の御柱と同じ名前の「天の御柱」，あるいは「天の御量柱（あめ みはかりのはしら）」とも呼ばれ，平安時代の延暦儀式帳には「忌柱（いむはしら）」とも記されている。同じ名前を持つことなどから，古事記の天の御柱との関連性を感じさせるが，心の御柱に関することは，秘儀とされていて詳しくは解明されていない。心の御柱を立てる奉献の儀は深夜に行われ，見ることも，語ることも許されてはいないが，いくつかの文献には心の御柱に関する記述があり，その姿がどのようなものであるか，ある程度推察することができる。

　心の御柱の材の切り出しは「木本祭」と呼ばれ，真夜中に山中で行われる。心の御柱は内宮・外宮の正殿床下に位置し，御柱の長さは六尺（1.8 m），太さは九寸（27 cm），建て方は時代により違いがあり（稲田 2013：127），内宮の柱は半分以上が地上に露出し，回りはサカキで囲われ，外宮の柱はすべて地中に埋められていると言う。20年ごとに正殿が遷宮した後も心の御柱だけは残され，古い殿地の玉石の中にぽつんと立っている祠が心の御柱の覆屋である（図3-3）。心の御柱は正殿の遷宮とともに遷座せず，新しい社殿が建つまでの20年間この中に収められていることも，心の御柱とアマテラスとが関連していないことを示している。

　明治以降，神社制度の再編により伊勢神宮でも祭祀改革が行われており，伊勢神宮の本来の信仰形態を知るためには，明治以前の信仰形態を考慮する必要があり，心の御柱に関しても明治以前に重要な儀式が行われていたことが分かっている。心の御柱を建てる奉建の儀や柱を葬る葬送の儀などの秘儀として明

第3章 古事記における結婚の風景

図3-3 伊勢神宮 外宮の古殿地の覆屋
出典：筆者撮影。

図3-4 伊雑宮の御神田に立つ柱
出典：筆者撮影。

らかにされていない儀式，そして古い伝承などとも考え合わせると，正殿の建築とも直接関係がないことから，アマテラス以前の古い信仰の型として，正殿の成立以前に柱を対象とした祭祀があったことを推測させる。正殿のない祭祀のシンボルとして，現在のような低く，あるいは埋められた柱ではなく，古事記の天の御柱のように独立し，そそぎ立つ柱であった可能性がある。その例として，伊勢神宮の別宮である伊雑宮の御料田の中央には，由来は定かではないが，このような風景を彷彿とさせる柱が立っている（図3-4）。

② 岩根の御柱

　古事記には，国を譲った大国主をたたえて「底津岩根に宮柱ふとしり，高天原に氷橡高しりて居えよ」とあるように，大国主を祀る出雲大社にも「岩根の御柱」という柱があり，古事記の一文と一致する。現在の本殿の高さは24 mであるが，中世には48 m，上古には96 mであったという説がある。岩根の御柱は，本殿の中央に地面から床を突き抜け立っているにもかかわらず，本来支えるべき棟までには達しておらず，本殿を支える構造として大きく機能していないことは，伊勢神宮の心の御柱と共通し，構造以外の特別な意味があることをうかがわせる。

　出雲大社の岩根の御柱は，本殿内部の中央に立ち上がり，伊勢神宮の心の御柱は本殿の下にあるという違いはあるが，心の御柱も岩根の御柱も，本来の柱の役割であるはずの建物を支えるという機能そのものより，柱が独立して立つ

第Ⅰ部　歴史にみる結婚と婚礼

図3-5　諏訪大社の天に向かって
　　　　そそぎ立つ御柱
出典：筆者撮影。

ことで，神の依代である柱を神籬として祀ることに意味があったと考えられる。そのような視点に立つとき，伊勢神宮の心の御柱が正殿成立以前の立柱祭祀と考えられるように，推測にすぎないが，出雲大社には，もともと古くからの柱信仰としての岩根の御柱が本殿建設の前にすでにあり，本殿は，後から岩根の御柱を守る覆屋として建設されたのではないだろうか。

　この後に見る諏訪大社の御柱が巨木柱であるように，その昔，柱を崇拝する信仰形態がこの地方にすでにあり，岩根の御柱もまた天を衝く独立した柱であった。柱を守るための覆屋としての本殿もまた，このような高さを必要としたのだろう。このように考えないと，なぜ本殿は高くなければならなかったのか，という理由がわからない。2000年の発掘調査で，金輪御造営差図に描かれた金輪により3本の大直径の柱が1本に束ねられた柱と同じ形状の巨大な柱の遺跡が出土し，伝説の巨大な神殿が実在したことが明らかになった。

③　御柱祭

　もう一つ古事記に関連する柱で，古代の立柱儀式を彷彿とさせるのが御柱祭である。御柱祭とは，大地に柱を立てる祭であり各地に見ることができるが，その多くは諏訪大社と関係のある神社で行われており，その中でも歴史が古く最も大規模なものが諏訪大社の御柱祭である（図3-5参照）。諏訪大社の起源は古事記に描かれていて，古事記の上つ巻，葦原中国平定の段の「建御名方神の服従」では，タテミカヅチが大国主に国譲りを迫ったときに，大国主の子であるタケミナカタがタテミカヅチに戦いを挑んだが，勝負に負けて信濃の国，州羽の海（諏訪湖）まで追い詰められ，諏訪の地から出ないこと，葦原中国を

76

献上することを約束したとある。

　諏訪大社は，二社四宮からなり，諏訪湖の南北に上下二社が対座する。タケ
ミナカタの神を祭神とする上社には本宮と前宮，ヤサカトメノミコトを祭神と
する下社には春宮と秋宮がある。御柱祭は４カ所で行われ，正式名称は式年造
営御柱大祭と言い，寅と申の７年ごとに開催される。柱は山中から樹齢150年
を超えるモミの巨木16本が切り出され，大きいものは太さ約１m，長さ約17 m，
重さ約10 t に及ぶ。諏訪地域の氏子20万人が参加し，柱を各宮まで曳行し，社
殿の四隅に建てる壮大な祭である。諏訪大明神絵詞には，桓武天皇の時代に
「寅・申の干支に当社造営あり」とあり，すでに平安時代初期から祭は行われ
ていた記録がある。諏訪大社には本殿はなく，秋宮はイチイ，春宮はスギが御
神木である。御柱は御神木の両サイドと拝殿の左右の４カ所に立てられ，社殿
とは直接に関わりがない。なぜこのような社殿建築とは無関係な巨大な柱を立
てる必要があり，なぜこれほどまでに人々は柱を立てることに熱狂し，その祭
りが千年以上にわたって継続しているのか。御柱祭の起源については諸説ある
ものの明らかではないが，諏訪地方に伝わる狩猟民族と関わりのあるミシャグ
ジ信仰との深いつながりが指摘されている。また，上社第一という御頭祭はけ
ものの頭部を供えるという狩猟民族の祭祀を現代にまで引きついでいる。諏訪
から八ヶ岳山麓には棚畑遺跡，尖石遺跡，阿久遺跡などの縄文中期の集落遺跡
が300カ所以上見つかっていることからも，御柱は縄文時代の巨木信仰との関
連性を視野に入れることができる。古事記と関連のある伊勢神宮の心の御柱，
出雲大社の岩根の御柱，御柱祭，それらの柱に共通すると考えられる柱信仰の
起源について次に考察する。

（3）　柱信仰

　柱信仰の起源は，縄文時代にまでさかのぼることができるという。縄文時代
は人間が日本に定住しはじめ，日本の多様な自然の中で育まれた１万2000年に
及ぶ縄文文化と呼ばれる独自の文化を形成した時代である。生活の全てが自然
と直接対峙する中で，自然は人々に恵みをもたらすとともに，畏敬と恐怖の念

第Ⅰ部　歴史にみる結婚と婚礼

を抱かせ，自然への信仰が現実の生活を大きく支配していた。日本の温暖多雨な気候が生み出す豊かな自然と変化に富む生態系の中で，信仰の対象は自然の力を象徴する巨木や巨石であり，その力が及ぶ領域が聖なる空間として認識された。このような自然崇拝は巨木，巨石信仰を生み出し，生死や生殖と関連しながら柱信仰の原型となっていったと考えられている。

　実際，縄文時代の遺構には，日常生活に関わる住居や貯蔵穴のような実用的な遺構のほかに，具体的な用途の特定できない構造物の遺構が発見されている。その代表的なものが巨大柱列や環状列石，石棒などであり，縄文人の信仰や祭祀に関わる遺跡であると考えられている。

　古事記にも雄略天皇「長谷の百枝槻の段」に，

　　百足る　槻が枝は　上枝は　天を覆へり　中つ枝は　東を覆へり　下枝は
　　鄙を覆へり

という一節があり，大きく枝を張ったケヤキの上の枝は天を覆い，中の枝は東国を覆い，下の枝は西国を覆う。このケヤキは国全体を覆うほどの大きさであり，このような巨木の記述は，縄文時代からの巨木信仰とのつながりを思わせる。

① 三内丸山遺跡

　最も大規模な縄文遺跡が青森県の三内丸山遺跡である。1992年からの発掘調査で，縄文時代前期中頃の5500年前から約1500年の間，数百人以上が定住していた大規模集落跡が発掘され，今までの常識を覆す発見として世間を驚かせた。広さは約38 ha に及び，竪穴住居跡，大型竪穴住居，大型掘立柱建物跡などの建築群と生活関連の遺跡が出土し，集落全体の構図や当時の生活の様子までもが明らかになった。

　遺跡の中で，祭祀との関連が取りざたされているのが大型掘立柱建物である。発掘された柱跡は6カ所あり，正確に4.2 m ごとに2列に並び，穴の深さは2 m 以上あった。これは大型掘立柱建物の痕跡であると考えられ，現地には図

第3章　古事記における結婚の風景

3-6のような大型掘立柱建物が復元されている。大型掘立柱建物の用途は特定されていないが、3層の床のある建物として復元されている。しかし復元に関しては、研究者の間でも屋根のある建物であったのか、あるいは柱だけの木柱列であったのか意見が分かれていたが、最終的に屋根のある建物と柱だけの木柱列であるという意見の中間をとって、床はあるが屋根はないという中途半端な形状になっている。残念なことに、再現された建物は、的確な考古学的な検証のもとに復元されたのではなく、これが巨大木柱列であった可能性は依然として残っている。

② 真脇遺跡

図3-6　三内丸山遺跡の復元された大型掘立柱建物
出典：青森県観光情報サイト　アプティネット。

図3-7　真脇遺跡の復元された環状木柱列
出典：真脇遺跡縄文館提供。

　三内丸山遺跡の大型掘立柱建物は、屋根のある建物であったのか、木列柱であったのか議論は分かれていたが、金沢市チカモリ遺跡からは347本の木柱根が発見され、1983年には能登半島の真脇遺跡からも巨木の環状木柱列跡が発見された。真脇遺跡は縄文時代最晩期の遺跡であり、約2800年前の地層から、直径7.4ｍの円型に沿ってクリの半割柱が出土した。ここには何回も立て直された跡が残っており、柱の径は太いもので90 cm以上あり、割った面を外に向けて配置されていた。図3-7はその復元であり、居住域と土壙墓の間に位置していることから、日常と聖なる場所を分離する祭祀の場であったと推測されていて、これは建物ではなく環状木柱列であったことが確認されている。

第 I 部　歴史にみる結婚と婚礼

⑤　柱を回ることの意味

　このように柱の意味を求めて，縄文時代にまでやってきたが，はたして歴史の迷宮に迷い込んだのであろうか。古事記には天の中心を司るアメノミナカヌシの命令で，その後に続く神々が生成の場を創り出し，男女の性的部位を持ったイザナギとイザナミが誕生し，地上に降り立ち聖婚を挙げる。この壮大な聖婚の儀式こそが，日本という国の誕生であり，皇祖であるアマテラスから天皇の御代へと継承される世界の幕開けにほかならない。この儀式の中心に位置するのが天の御柱であり，ハイデッガー（1974：48）が，しっかりとそそぎたっているということが，空中の目に見えない空間を，見えるものにすると指摘しているように，柱を立てることが聖なる空間を現前させ，それによって聖婚の場がはじめて想定されるのであり，柱の存在なくしては，この儀式は成立しないのである。

　国生みの後に古事記に出てくる多くの神々は，その時代の風習であった歌垣に見られるような自由な恋愛を楽しんでいる。しかし日本という国の誕生と，皇祖であるアマテラスから天皇の御代へと継承される世界の誕生には，当時の風習による結婚儀式だけではなく，さらに古い時代の伝承を受け継ぐことによる正統性が必要であり，絶対的な権威が必要であった。それが柱を中心とする儀式であったのではないだろうか。したがって，柱を考えることが聖婚の根拠を問うこととなり，この章では柱の意味を求めて，縄文時代にまで旅をしたのである。このような独立した象徴的な柱は縄文時代の21の遺跡，その後の弥生時代では吉野ヶ里遺跡などの24の遺跡，古墳時代の古墳には19カ所（植田2008：「古代の立柱祭祀」より）に確認されている。縄文時代に芽生えた柱信仰は，弥生時代，古墳時代にも引き継がれ，古事記を経て現在にまで連綿とつながっている。

　伊勢神宮の心の御柱は，正殿の床下に隠されてはいるが，秘儀とされ，その原型は古い形の信仰である柱がそそぎたつ立柱祭祀の存在を想定させる。出雲

第 3 章　古事記における結婚の風景

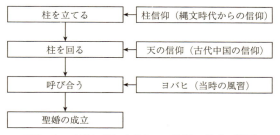

図 3-8　イザナギとイザナミの聖婚の儀式の構図
出典：筆者作成。

大社の岩根の御柱は本殿の中央に据えられ，建築の構造としては十分に機能していないことなど，出雲大社創建以前の柱信仰の存在を思わせる。諏訪大社の御柱祭の巨大木の柱を立てる壮大な儀式は，毎回のごとく死者を出してまで執り行われる熱狂的な儀式であり，機械力がなかった縄文時代に，人力のみで巨大木の柱を立てたことを彷彿とさせ，縄文時代からの柱信仰が現代にも息づいていることを感じさせる。

　このようにイザナギとイザナミが回る柱の意味を確認したところで，イザナギとイザナミの聖婚の儀式を振り返ってみると，図 3-8 のように整理することができる。柱を立てるということは，縄文時代からの柱信仰を下敷きにしたものであり，柱は聖婚の場を現前させ，イザナギとイザナミの聖婚の儀式が古い伝承を継承していることを表わそうとした。柱を回るという儀式は，古代中国の天の信仰を引用し，天と地上の世界とを関連づけ，イザナギとイザナミの聖婚が天の承認を得るための儀式であることを意図した。イザナギとイザナミの声の掛け合いは，当時の結婚の儀式であるヨバヒを象徴的に物語ったものである。

　柱を中心としたイザナギとイザナミの聖婚の儀式は，単なる思いつきや創作ではなく，歴史的正統性を得るために，古くからの伝統をもとに当時の風習も折り込み，さまざまな儀式が組み合わされた物語として描き出されたものではないだろうか。

第Ⅰ部　歴史にみる結婚と婚礼

●参考文献───────

家永三郎（1996）『歴史家の見た日本文化』雄山閣。

伊藤聡（2012）『神道とは何か』中公新書。

伊東すみ子（1960）「奈良時代の婚姻についての一考察」『國家學會雑誌』（第10号）法制史学会，270-271頁。

稲田智宏（2013）『伊勢神宮の謎』学研。

井上章一（2013）『伊勢神宮と日本美』講談社学術文庫。

植田文雄（2008）『古代祭祀』学生社。

大隅和雄（1998）「日本文化と思想」放送大学教材。

折口信夫訳（1971）『万葉集』（日本の古典 2）河出書房新社。

折口信夫（1995）『折口信夫全集 2』中央公論社。

勝俣隆史（1996）「日本神話の星と宇宙観 3」『天文月報』（第89巻第 1 号）日本天文学会，24-27 頁。http://www.asj.or.jp/geppou/archive_open/1995/pdf/199601.pdf（最終確認は2017年 7 月13日）

工藤隆（2012）『古事記誕生』中公新書。

倉野憲司校註（1963）『古事記』岩波文庫。

倉本一宏（2003）『一条天皇』吉川弘文館。

栗原弘（2012）『万葉時代婚姻の研究』刀水書房。

神野志隆光（1993）『古事記を読む（上）』（NHK 文化セミナー歴史に学ぶ）日本放送協会。

神野志隆光（1999）『古事記と日本書紀』講談社現代新書。

神野志隆光（2008）『古事記の世界観』吉川弘文館。

神野志隆光（2013）『古事記とは何か』講談社学術文庫。

小杉康編（2007）『心と信仰──宗教的観念と社会秩序』（縄文時代の考古学11）同成社。

坂本太郎（1988）『古事記と日本書紀』（坂本太郎著作集　第 2 巻）吉川弘文館。

関口裕子（1993）『日本古代婚姻史の研究』塙書房。

千田稔（2005）『伊勢神宮──東アジアのアマテラス』中公新書。

高群逸枝（1963）『日本婚姻史』（日本歴史新書）至文堂。

武澤秀一（2011）『伊勢神宮の謎を解く』ちくま新書。

ハイデッガー，M.／菊池栄一訳（1974）『芸術作品のはじまり』理想社。

福永武彦（2005）『現代語訳日本書紀』河出文庫。

本居宣長撰／倉野憲司校註（1940）『古事記伝』岩波文庫。

第4章
源氏物語における結婚の風景

白砂伸夫

① 源氏物語とは

（1） 源氏物語の時代的背景

794年，桓武天皇は奈良時代の旧弊を人心ともに一新し，主導力確立の基盤を築くため平安京に遷都した。平安時代前期は，奈良時代からの中央集権的な律令政治を継承していたが，894年には菅原道真の建議により遣唐使は廃止され，10世紀初頭から地方の直接統括や土地課税制度を確立させることで，王朝国家体制が整えられていった。それと並行して，唐風から国風の文化への転換が推し進められるようになり，文学においても漢文が主流だったものが，平仮名や片仮名による表現もはじまっていく。

平安時代中期はそのような日本の固有の文化が成熟する時代であり，王朝国家体制の成立とともに，貴族社会が成立する中で結婚の儀式化も進展し，結婚は物語をはじめとした文学作品のテーマともなっていった。ここでは源氏物語を中心に，平安時代の結婚がどのような儀式として描かれているのか，その風景を俯瞰する。

王朝国家体制の爛熟期の1007年に誕生した源氏物語は，五十四帖に及ぶ，光源氏とその子孫も含めた七十数年間にわたる，多くの人物が登場する貴族社会を中心とした壮麗な物語である。紫式部は，中国や日本のさまざまな先行する作品や史実をもとに，当時の貴族たちの生態と，人物像を色鮮やかに描き出している。そこに描かれている世界は，上流貴族のほんの一部の人々に限られて

第Ⅰ部　歴史にみる結婚と婚礼

いるにもかかわらず，源氏物語が，平安時代における結婚形態の研究の中心的な位置を占めるのは，やはり紫式部の歴史認識の確かさ，巧みに配された文学的素養，当時の貴族社会を描き出す表現力がリアリティを持ち，平安時代の結婚観や結婚の社会的意味を議論する資料的価値をも有していることによる。何より，平安時代から現代までの千年以上にわたって，人々の心を引きつけてやまない人間造形の魅力と文学的価値がそれを裏づけている。光源氏の出生と，その後の栄達の物語である桐壺から藤裏葉までの第一部は，角度を変えて見れば結婚が大きな主題となり，それによって物語が構築されていると言える。

　物語とは，平安時代から鎌倉時代にかけて，虚構的な話，つまり作品を，語り手が聞き手に聞かせるという趣きで，仮名散文によって書きつづった文学作品のことである（鈴木 1998b：174）。虚構であるがゆえに，物語は真実のありのままの姿を，そこに展開する世界に内在する普遍的な姿を描き出すことができる。しかし当時，物語と言えば，枕草子には「つれづれ慰むるもの碁，双六，物語」とあり，また三宝絵詞には「女の御心をやるもの」とあるように，当時は婦女の日々の慰めとしか考えられていなかった。そういう物語であるが，源氏物語だけは，物語や歌集などの先行する文学，史記や白氏文集などの中国の古典や，法華経などの仏典，権勢社会の的確な分析を加えた深く幅広い内容は，一条天皇，藤原道長をはじめとした当時の貴族社会の人々の心をつかみ，高い評価を得ていた。

　源氏物語の第一の注釈書とされていた河海抄（1362年）には，「誠に君臣の交，仁義の道，好色の媒，菩提の縁にいたるまで，これをのせじといふことなし。そのをもむき荘子の寓言におなしき物歟。詞の妖艶さらに比類なし」と，天皇と臣下の交わり，人としての正しい生き方，恋愛，仏の教えにいたるまで，載せないというものはない。趣きは荘子の寓言とおなじであり，さらに文学的表現には比類がない。やや儒教的な表現であるが，源氏物語は単なる恋愛小説ではなく，多様な内容を具備する第一級の文学であるとしている。

　源氏物語を日本文学の本流と捉えていた本居宣長は，源氏物語玉の小櫛（1799年）の序で「いそのかみふるき物語ぶみは，世におほかる中に，かしのみ

ひとりぬけ出て，いともいとも心ふかく，めでたくおもしろきは，此源氏物語になんありける」と高く評価している。

さらに，源氏物語の影響は文学だけにとどまらず，源氏物語絵巻，源氏絵などの絵画，調度品などの意匠，香道における組香の一つである源氏香など幅広い世界に展開している。日本の建築，庭園を代表する江戸時代初期に造営された桂離宮は，古典文芸への造詣が深く，王朝文化への憧れを抱いた八条宮智仁親王，智忠親王親子による源氏物語世界の再現であり，このように源氏物語は，日本の芸術文化の基層を形成するとともに，後世にまで多大な影響を与え続けている。

（2） 源氏物語の成立

源氏物語の作者である紫式部の名前は，宮仕えのときの女房名であり，式部は父，為時の官位である式部大丞による。紫式部の母は藤原為信の娘で，紫式部は973年ごろの生まれ，弟の惟規、早世した姉との3人兄弟であり，異母兄弟が2人いた。文学者の家系に育ち，曾祖父は堤中納言として知られた藤原兼輔，祖父の雅正は紀貫之と親交のあった歌人，父の為時も漢詩人であり，その漢詩の才能で越前国の受領になり得た人物として，今昔物語集にその顛末が語られている。

受領は階級的には五位以下の中流層であるが，経済的な余裕を背景として教養や文学を研鑽する立場にあり，多くの優れた歌人を輩出したのも受領層であった。清少納言の父で三十六歌仙の一人，清原元輔も受領であった。このように恵まれた文学的環境に育った受領層の子女は，宮中に女房として出仕し，上流貴族社会や貴公子たちの様子を直接見聞きすることができた。清少納言は一条天皇の皇后定子に仕え，紫式部，和泉式部，赤染衛門は中宮彰子に仕え，サロンを形成し，平安時代の女流文学の源泉となっていた。

紫式部は藤原道長，正妻の倫子とも親戚筋にあたり，中宮彰子の父である藤原道長の要請により女房として仕え，地位は従五位以上であった。道長は自分に近い教養のある未亡人を妾妻にし，自分の娘たちの一番の補佐役とした。紫

第Ⅰ部　歴史にみる結婚と婚礼

式部もその妾の一人であった（角田・中村 1980：84）可能性もあるという。

　源氏物語は，紫式部が35歳（1008年）頃までに仕上がっていたとされている。源氏物語は通説では3部から構成されているが，2部，4部という説もあり，3部構成説に従うと次のような構成になっている。第一部は桐壺から藤裏葉までの光源氏の出生以前からはじまり，数多くの恋愛を経て准太上天皇という最高の地位を極める前半生。第二部は若菜上から幻まで，紫の上が亡くなり，源氏は無常を覚り，やがて出家にいたる後半生。第三部は源氏が死去した後の子孫の物語であり，匂宮から竹河の匂宮三帖と，橋姫から夢浮橋までの宇治十帖からなる。

②　平安時代の結婚

　平安時代の結婚は，戦前の歴史学，民俗学，法制史学の理解では，戸籍において夫は妻方には属さず，妻は夫方に属し，また律令制とも一致することから，すでに一夫一婦制による父系制が成立していた（青島 2015：41）と考えられていた。それに対して，高群逸枝は古い記録をあたり，文学作品を精査することで，古代から連綿と一夫一婦制が続いていたのではなく，結婚の形態も古代から現代にかけて群婚，婿取婚，嫁取婚，男女平等に基づく一夫一婦制である寄合婚へと変化してきたことを時系列的に示し，平安時代の中でも結婚の形態は変遷していくことを明らかにした。

（1）　平安貴族の結婚

　おおらかな自由恋愛による群婚から，男性が女性の家に通う妻問婚へ，そして国家体制が豪族から天皇を中心とした政治形態へと移行する大化の改新前後からは，男性が女家に婿入りする婿取婚がはじまった。婿取婚は前婿取婚（大化前後〜平安中期），純婿取婚（平安中期〜白河院政），結婚の儀式を別の場所で執り行う経営所招婿婚（白河院政〜承久の乱）に高群逸枝は区分し，平安時代の結婚は父系制に移行する前段階としての母系制が色濃く残っている（高群 1963：

6) ことを示した。

　源氏物語に描かれている源氏の多くの女性たちとの華麗な恋愛と結婚は，現代的な視点で見たときには，源氏だけが特別な世界を生きているように見えるが，嵯峨天皇は29人，光孝天皇は22人，紫式部が生きた同時代の一条天皇は6人と，平安時代の天皇には多くの妃があった。天皇と臣下に下された者との違いはあるものの，源氏と多くの女性との関係は，当時の上流貴族社会におけるごく一般的な結婚の有り様を描写したものであった。

　工藤重矩は，平安時代の結婚成立の条件は，律令（養老律令）の中の戸令（こりょう）（戸籍・相続等の法令）に定められており，そこには婚姻許可の年齢，婚主（保証人）のこと，婚約・婚姻解消の条件，棄妻の条件，その手続きが規定されている（工藤 2012：iii）とし，平安貴族の結婚の実態は，一夫一婦多妾ともいうべき状態であったとしている。それに対し，平安時代においてはその出自規定は父系であるものの，婚姻住居形態や相続権において父系原理の徹底は見られない。すなわち，父系か母系かの単系原理では説明しきれない双系的な社会であったと青島麻子（2015：49）は指摘している。このように研究者の立ち位置により，平安時代の結婚を見る視点は異なり，平安時代の結婚制度についても議論は尽きないでいる。平安時代の結婚について，父系家族説をとるのか，母系家族説あるいは双系家族説の立場をとるのかで，源氏物語全体を見通すパースペクティブも大きく異なってくる。

　律令制復活をめざした延喜の治は終焉し，朱雀天皇（在923-953）の治世から王朝国家体制の推進により律令制支配は放棄され，結婚制度も法的には戸令および戸婚律によって定められていたものの形骸化しつつあった。例えば結婚年齢は，平安時代の貴族は男子15歳，女子が13歳からと規定している。しかし葵の上との結婚は源氏が12歳のときであり，源氏の結婚年齢が戸令の規定に反していても物語の上では問題にはなっておらず，また早い結婚が特別に意味を持っていたわけでもなく，当時の常識的な事実に即して描かれたものと考えられる。源氏物語において結婚が成立する場面は，法的な規定ではなく儀式そのものにあり，その儀式とは三日夜の餅を中心とした露顕（ところあらわし）の儀式であった。源

第Ⅰ部　歴史にみる結婚と婚礼

氏物語に先立つ物語であり，貴族社会を写実的に描写したとされる10世紀末頃に成立した落窪物語でも，同様に三日夜の餅と露顕の儀式を挙げることが結婚の儀式であった。

　しかしそれと同時に，律令による妻妾の厳然たる差別は継承されており，源氏物語の中でも正妻の座は不動であり，正妻であるのか否かが源氏を取り巻く女性たちを運命づけ，その間で揺れ動く女性たちの心理的描写が物語の枢軸となっている。

（2）　結婚の儀式

　平安時代の貴族の結婚は，男性が女性の家に通う妻問婚から，婿取婚へと変化する中で儀式も徐々に形式化されていく。はじめに新枕の儀式があり，三日の間，男性は女性の家に通い，三日目に三日夜の餅，露顕の儀式が営まれる。このような平安時代中期の結婚儀式の流れを高群逸枝の研究から見てみよう。

① 　新　枕

　新枕は新婚初夜のことであり，その儀式にはけしきばみ（求婚），文使，婚行列，火合，沓取，衾覆，後朝使などの諸行事がいとなまれる（高群 1963：111）。しかし実際は，全てがこのような手順で行われるわけではなく，年代や身分，それぞれの状況に応じて簡素化されたり，省略して行われることもあり，それぞれの儀式の呼び方も異なっていることもある。

② 　けしきばみ

　平安時代中期には宮中の制度が確立し，貴族の男女は直接，お互いが顔を合わせる機会がなくなり，正式な求婚は「けしきばみ」あるいは「けきしだち」とも言われ，多くの場合，妻方の父から行われる。それも直接に申し込むわけではなく，仲人を立ててそれとなくほのめかすことが多い（高群 1963：111）。源氏物語の桐壺の巻には，源氏の結婚に際して，けしきばみという言葉が使われている。源氏12歳の元服のときに，左大臣の娘，葵の上が添臥，すなわち源氏の正妻になることを源氏の父である桐壺帝と左大臣が決め，それを左大臣が源氏に打ち明けるシーンである。

大臣，けしきばみ聞え給うことあれど，物のつつましきほどにて，ともかくも，えあへしらひ聞こえたまはず。

　左大臣は，葵の上との結婚をそれとなく源氏にお話されたが，源氏は恥ずかしいので，はっきりとは返事しなかった。

　現代においても，数十年前までの主流であった見合結婚は，仲人を立てて結婚相手を探すという意味では，その源流は平安時代のけしきばみにありそうである。

③　文　使

　ヨバヒによる男女が直接に言葉を掛け合う求婚から，貴族社会の成立とともに文字により歌を読み交わすことへと発展する。文使は男性から女性に対する言わばラブレターであり，妻方からの求婚の後，男性から柳の枝に吊して嫁家に届けられる。その返信は直接，女性が書くのではなく，代わりに父兄が相手の人物，家柄などを確かめて返書することが多かった。

　文のやり取りが，人間関係を構築する媒介として機能しはじめるのもこの頃からである。男女が結婚前に顔を合わせることのない貴族社会では，文のやり取りなくしては意思疎通もままならなかった。そのことは源氏物語に795首の歌が詠まれ，源氏は221首の歌を詠み，多くが多勢の女たちとの読み交わした歌である（鈴木 1994：72）ことからも理解できる。

　男性からの文使が女性の家に到着すると，丁重に上座に招き入れられる。そこで酒宴の席が設けられ，文使の帰り際には着物などの祝儀が贈られる。男性の家では結婚のための吉日をえらび，出立にむけた準備が整えられる。

④　婚行列

　文使が終わると，男性が女性の家に向かう婚行列となる。婚行列は夜に行われ，松明の火を先頭にして，婚行列は女性の家に向かって出立する。藤原長家の歌には，

　　夕ぐれは　待遠にのみ　思ほへて　いかで心の　まづはゆくらむ

第Ⅰ部　歴史にみる結婚と婚礼

図4-1　火合：婚行列が持ってきた松明の火で灯爐を灯す
出典：風俗博物館。

結婚の夜が待ち遠しくてたまらない。どうしたら心だけでも先に行くことができるだろうか，と男の心境を歌っている。時代が下ると，婚行列は大名行列のように盛んなものになり，藤原道長の次男，教通が藤原公任家に婿入りしたときの記述が小右記にある。それによると婚行列の供人には，「五位，六位の随身，雑色，長，列者，車副，牛童」（高群1963：113）とあり，この盛大な行列は「この世をば　わが世とぞ思ふ　望月の　欠けたることも　なしと思へば」と歌った藤原道長の権勢の現われとして，教通の婚行列がいかに華麗であったかを偲ばせる。

⑤　火　合

火は古代から神聖なものとして，祖先崇拝の信仰とも結びつき，「家の火」として受け継がれ，やがて竈信仰とも相まって火合へと変化した。したがって，火は単に明かりを灯すものではなく，火合は両家の火を合わすことであり，男性を同族として迎え入れるための儀式である。婚行列が持ってきた松明の火を女性の家のロウソクに移し，その火で灯爐を灯し（図4-1），結婚の儀式が終わるまでの三日間は消さずにおかれ，その後，くど（カマド）の火にまぜられる。後に結婚の形態が婿取婚から嫁取婚へと変化すると，火を携えるのは嫁家側になる。

⑥　沓取と衾覆

深夜，新郎は新婦の家に到着すると，階（きざはし）で沓を脱ぎ，中廊を通って新婦の待つ御帳台へと進む（図4-2・3）。脱いだ沓は新郎が通ってくる三日間，新婦の父母が抱いて寝る。これが沓取である。御帳台には新婦が待っており，新郎が着物を脱いで床につくと，新婦の親族は衾を掛ける。御堂関白記には「母々御衾を供す」とあるように，衾を新郎新婦に掛けるのは，主に新婦の親族である。

第4章　源氏物語における結婚の風景

図4-2　沓取：階に脱がれた沓は両親のところに運ばれる
出典：風俗博物館。

図4-3　衾覆：衾が用意されているところ
出典：風俗博物館。

衾は今でいう掛け布団であるが直垂(ひたたれ)（着物）であることもあった。衾は8～9尺，満佐須計装束抄には，衾は紅打，面に小葵綾，裏単文，紅の練糸（服藤2007b：272）とあり，大変豪華にしつらえられていた。

⑦　後朝使

　新郎と新婦が共寝した新枕の翌朝，それぞれの着物を身につけて別れるのが，後朝(きぬぎぬ)の別れである。別れた後に，新郎から新婦へ再会を約束する文が来て，それに対して新婦からも返事の文が送られてくるのが後朝使である。その文は，後朝の別れの後に交わす文のやり取りなので，後朝使という漢字が当てられた。浮舟の巻に，後朝の別れは浮舟と匂宮との逢瀬のあと，次のように描かれている。

　　風の音も，いと，荒ましう，霜ふかき暁に，おのが衣々(きぬぎぬ)も，冷ややかになりたる心地して，御馬に乗り給ふほど，引き返すやうにあさましけれど……

　風の音がとても荒々しく，霜が深く降り積もった夜明け，お互いの着物も冷たくなってしまい，匂宮は馬に乗り別れるときに，引き返したくなるような気持ちになったのがとてもつらく思えた。
　藤裏葉の巻では，後朝使は光源氏の息子の夕霧が雲居の雁の住む左大臣（か

91

第Ⅰ部　歴史にみる結婚と婚礼

図4-4　新枕の後，夜が明けぬうちに六條院に帰り，雲居の雁へ後朝の文をしたためる夕霧
出典：風俗博物館。

図4-5　三日夜の餅を準備しているところ
出典：風俗博物館。

つての源氏のライバルであった頭中将）家に通う第一夜の翌朝，別れた後に夕霧から雲居の雁に忍んで届けられた（図4-4）。

　　おほむ文は，なほ，忍びたりつるままの心づかひにてあるを，中々，今日は，えきこえ給はぬを……

　夕霧のしたためた後朝の文は，人目を忍んで届けられたので，雲居の雁は，なかなか今日は返事が書けなくて，とある。
⑧　三日夜の餅と露顕

　後朝使の後，新郎が新婦の家に三日通うと三日夜の餅（図4-5）と露顕の儀式となる。三日夜の餅は三日目の夜に二人で餅を食べる結婚儀式であり，それに引き続いて露顕の儀式が行われる。露顕の儀式は，平安中期には両家を紹介し合う親族対面，婿家のお供を饗宴に招く供人饗禄など，現代の結婚披露宴のような家族や知人を招いて行うスタイルになってくる。宿木巻には，夕霧の六の君と匂宮の露顕の儀式に大勢の人々が招かれている様子が描かれている。多くの評判の良い殿上人，四位は6人，五位は10人，六位は4人，驚くほど立派

第4章　源氏物語における結婚の風景

な身なりをした召次や舎人も招かれて，それぞれの位に応じた引き出物も用意
されたとある。

③　源氏物語における結婚

　源氏物語が書かれた平安時代中期の貴族社会における男女の出会いは，現代
とは異なり容易ではなかった。姫君は御簾や几帳の内にあり，男性に顔を見せ
ないことが当時の習わしであった。男性は機会を伺って室内を垣間見たり，あ
るいはうわさから目当ての姫君を探すのである。そして目星をつけた姫と文の
やり取りをとおして，和歌や文中の文字からその人となりを推し量ろうとし
た。
　源氏が零落した常陸宮の姫君である末摘花の噂を聞いて，源氏の乳母子の大
輔の命婦の手引きで忍び入った。ところがその末摘花は，鼻が象のように長く
赤い醜女であったことは，色好みの源氏でさえ，意図する女性に巡り会うこと
はなかなか難しく，貴族社会における男女の出会いと平安貴族の恋愛のシステ
ムの特徴をよく物語っている。姫君の部屋に男性を手引きするのはたいていの
場合，大輔の命婦のような女房たちであり，女房たちの手引きなしでは逢うこ
とすらままならなかった。姫君の噂は，周辺に侍る女房たち同士の情報網をと
おして，意図的に流されることもあれば，権力に取り入りたい親族が，これぞ
と思う貴公子にそれとなくほのめかすこともあった。貴公子たちは噂には大変
敏感で，源氏物語の「雨夜の品定」は，そのような貴公子たちの情報交換の様
子を描いた場面である。一方，身軽に動くことができない御簾の内の姫君にと
っては，男性以上に相手を見つけることは難しく，結婚にいたる状況ははなは
だ不安定であった。源氏物語の帚木には次のような一節がある。

　　女の宿世は，いと浮かびたるなん，あはれに侍る

　女の人生は，運命のままに浮き沈む，哀れなものである。

93

第Ⅰ部　歴史にみる結婚と婚礼

　女性は実家の強い後ろ盾があればこそ，いくつもの結婚の機会に巡り会うこともできた。しかし末摘花のような高貴な生まれであっても，庇護し，経済的後ろ盾になる親族や，あるいは美貌や才覚に恵まれなければ，ひたすら男性が通ってくるのを待つしかなく，末路は哀れである。

　源氏物語の第一部は，源氏の誕生から准太上天皇にいたる栄達の物語である。敵対する弘徽殿女御ですら，「見ては，うち笑まれぬべきさまのしたまへれば」と，源氏の魅力に思わず微笑むぐらい源氏の美貌と優れた才能が道を切り開いていくのであるが，源氏に転機をもたらすのは数々の女性との出会いであり，栄達への大きな足がかりともなっている。婚家の財力と地位による後ろ盾が必要な宮廷で，早くに母を失い母家の後見を得られない源氏が12歳のとき，左大臣の娘である葵の上と結婚したことにより，左大臣の強力な後見を得ることができ，栄達の道は開かれた。

（1）　桐壺の更衣

　　いづれの御時にか。女御・更衣あまたさぶらひ給ひけるなかに，いとやむ
　　ごとなき際にはあらぬが，すぐれて時めき給ふありけり。

　いつの時代のことだろうか，女御や更衣が多勢宮中に任える中に，さほど高い身分ではないが，帝の寵愛を一身に受けている女君があった。

　桐壺の巻の冒頭，この文章から源氏物語ははじまる。この短い文章は，五十四帖にわたる源氏物語全体の始原と，その先の物語が華麗ではあるけれども悲劇性を持った不穏な空気を内包し，波瀾万丈が待ち受けていることを当時の読み手である宮中の人々に予感させる。今は昔という，漠然とした語りではじまる竹取物語や，伊勢物語などの当時の一般的な物語とは異なり，冒頭から物語がいつの時代であったか，ということが容易に推測でき，宮中の人々の関心を否が応でも引きつける。

　「女御・更衣あたまさぶらひ給ひける」という文章は，紫式部の生きた時代には，すでに更衣は後宮からなくなっていて，物語の時代設定は，女御や多く

第4章　源氏物語における結婚の風景

の更衣が宮中に任えていた時代であることを読み手に分からせる。したがって
「いづれの御時」と言うのが，紫式部の生きていた50年くらい前の醍醐天皇
（在897-930）か村上天皇（在946-967）の時代であり，宮中の人々は懐かしい昔
話を聞くようにして，脳裏にその情景を思い描くことができたにちがいない。
この冒頭の部分を読むだけで，当時の父母たちの会話の中で交わされていたで
あろう身近な歴史の流れの中に物語がインプットされ，当時の宮中の人々とは
関わりのない荒唐無稽な物語ではないことを，読者に印象づける。

　紫式部の父親である藤原為時は，村上天皇の宮廷に童として仕えていたこと
もあり，紫式部に当時の様子をおりにふれて語っていたことだろう。村上天皇
の四代後の一条天皇（在986-1011）の中宮彰子の女房として，サロンの中心に
仕えていたのが紫式部であり，当時の宮中の様子も，あるいはそのちょっと前
の時代のことも，そして宮中の人々が何を話題にし，何に興味を持っていたか
も，紫式部はよく理解していたにちがいない。当時の読者は，そのような時代
設定がすぐさま理解でき，自分たちの生きている世界と，物語が連続した地平
にあることを強く意識した。

　桐壺の更衣は，さほど高い身分の出身ではないが，帝から一身に寵愛を受け
ていたので，後宮の女御，更衣から嫉妬と政治的圧力を向けられていたことを，
「ひょっとして，あの女性のことではないだろうか」と，過去のできごとを思
い起こさせるように物語は語られる。当時，権門にとって自分の娘を立后させ
るためには，女御として入内させることが第一であった。権門の後ろ盾が女御
の身分を保証する後宮では，そのような女御たちが，天皇の寵愛を得ることだ
けを頼りに生きていた。

　桐壺帝の更衣への深い寵愛は，後ろ盾のないものが宮中の秩序を乱し，政治
的情勢をも揺るがしかねないと考えた人々により，更衣は次第に窮地に追い込
まれていく。このような桐壺帝と桐壺の更衣の関係を，紫式部は白居易の「長
恨歌」をもとに，玄宗皇帝と楊貴妃になぞらえて，その悲劇性を物語る。源氏
物語の冒頭の部分を読むだけでも，当時の結婚は個人の愛情や意思だけでなく，
貴族社会における身分，政治など社会的要因が大きく支配する政であることが

95

第Ⅰ部　歴史にみる結婚と婚礼

読み取れる。

（2）　光源氏の結婚

　妻に対する呼び方は，平安時代研究の基礎的史料ともなっている九条兼実（1149-1207）の日記である玉葉には，「妻には嫡妻，本妻，妾妻の三妻がある」としている。源氏物語では，源氏が多くの女性を妻とし，一夫多妻が慣習として定着しているように見えるが，高群逸枝が指摘するように，嫡妻（正妻）は同居するムカヒメ（嫡妻をムカヒメと読む）であり，嫡妻は一人だけである。以下，ここでは嫡妻を正妻と記述する。その正妻の座を廻る女性たちの心模様が，源氏物語の第一部を構成するモチーフになっている。

　源氏を取り巻く主な女性は，藤壺中宮，葵の上，紫の上，女三宮，六条御息所，明石の方，花散里，空蟬，軒端荻，夕顔，末摘花，朧月夜，朝顔，源典侍の14人である。図4-6に源氏と関係のあった女性たちの妻としての立場を図示した。物語では女性たちの立場は明快には示されておらず，この図のように分けることに大きな意味はないかもしれないが，結婚の在り方を考える上で便宜上，九条兼実の玉葉にしたがってそれぞれの女性を正妻，本妻，妾妻に位置づけてみた。正妻は葵の上，紫の上，女三宮の3人である。本妻と妾妻との区分は難しいが，六条院に住まう明石の方（今上帝に入内した明石の中宮の母）と花散里（源氏の息子の夕霧の母親代わり）をここでは本妻と見なした。六条御息所は先の東宮妃であり，身分が高く物語を構成する上での重要な役回りの女性であり，本妻か妾妻かは判然としないが，ここでは妾妻とした。藤壺中宮は桐壺帝（光源氏の実の父）の后であるのでこの範疇には入れなかった。朝顔は源氏を愛しつつも，源氏を受け入れなかった女性である。

（3）　光源氏と3人の妻

　源氏が12歳のときの葵の上との結婚は，桐壺帝と左大臣が取り決めた政略的な結婚であるが，正式なものであり葵の上は正妻である。女三宮は源氏の兄の朱雀院の第三皇女であり，正妻として降嫁してきた。そうすると紫の上の正妻

第4章 源氏物語における結婚の風景

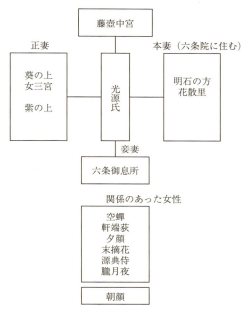

図4-6 光源氏を取り巻く女性たち
出典：筆者作成。

としての立場はきわめて微妙である。次に葵の上，紫の上，女三宮との結婚がどのように描写されているかを本文に即して見てみよう。

① 葵の上との結婚

桐壺帝を取り巻く当時の政治情勢はきわめて不安定であり，右大臣家と左大臣家が対立する中，右大臣の娘である弘徽殿女御出生の皇子が東宮となり右大臣家が優位に立っていた。そんな折，東宮方から左大臣家に，葵の上を東宮の妃にとの申し出があった。本来なら，次期天皇（朱雀帝）である東宮に葵の上を入内させたほうが，左大臣家にとっては，将来の天皇の外戚になる可能性があり，そのような政治的優位が得られるにもかかわらず，左大臣には思うところがあり，臣下に下された源氏と葵の上を結婚させようとする。

高麗の相人の占いにより，また後見もなかったことから，親王にもせず臣下

97

第Ⅰ部　歴史にみる結婚と婚礼

に下さざるを得なかった源氏を，桐壺帝は不憫に思われていた。「さらば，この折の後見なかめるを，添臥にも」という意向をしめされ，後見のいない源氏に，左大臣の後見を期待して葵の上を添臥に決められた。添臥とは元服したその夜に添い寝することであり，妻として認められることになる。12歳になった光源氏の元服のとき，桐壺帝や殿上人が見守る中，元服の儀式が宮中で東宮に劣らぬほど，盛大に営まれた。その夜，源氏は左大臣家に婿入する。文章は次のように書かれている。

　　その夜，大臣の御里に，源氏の君まかでさせ給う。作法，世に珍しきまで，
　　もてかしづき聞こえたまへり。

　元服のその夜，内裏より左大臣の御里に源氏の君がお入りになり，その結婚の儀式は他に類を見ないほど盛大なものであった。
　このように他に類を見ないほど盛大な儀式であったというからには，当時の宮中のしきたりに則した新枕から三日夜の餅，露顕までの一連の儀式が滞りなく執り行われたはずである。この結婚は，桐壺院の命により臣下に下された源氏が，左大臣の後見を得ることで活路が開けた，いわば源氏の未来が約束された重要な結婚である。そのような重要なシーンであるにもかかわらず，結婚の詳しい記述が省かれている。葵の上を正式な妻として迎え，源氏の運命が新たに開かれた晴れの舞台である結婚を，紫式部は詳しく描かないことで，源氏と葵の上との関係の希薄さ，それに続く不安定な未来を予感させる。

②　紫の上との結婚

　この時代の貴族社会の結婚は，家と家との結びつきを強固にすることが狙いであり，作法に則って行われる必要があるにもかかわらず，源氏と紫の上との結婚は，二人だけでごく秘密裏に行われる。それもお付きの女房にも知られることなく，源氏は三日夜の餅の準備を家来の乳兄弟でもある惟光にそれとなく頼む。本来，結婚の儀式である三日夜の餅は，女性方が用意するものであるが，紫の上は源氏がさらうようにして連れ帰り養育した姫君なので，結婚を主催す

第4章　源氏物語における結婚の風景

る家がなく結婚の儀式を行えない。惟光はぬかりなく三日夜の餅を用意し，だ
れにも気づかれないように，まだ年も幼く事情の分からない女房の辨に丁重に
運ばせる。源氏と紫の上の結婚は，本人同士の間では正式なものとして映って
いるが，対外的には伏せられたまま行われる。それでは密かに行われた結婚の
シーンを，少し長くなるが引用してみよう。

　　その夜さり，亥の子餅，参らせたり。かかる御おもひのほどなれば，こと
　　ごとしきさまにはあらで，こなたばかりに，をかしげなる檜破籠などばか
　　りを，色々にて参れるを，見給ひて，君，みなみの方に出で給ひて，惟光
　　を召して，「この餅，かう，かず々に，所せきさまにはあらで，明日の暮
　　にまゐらせよ。今日は，いまいましき日なりけり」と，ほほゑみての給ふ
　　御気色を，心ときものにて，ふと思ひよりぬ。

　夜になって，（惟光は）猪子の餅（10月のはじめの亥の日に，子孫繁栄を願って食
べる餅）を（源氏に）持ってきた。葵の上の喪中であるので，おおげさではなく，
紫の上のほうにだけ立派な檜破籠にいろいろと趣向を工夫して差し上げた。こ
れを源氏がご覧になり，西の対の南面に来て，惟光を呼び，「この餅をこんな
にたくさんではなく，また大げさにしないで，明日の暮れに紫の上に差し上げ
よ。今日は日が悪いので」と微笑んでいる源氏の様子から，惟光は機敏でもの
分かりがよいので，ふと気がついた。

　　惟光，たしかにも，うけ給はらで，「げに，愛敬のはじめは，日えりして，
　　聞し召すべき事にこそ。さても，ねの子は，いくつか仕うまつらすべう侍
　　らむ」と，まめだちて申せば，「三つが一つにても，あらむかし」との給
　　ふに，心えはてて，立ちぬ。「ものなれのさまや」と，君は思す。人にも
　　いはで，「手づから」といふばかり，里にてぞ，作り居たりける。

　惟光は詳しいことは聞かないで，「なるほど，おめでたい新婚のはじめは

99

第Ⅰ部　歴史にみる結婚と婚礼

（結婚して三日目の夜に食べる三日夜の餅のことを愛敬餅，新婚のことも愛敬のはじめと
言った）吉日を選んで召し上がるのがいいでしょう。子の子の餅（亥の翌日は子
であるから，惟光は亥の子餅にちなんで，子の子の餅としゃれた。明日差し上げる餅の
意味である。また，ねは寝ということもかけている）はいくつ作らせばいいでしょ
うか」，とまじめに聞くので，「今夜の餅の3分の1ぐらいでいいだろう」と源
氏が言ったので，惟光は心得た，というように立ち去っていった。「（惟光は）
なんと，もの馴れしているんだろう」と源氏は思った。惟光はだれにも言わず，
自分自身の手で作ったというぐらい万事指図して，当日に実家で作っていたの
であった。

　　君は，こしらへわび給ひて，いま，はじめて，盗みもて来たらん人の心地
　　するも，いと，をかしくて，「年頃，『あはれ』と，思い聞えつるは，かた
　　はしにも，あらざりけり。人の心こそ，うたてある物はあれ。今は，一夜
　　も隔てむ事の，わりなかるべき事」と，思さる。

　源氏は，紫の上の機嫌が直らないので困ってしまった。その気持ちは，今，
はじめて盗み出してきた人を扱うようで，いまさらながら大変興味が湧いてき
た。「この数年来，紫の上を可愛いと思っていたけれども，（はじめて契りを交わ
した後は）とてもそんなものではない。人の心というものは，こんなにも変わ
るものなんだなあ。今は，ただの一夜でさえ離れていることは耐えがたい」と
源氏は思った。

　　の給ひし餅，しのびて，いたう夜ふかして，もて参れり。「少納言は，お
　　となしくて，はづかしう思さむ」と，思ひやり深く，心しらひて，むすめ
　　の辨といふを，呼び出でて，「これ，忍びてまいらせ給へ」とて，香壺の
　　箱を一つ，さし入れたり。「たしかに，御枕上に参らすべき，祝ひの物に
　　て侍る。あなかしこ，あだにな」といへば「あやし」と思へど，「あだな
　　る事は，まだならはぬものを」とて，取れば，「まことに，今はさる文字

第 4 章　源氏物語における結婚の風景

忌ませ給へ。よもまじり侍ら
じ」といふ。わかき人にて，気
色もえ深く思ひよらねば，もて
参りて，御枕上の御几帳より，
さし入れたるを，君ぞ，例の，
きこえ知らせ給ふらんかし。

源氏に命じられた餅を，惟光は夜
が更けてから忍んで西の対に持って
きた。「年配の少納言が，三日夜の
餅を持っていったのでは，紫の上はきまり悪く思うだろう」と，惟光は配慮し
て，少納言の娘の辨を呼び出して「この餅を，忍んで紫の上に差し上げてくだ
さい」と惟光は言って，香の壺をいれる箱を辨にわたした。惟光は，辨に「紫
の上の枕の上に差し上げるお祝いの品です。決して粗略にしてはいけません」
と言ったので，辨はおかしいなと思いながらも，「色事は，私はまだ経験して
いません」と言いながら受け取った。惟光は「今はそのような言葉は慎みなさ
い。万が一にも，そんな言葉が話の中に混じってもいけません」。辨は若いの
で，餅を届ける事情もよくは分からず，紫の上のところに持っていき，枕上の
御几帳より差し入れた。源氏は紫の上に，三日夜の餅の意味を教えられたよう
だ（図 4-7）。

図 4-7　光源氏と紫の上に供された三日夜の餅
出典：白砂知穂子画。

　人は，えしらぬに，つとめて，この箱を，まかでさせ給へるにぞ，したし
　き限りの人々，思ひ合はする事ども，ありける。御皿どもなど，いつの間
　にか，し出でけむ。花足，いと清らにして，餅のさまも，ことさらび，い
　とをかしう調へたり。少納言は，「いと，かうしもや」とこそ思ひ聞えさ
　せつれ。あはれに，かたじけなく，おぼし至らぬ事なき御心ばへを，まづ，
　うち泣かれぬ。

101

第Ⅰ部　歴史にみる結婚と婚礼

　三日夜の餅のことは，屋敷のものはだれも知らなかったが，翌朝，紫の上の
ところからこの箱が下げられてきたので，紫の上と親しい女房たちには思い当
たるところがあった。餅の入った皿なども（惟光は）いつの間にか用意してい
た。花足（彫刻をほどこした足のある台）もいかにも美しく，餅のあしらいも格
別で，一般のものよりもたいそう趣のあるようにつくってあった。少納言は
「とてもまあ，これほどまでも」とお思いになり，行き届かないところのない
源氏の心配りがとてもありがたく，泣かずにはおられなかった。

　この葵巻で源氏と紫の上は結婚するのであるが，当時の貴族の結婚のしきた
りである親族や関係者を交えての露顕の儀式は行われず，二人だけで密かに三
日夜の餅を食べる。ここでは結婚のときの紫の上の心理，源氏の紫の上を思い
やる心の内までもが，映画のワンシーンを見るようにみごとに描き出されてい
る。

③　女三宮との結婚

　源氏にとっての三人目の正妻である女三宮は，桐壺更衣→藤壺中宮→紫の上
そして女三宮へとつながる「むらさきのゆかり」が織りなす流れの中で，光源
氏が思慕してやまなかった藤壺中宮の姪である。源氏自身も「むらさきのゆか
り」ゆえ，心憎からず思っていたところに，健康のすぐれない朱雀帝のたって
の願いもあり，女三宮の後見を引き受け，正妻として迎え入れる。そのくだり
は第二部のはじまる若菜上である。第一部は光源氏が栄華を極める物語である
のに対して，第二部は紫の上との破局がおとずれ，やがて紫の上は死去し，源
氏は無常を悟り出家する。その第二部の冒頭が若菜上であり，破局は女三宮と
の結婚とともにおとずれる。

　　かくて，二月の十余日に，朱雀院の姫みや，六條院へ渡り給ふ。この院に
　　も，御心まうけ，世のつねならず。若菜まゐりし西の放出に，御帳たてて，
　　そなたの一二の対，わた殿かけて，女房の局々まで，こまかにしつらひ磨
　　かせ給へり。うちにまゐり給ふ人の作法をまねびて，かの院よりも，御調
　　度など運ばる。わたり給ふ儀式，いへば更なり。……御車寄せたる所に，

第4章　源氏物語における結婚の風景

院渡り給ひて，おろしたてまつり給ふなども，例には違ひたる事どもなり。
……三日がほど，かの院よりも，あるじの院がたよりも，いかめしく珍ら
しきみやびを尽くし給ふ。

　こうして，2月の10日過ぎに，朱雀院の姫宮（女三宮）は（源氏の屋敷である）
六条院に入った。六条院では結婚の準備がたいそう立派に行われていた。源氏
40歳の賀の当日，若菜を召し上がった寝殿の西側の放出に御帳台を置いて，寝
殿の一（東）と二（西）の両方の対に渡殿をかけ，女房たちの局々にまで入念
に装飾が施された。宮中に入内される姫君の儀式そのままに，朱雀院からも御
調度類が運ばれてきた。移るときの儀式は，今さら言うまでもなく盛大なもの
であった。……車を寄せた所に，源氏がやってきて，女三宮を車から下ろすの
は，準太上天皇としては例のないことである。……三日の間は，朱雀院，源氏
の六条院ともに，荘厳でたいそう優雅な催しが尽くされた。
　源氏と女三宮の結婚は，儀式の準備がいかに立派に行われたか，ということ
が御帳台の置き場所や女房たちの局々の様子など詳しく描かれている。源氏が
女三宮を車から降ろすところは，その情景が目に浮かぶようである。さらに，
源氏と女三宮との結婚が，いかに比類のない雅なものであったかが描かれてい
る。そのような細部の描写にもかかわらず，文章を注意して読むと，葵の上の
ときと同様に，結婚の三日間は朱雀院，源氏の六条院でも，大変立派で珍しく
優雅な催しが尽くされた，とあるだけで，肝心の結婚の儀式の内容については，
ほとんどふれられてはいない。

④　三つの結婚の異なる意味

　光源氏は葵の上，紫の上，女三宮の三人と正式な結婚をするのであるが，結
婚の儀式の語り方を比較すると，葵の上と女三宮，それに対して紫の上との表
現が大きく異なっている。葵の上との結婚は，桐壺帝の意向による正式な結婚
であり，女三宮との結婚も朱雀院の願いによる正式な結婚であった。この二つ
の結婚は源氏が望んだものではなく，葵の上との結婚は，物語の上で源氏が栄
達の道を歩むために，どうしても必要な後見を得るためのものであった。女三

103

第Ⅰ部　歴史にみる結婚と婚礼

宮との結婚は，源氏が準太上天皇として，思いのままにならないものはない最高の地位にありながらも，朱雀院のたっての願いと，源氏が敬慕してやまない藤壺中宮への「むらさきのゆかり」ゆえに，源氏の心のゆらぎが決意させたものである。この源氏の心のわずかな隙をついた結婚は，紫の上を死へといたらしめる心の病の元凶となり，やがて無常の淵へとおいやられる源氏の人生転機をもたらすものとなる。

　葵の上と女三宮，この二人との結婚は，「作法，世に珍しきまで」とか「いかめしく珍らしきみやびを尽くし給ふ」としか表現されておらず，盛大な正式な結婚であっても，この二つの結婚は源氏の愛とは無関係であることが示されている。葵の上との結婚は源氏の栄達の道を開き，女三宮との結婚は最愛の紫の上を死に追いやり，無常の世界にいたる源氏の人生を大きく転換させる，言わば回り舞台の舞台装置のような役割である。

　紫の上との結婚は，物語の中では表面的には結婚の儀式としても，大きな転機をもたらすものとしても描かれていないが，源氏がはじめて出会った理想の女性であるという喜び感じさせる。三日夜の餅のシーンは，その状況がこと細かに描写され，源氏の紫の上に対する深い愛と，この二人を取り巻く人々の息づかいまでもが感じ取れる。しかしここでも，紫式部は直接的な表現を避け，婉曲に物語を語ろうとする。

　三日夜の餅を亥の子餅の次の日に食べるから，子の子の餅としゃれているところなどは，現代の我々には意味が分からず読み過ごしてしまい，文章の意図が汲み取れないほど比喩的に表現されている。だが平安時代の宮中の人々には，子の子餅が三日夜の餅であることが即座に了解され，子の子の餅を食べたことが源氏と紫の上の結婚の儀式であり，二人が固く結ばれたことが理解できた。

　しかしながら，当時の貴族社会における結婚の儀式は，三日夜の餅だけではなく，新枕から露顕にいたる一連の儀式としてすでに確立していたので，三日夜の餅は露顕の儀式の一部として，親族につらなる多くの関係者が披露に参加することが欠かせないものになっていた。にもかかわらず，このシーンは，古来からの結婚の風習であった三日夜の餅だけを，周囲のものにも知らせず密かに

二人だけで食べるという，秘せられた結婚という印象を人々に与えたにちがいない。紫式部は，二人だけで密やかに三日夜の餅を食べたことに，愛の成就とともに，二人の結婚がもたらす悲劇的な未来をも静かに暗示している。

そもそも，源氏と紫の上の結婚は三日夜の餅を食べたとは言え，本当に紫の上は正妻であったのか。少なくとも，紫の上にとっては源氏と三日夜の餅を食べたことが結婚の証であり，正妻であった葵の上の亡き後に正妻の座にあると自覚し，源氏の六条院の女主として振る舞ってきたはずである。そこに女三宮が降嫁してきたことにより，紫の上はやはり正妻ではなかった，ということを自覚する。

紫の上の父親は式部卿宮であり，高貴な皇族の家系として，紫の上を後見できるような立場であった。しかし紫の上は，正妻ではない女性との間の娘であり，すでにその母も祖母も亡くし，幼い頃に源氏が略奪するようにつれてきた姫君である。このように源氏と式部卿宮家との関係は希薄で，源氏と紫の上の結婚は，家と家とのつながりを重視する正式な結婚の形態にはなっていないことに，紫の上は改めて思いいたり，自分の立場の不安定さを感懐する。

　　我よりかみの人やはあるべき，身のほどの，ものはかなきさまを，見えお
　　きたてまつるばかりこそあらめ

この六条院で，私より上に人がいていいはずはない。けれども，はかない身の私は源氏に単に世話をされていただけ，ということだったのだろうか。

紫の上にとって，彼女を正妻と認識させていたものは源氏の寵愛，六条院の春の御殿に源氏とともに住まい女主として振る舞い，自他ともにそれを認めていたこと，その精神的な支えとなっていたものは，密かに源氏と三日夜の餅を食べたことにあった。

源氏にとっても，紫の上は最愛の女性として第一の妻である。この時代の婿取婚は同居する妻は正妻だけであり，源氏と同居している紫の上は限りなく正妻に近い立場として描かれている。もし女三宮の降嫁がなければ，紫の上は正

第Ⅰ部　歴史にみる結婚と婚礼

妻としての座にとどまり続け，物語はハッピーエンドに終わっていたに違いない。しかしこの時代の正妻は，一連の儀式を踏まえ露顕により結婚の社会性を獲得する必要があり，紫の上より身分が高く正式な結婚の儀式を挙げた女三宮が，正妻として紫の上の上に立ったのは当然のことであった。

４　三日夜の餅

　このように三日夜の餅は，源氏物語の結婚を語る上で，きわめて象徴的な儀式であった。当時，餅は稲霊信仰と深く結びつく神聖な食べ物であったと考えられ，三日夜の餅は神聖な餅を食べる神人共食の儀式であり，嫁家の釜で作った餅を食べることが，新郎を同族化することにつながると考えられていた。古事記のトヨタマヒメとホヲリノミコトの物語に描かれている御饗も，神に神饌を捧げ，それを共に食す神人共食の儀式である。

　平安時代のはじめは，結婚の儀式といえば新郎を同族化する三日夜の餅の行事だけであった。露顕は「現場あらわし」として発生し，男が女のところに通ってきて忍び寝ている現場を，女家の人たちがおさえてあからさまにし，女家の餅を食べさせて，女家の一員にする儀式である。露顕といえばすぐに三日夜の餅と考えられ，それだけが婿取儀式を意味した。三日夜の餅は，神聖な餅を食べるという古来からの伝統的儀式であり，結婚に宗教性を付与した。露顕は二人の結婚を公に表わし，家族として組み込むことから，結婚の社会性，つまり正妻の社会的立場を保証する儀式であった。

　源氏物語の中で，もし物語の脇役である葵の上と女三宮の結婚の露顕にいたる儀式を忠実に描写したなら，当時の読者に，源氏の妻はこの二人しかいないという印象を強く与えてしまい，そこで物語は完結してしまう。であるから，紫式部はこの二人の結婚に軽く触れるだけで踏み込んで表現しようとはしない。それに対して，ヒロインである紫の上に物語の比重を移すためにも，源氏と紫の上との結婚の儀式である三日夜の餅のシーンは，二人の心理的描写も交えこと細かに描かれている。しかし紫の上の微妙な立場と，物語にゆらぎをつくり

第4章　源氏物語における結婚の風景

出すために，三日夜の餅の儀式は秘密裏に行われることとなり，細部を描写し
ているにもかかわらず，その情景は，当時の読者にそれとなくしか分からない
ように，紫式部は比喩的にしか語ろうとしない。このように第一部では結婚の
儀式の全容を語らないことで，結婚の儀式の持つ意味と価値が巧みに表現され
ている。

　第三部の宇治十帖では，源氏はすでに亡くなり息子の薫と孫の匂宮の時代に
なって，匂宮を取り巻く女性たちとの結婚のシーンが再び描かれている。しか
し第一部のように，結婚の儀式は物語の進行上の大きな意味は持たないが，三
日夜の餅は詳しく描かれている。と言うよりも，大きな意味がないからこそ，
ようやく詳しく三日夜の餅も語られるようになったと考えるべきだろう。源氏
物語に先立つ落窪物語にも，結婚の場面に三日夜の餅のシーンが描写されてい
るのであわせて紹介する。

（1）　匂宮の結婚

　紫の上の身の上に起こったような正妻の座をめぐる悲劇が，第三部「宇治十
帖」の宿木巻で再び匂宮と中の君との間でも繰り返される。匂宮は薫の手引き
で八宮の娘の中の君と結ばれるが，露顕の儀式に出席するはずの薫が現われな
いまま，八宮家と匂宮だけで儀式は行われることになってしまった。薫が出席
しない結婚の儀式は，源氏と紫の上との結婚のように，当事者だけの私的な儀
式と見なされた。

　その後，匂宮は夕霧の娘，六の君と盛大な結婚の儀式を挙げ，六の君を正妻
として迎える。三日夜の餅を食べたからと言って，中の君は父もすでに亡くな
り後見できる実家もなく，薫も出席しなかったことで正妻とは見なされず，中
の君は妾妻としての立場に涙する。三日夜の餅は結婚の証ではあったものの，
正妻の座を保証するものではないことが改めて示される。

　匂宮と六の君との結婚の儀式で，ようやく三日夜の餅の様子が語られる。

　　宵すこし過ぐる程に，おはしましたり。寝殿の南の庇，東によりて，御座

107

第Ⅰ部　歴史にみる結婚と婚礼

まゐれり。御台八つ，例の御皿など，うるはしげに清らにて，又，小さき
台二つに，花足の御皿ども，いと今めかしうせさせ給ひて，餅まゐらせ給
へり。珍しからぬ事書きおくこそ憎けれ。

　夜が少し過ぎてから，匂宮は妻になる六の君の屋敷にやってきて，寝殿の南
の廂の間の，東に寄ったところに座した。ご座所には御台が8つと，通例のお
皿などがきちんと美しく並べられている。また，小さな2つの台に華足のつい
た皿が今様に整えられ，餅が運ばれてきた。このような結婚の儀式は通例のこ
とであり，わざわざ書くことは気が利かないことだ。
　三日夜の餅が供されるのは寝殿の南の廂の間で，その東側に匂宮は着座する。
廂の間とは現代の庇ではなく，母屋のまわりの幅が1間の屋内空間である。8
つの御台と，通例のお皿などがきちんと美しく並べられ，小さな2つの台に華
足のついた皿が今様に並べられ，そこに三日夜の餅が運ばれてきた。紫式部は
このような儀式の設えは通例のことであり，わざわざ書くことでもなく，気が
利かないことだと言いながら，ここにきてはじめて，三日夜の餅を説明するの
である。また通例のことと断っているように，これが当時の上流貴族の三日夜
の餅の一般的な作法であったことが分かる。
　このような匂宮と六の君との正式な結婚に対して，すでに匂宮と結婚してい
た中の君の心情を周囲のものが察するシーンに，臣下のものたちの結婚はどの
ようなものであったのか推測できる。

又，ふたつとなくて，あるべき物に，思ひならひたる，ただ人の中こそ，
かやうなる事の，恨めしさなども，見る人，苦しくはあれ。思へば，これ
は，いと難し。遂に，かかるべい御事なり。宮たちと聞ゆる中にも，すぢ。
殊に，世人，思ひ聞えたれば，いくたりもいくたりも得給はむ事も，もど
きあるまじければ，人も，この御かたを，「いとほし」など，思ひたらぬ
なるべし。

第4章　源氏物語における結婚の風景

　ほかに妻が二人もいなくて，そのような仲に馴れ親しんでいる臣下の夫婦は，（匂宮が六の君を新たに正妻として迎えたことが，中の君にとっては）恨めしく思っていることを気の毒に思うが，匂宮には，これ（妻が一人だけであること）は大変難しいので，結局はこのように（多くの妻を持つように）なってしまうのである。宮様の中でも，特に匂宮は東宮に立つ方だと世間は思っているので，何人も妻を持っても非難されるべきことでもなく，だれも中の君を気の毒だとは思わないだろう。

　ここで注目したいのは，「又，ふたつとなくて，あるべき物に思ひならひたるただ人の中こそ」という文章である。これまで平安時代の結婚は，源氏と多くの妻の関係に見られるように一夫多妻であると考えられているが，一夫多妻であるのは源氏や匂宮のような上流貴族であり，上記の文章からすると，臣下の夫婦の多くは，夫はいろいろな女性のところに通うことはあっても，一夫一婦に近いかたちであったようにも受け取ることができる。

　この当時の婿取婚は，枕草子に「家ゆすりて取りたる婿のこずなりぬる，いとすさまじき」，不愉快なのは，大騒ぎをして婿を迎えたのに，（他の家に婿に取られて），通ってこなくなったのは興ざめだ，とあるように，他に気に入った女性や自分を後見してくれる身分の高い女性が現われれば，そちらを妻として，以前の女性の家には通わなくなることもしばしばあったようである。

（2）　落窪物語の結婚

　貴族であっても，結婚の儀式は上流貴族のように，新枕から露顕にいたる一連の儀式が執り行われるわけではない。古くからの伝統であった三日夜の餅だけですまされることもあり，そういう臣下の結婚の風景として，落窪物語の落窪姫と右近少将の結婚のシーンを取り上げる。落窪物語は美貌の落窪姫が継子いじめに遭い，後に太政大臣になる右近少将により救い出されハッピーエンドとなるシンデレラ物語である。右近少将と落窪姫との結婚三日目の様子である。

　右近少将は，激しい雨が降るので牛車にも乗れず歩いて出かける。途中で衛門督一行に怪しいものと間違われ，土下座をさせられて糞まみれになりながら

109

第Ⅰ部　歴史にみる結婚と婚礼

も，三日目の夜に落窪姫のところに駆けつけた。

　　あこぎこの餅を箱のふたにをかしう取りなして参りて，「これいかで」と
　　いへば，君，「いとねぶたし」とて起き給わねば，「猶こよひ御覧ぜよ」と
　　て聞ゆれば，「なにぞ」とて，頭もたげて見あげ給ふは，餅ををかしうし
　　たれば，少将，たれかくをかしうしたらん，かくて待ちけると思ふも，さ
　　れてをかしければ，「餅にこそあめれ。喰うやうありとか。いかがする」
　　との給へば，あこぎ，「まだやは知らせ給はぬ」と申せば，「いかが。一人
　　あるにはくふわざかは」との給へば，あこぎ聞きて，「三つとこそは」と
　　申せば，「まさなくぞあなる。女はいくつか」との給へば，「それは御心に
　　こそは」とて笑ふ。「これまゐれ」と女君にの給へど，恥ぢいてまゐらず。
　　いと實法に三つ喰ひて「蔵人少将もかくや喰ひし」との給うへば，「さこ
　　そは」といひてゐたり。夜更けぬれば寝給ひぬ。

　右近の少将が落窪姫の館に到着するまでに，あこぎ（落窪姫の侍女）は機転
をきかせ，三日夜の餅を用意し，その餅は箱の蓋に見栄えよく並べてあった。
右近の少将は，今まで結婚をしたことがないので，三日夜の餅を幾つ食べてよ
いのか分からないので侍女に聞いている。侍女は自分の結婚の経験から，三日
夜の餅を男性は三つ食べることを知っており，侍女の身分のものでも三日夜の
餅を結婚の儀式としていたことが分かる。食べる餅の数は，新郎は三つと決ま
っていたが，新婦はいくつでもよかった。落窪物語では，三日夜の餅を食べる
ことが，正式な結婚を意味していたと考えられる。

（3）　三日夜の餅の変遷
　このように平安時代中期の結婚の中心と考えられる三日夜の餅であるが，そ
の名称も三夜餅，三ヶ夜餅，三度餅など（高群 1963：121）とその呼び方も変化
していく。しかし三日夜の餅に関する資料は多くなく，服藤早苗の研究によれ
ば，10世紀の中頃から12世紀の初頭，鎌倉時代にかけていくつかの記録や物語

第4章 源氏物語における結婚の風景

に散見できると言う。花鳥余情巻第27吏部王記には，948年の重明親王と藤原登子の結婚では「一盃の餅をもって笥蓋に案じ，これを差む」（服藤 2006：171），一盃の餅を笥の蓋に入れて差し上げたとある。餅を御几帳台に運ぶのは侍女であり，三日夜の餅は笥の蓋に盛られ，三日目の夜に簾の中で餅が食されていた。

　それから約100年後の平記には，1037年に東宮親仁親王に入内した彰子内親王の結婚の記述がある。ここでは三日目の夜の御餅が供では，「銀花足盤に餅四杯を盛り，州浜を作り，鶴を立て，銀の御箸を持たしめ，螺鈿沈香笥に納む」（服藤 2006：174）とある。この頃になると，単に餅を食べるという儀式から，名称も「御餅が供」となり，州浜を描き，そこにはおめでたいとされる鶴を配し，銀の箸が螺鈿の沈香笥におさめられるようになる。このように三日夜の餅は餅を食べ，新郎を新婦家に同族化するという儀式の初期の目的から，結婚を荘厳する装飾物の一部へと変化していく過程がうかがえる。

　家と家との結びつきよりも個人の意思が尊重され，結婚の形態も多様化している現代では，三日夜の餅を食べるという儀式はすでになくなっているが，餅は正月などのさまざまなハレの場で食べられ，特別な食べ物であるという淡い記憶は，現代の私たちの生活の中にもいまだ息づき，暮らしを彩っている。

　そのような状況にあって，皇室において，なお結婚の儀式の一つに三日夜の餅は組み込まれている。皇室の結婚の儀式は，納采の儀，勲章並びに御剣を賜ふの儀，告期の儀，贈書の儀，入第の儀，結婚の儀，賢所皇霊殿神殿に謁するの儀，朝見の儀，供膳の儀，三箇夜餅（みかよのもち）の儀，宮中饗宴の儀，神宮に謁するの儀の順で行われている。宮内庁の説明では，三箇夜餅の儀は，ご結婚当夜から三日間にわたって御殿に祝いの餅を供える儀式とある。このように現代の皇室の結婚儀式では，三日夜の餅はすでに食するものではなくなっているが，平安時代から形を変えつつも廃れることなく現代にまで継承されているところに，三日夜の餅の宗教的な意味を読み取ることができる。

　今まで見てきたように物語を俯瞰することで，古代の結婚の輪郭をおぼろげながらも描き出すことができたのではないだろうか。柱を中心としたイザナギ

111

第Ⅰ部　歴史にみる結婚と婚礼

とイザナミの結婚の儀式，三日夜の餅という神人共食の儀式ともに共通するのは，古代の結婚は，聖性なるものとの関わり，あるいは宗教との結びつきにより成立する儀式であった。古代において，結婚は宗教性を獲得することがその本質であったと言える。

　振り返って現代を見てみると，結婚は簡素化，商品化される中で宗教的な意味合いは薄れ，たとえ宗教的儀式が行われたとしても，多くの場合，単に婚礼を装飾する行事としてしか理解されておらず，結婚の本質は見失われつつある。その流れは三日夜の餅の変遷を見ても分かるように，すでに平安時代から始まっているとも言えるが，結婚の形骸化が進行するなかで，未婚率の上昇，晩婚化の加速，非婚化の進行など，生活空間は不安定に動揺し，私たちの精神生活の空洞化を招いている。多様化するグローバル社会において，宗教性だけが結婚の価値を創出するものではないかもしれないが，しかし，第2章でも指摘されているように，人間存在の根源に関わる聖性と神秘を，もう一度，人生の門出である結婚に込めることが現代において必要なのではないだろうか。そのような神聖な結婚儀式の体験は，私たちの未来を構築する精神的なよりどころとなることを，歴史は語りかけてくる。

■ ■ ■

●参考文献
青島麻子（2015）『源氏物語　虚構の婚姻』武蔵野書院。
角田文衞・中村真一郎（1980）『おもしろく源氏を読む──源氏物語講義』朝日出版社。
工藤重矩（2012）『源氏物語の結婚』中公新書。
宮内庁ホームページ。http://www.kunaicho.go.jp（最終確認は2017年4月27日）
鈴木日出男（1994）「光源氏の世界」放送大学教材。
鈴木日出男（1998a）『源氏物語への道』小学館。
鈴木日出男（1998b）「清少納言と紫式部──王朝女流文学の世界」放送大学教材。
高群逸枝（1963）『日本婚姻史』（日本歴史新書）至文堂。
服藤早苗（1991）『平安朝の母と子』中公新書。

第4章 源氏物語における結婚の風景

服藤早苗（1995）『平安朝の女と男』中公新書。

服藤早苗（2006）『三日夜餅――平安王朝貴族の婚姻儀礼の餅』むらさき／紫式部学
　　会編。

服藤早苗（2007a）『女と子どもの王朝史』森話社。

服藤早苗（2007b）「衾覆儀の成立と変容――王朝貴族の婚姻儀礼」『埼玉学園大学紀
　　要』（人間学部篇7）269-284頁。

日向一雅（2004）『源氏物語の世界』岩波新書。

松尾聰校註（1957）『落窪物語　堤中納言物語』（日本古典文学大系13）岩波書店。

山岸徳平校註（1958）『源氏物語』（日本古典文学大系14）岩波書店。

第Ⅱ部

調査による結婚とブライダル

第5章
若者のブライダル観はどのように形成されるのか

辻　幸恵

① ブライダル観と経営資源との関係について

　ここでは，若者のブライダル観を形成する背景について，経営資源の「ヒト，モノ，カネ」とこれに「情報」を加えて考える。具体的には，ヒトは大学生である。モノはブライダルに直結する衣類や付属品である。カネはモノに対する金額となる。これらをどのような「情報」から判断するのかというところがブライダル観の形成につながると考える。

　さて，女子大学生たちは社会進出を期待される中で[1]，より社会性のあるフォーマルな場面と個人の価値観が優先できるカジュアルな場面との両方の装いを必要とされる。前者は，ハレの場面での装い，後者はケの場面での装いと言える。これらの場面での装いの基準は何であろうか。

　また，フォーマルなハレの場面に対して若者たちはどのような価値観を持っているのであろうか。具体的にはフォーマルなハレの場面に対して，どの程度のお金がかかると予想し，どの程度のお金をかけてもよいと考えているのだろうか。そもそも大学生たちはどのようなシーンをフォーマルな場面だと判断しているのであろうか。

　これらの問題提起から，本章ではまず，大学生たちが意識しているフォーマルシーンについて調査を行った。フォーマルシーンと呼ばれるハレの場面に対して，大学生たちがどの程度の重要性を感じているのか，そして，その場面へ参加するために，どのような衣類を選択しているのか，その基準を明らかにす

第Ⅱ部　調査による結婚とブライダル

ることを通じて，若者の消費動向を解明したい。次に，フォーマルなハレの場と限定するために結婚式を例として，そこで重視する要因を分析し，「ヒト，モノ，カネ」と情報を具体化し，その金銭感覚についても検討をした。金銭感覚については，若者の消費動向に二極化が見られ，その原因は単純に若者たちの経済状況だけにあるわけではないと思われる。消費の二極化とは，例えばルイ・ヴィトンの鞄を使用している女子大学生が，日用品は100円均一ショップでまかなうというような現象である。つまり，自分自身の興味や関心事には惜しみなくお金を使うが，それ以外のモノは少しでも安価にすまそうとする態度のことである。モノとしたのは製品だけではなく，例えばつきあいでアフター5に飲みに行くことも，興味がなければ断る。必要な人間関係にしか金銭と時間をかけないのである。一時期は若者の嫌消費がクローズアップされた（松田2009：3）。嫌消費も形をかえた消費の二極化であると考えられる。嫌消費の例として若者の車離れや酒離れの現象が例示された。しかし，現在の若者たちは自動車や酒にお金をかけないかわりに，スマートフォンやインターネットからの情報にはお金をかけている。

② 「ハレ」の場に関する「ヒト」と「モノ」との関係について

（1）　大学生たちにとっての「ハレ」の場とは何か

　「ハレ」は気象現象では晴天の意味があるが，はれがましいこと，正式，おおやけ，という意味もある。これに対して反対語として位置する「ケ」には，おおやけでないこと，よそゆきでないこと，ふだん，日常という意味がある。現代的に言えば「ハレ」は特別な装いでいわゆるフォーマル，「ケ」は普段着でいわゆるカジュアルということになる。

　では，現代の「ハレ」の場とは何であろうか。2009年に実施した調査結果では，大学生たちのイメージでは「式」に関する場が多かった。具体的には，卒業式，入学式，成人式，結婚式などである。そこでまずは，成人式において，女子大学生たちの「振袖」姿を異性の目（男子大学生）から見た評価を明らか

にした。多くの男子大学生たちは成人式という場における女子大学生たちの振袖姿を肯定的に捉えていた。しかし，一部の男子大学生からは「派手すぎる」「けばい印象がある」「似合わない」という評価もなされた。女子大学生たちが振袖を選択する基準は，「伝統的女らしさ」や「信頼性」というものであった。

これに対して，男子大学生たちの「ハレ」の場である成人式での装いの基準は「同性からの評価が高い」「目立つ」「特別感がある」「見栄えがする」などであった。特に「同性の評価」が高く，次に他者よりも「目立ち」たい欲求が続き，さらに「見栄えがする」装いを求めていることが分かった。この結果を裏づけるように，2015年の成人式に羽織・袴の装いで参加した男子大学生たちにインタビューをした折には，「とにかく目立ちたかった」「自分にとって成人式は一生に一回だけしかない特別な日なので，思い出に残る装いとして，羽織・はかまを選んだ」「黒の羽織には，銀で刺繍が施されているが，とても見栄えもするし格好がよい。友人もすごいと言って賞賛してくれた」「同性の友人が格好良いと言ってくれる」などの回答を得ている。[3]

一方，女子大学生たちの普段着の選択基準は「手頃な価格である」「流行である」「自分に似合っている」であった。男子大学生たちの普段着の選択基準は「値段に納得ができる」「流行である」「異性のアイシャワーが気になる」であった。これらの結果から明らかに「ハレ」の場面と「ケ」の場面とでは装いの選択基準が異なることが分かった。

（2）　「ハレ」の場とその場にふさわしい服装とは何か

大学生たちにとって，成人式や結婚式という式だけではなく，身近な「ハレ」の場もある。例えば，コンパやクリスマスパーティなどに誘われた場合も，いつもの普段着というわけではない。彼らはコンパなどに行くときの装いを「勝負服」と言う。「勝負服」が「ハレ」の場にふさわしい服装と考えているからである。

そこで，「ハレ」の場とその場にふさわしい服装に関する調査を実施した。調査時期は2014年10月15日，調査対象者は大学生40人（男子20，女子20）であっ

第Ⅱ部　調査による結婚とブライダル

表5−1　大学生たちが「ハレ」だと思う場面

結婚式，成人式，卒業式，入学式，入社式，文化祭，試合・大会，イベント，卒業発表会，学会発表，運動会，学芸会，企業訪問，面接，コンパ，初デート，表彰式

た。「ハレ」の場と思う場面や過去に「ハレ」の場面であった経験などを踏まえて，各自がその場面にふさわしいと思う服装を記述してもらった。その結果，40人（男子20，女子20）の大学生たちが「ハレ」と思う場面は表5−1に示した17の場面であった。なお，表彰式と回答をした者は1人，運動会と回答をした者は3人となった。あとの場面の回答は4人以上（10%以上）の回答となった。

次に，大学生たちが「ハレ」の場面にふさわしい服装として挙げた品目を表5−2に示した。表には回答が多かったものを代表として5位まで示した。ただし，同位の場合は五つ以上の品目を示している。全体的に男子よりも女子の服装の品目数が多いことが分かる。服装の品目は個別の「モノ」である。つまり「ハレ」の場にふさわしい「モノ」との関係を表は示している。

また，男女共に企業訪問と面接（就職活動）は，どちらもスーツに白のカッターシャツあるいはブラウスとなった。特にスーツは大学のキャリアセンターなどの指導により，無地の黒か濃紺が定番になっている。

（3）　「ハレ」の場での装いを決める基準とは何か

① 　基準設定と調査の概要

2014年10月15日に実施した調査結果から，服装の選択基準として22の基準が得られた。それらは，場面に似合うか否か，自分に似合うか否か，場所にあっているか（格式），値段，色，流行，サイズ，対人関係，ステイタス，素材，手持ちのアイテムとの関係，耐久性，洗濯ができるか否か，保管方法の容易さ，重量，ブランド，アピール度が高いか否か，華美さ，無難さ，センスの良さ，上品さ，品質の22である。なお，場所とは美術館やホテルなどの物理的な場所で，場面とは結婚式や成人式という状況を指している。

この22の基準を質問項目として使用し，関西圏に在住の大学生568人（男子310，女子258）を対象に調査を実施した。彼らは全て私立共学大学に在籍して

第5章　若者のブライダル観はどのように形成されるのか

表5-2　「ハレ」の場面とそこにふさわしい服装

	女　子
結 婚 式	フォーマルドレス，ワンピース，スーツ（派手な色の），カラードレス，ロングスカート
成 人 式	振袖，袴，ファーの肩掛け，ドレス，スーツ，ワンピース
卒 業 式	袴，振袖，スーツ，ドレス，ワンピース，ロングスカート，スカーフ
入 学 式	無地のスーツ（黒，紺），ブラウス（白，ピンク，ブルー）
入 社 式	無地のスーツ（黒，紺，グレー），ブラウス（白）
文 化 祭	ミニスカート，カーディガン，カジュアルパンツ，ジャケット，ブーツ
試合・大会	ユニフォーム，ジャージ，スーツ，ブレザー，ポロシャツ
イ ベ ン ト	カラージャケット，フリルのブラウス，ミニスカート，ワンピース，Ｔシャツ
卒業発表会	無地のスーツ（黒，紺），ブラウス（白），カッターシャツ（白），濃紺のワンピース
学 会 発 表	無地のスーツ（黒，紺，グレー），スーツ（細いストライプ），ブラウス（白，ブルー）
運 動 会	ジャージ，学校指定の運動着，カジュアルなフード付ジャケット，Ｔシャツ
学 芸 会	カジュアルウェア，ジーパン，スカート，シャツ，長Ｔシャツ，ワンピース
企 業 訪 問	無地のスーツ（黒，紺），ブラウス（白），黒のパンプス，髪留め・ゴム（黒，紺）
面 接	無地のスーツ（黒，紺），ブラウス（白），黒のパンプス，髪留め・ゴム（黒，紺）
コ ン パ	ワンピース，カーディガン，ロング丈ニット，ミニスカート，ブラウス，ジャケット
初 デ ー ト	カットソー，ブラウス，カーディガン，スカート，きれいなシャツ
表 彰 式	スーツ，ブラウス（白），ブレザー（紺），シャツ（白），スカート

	男　子
結 婚 式	スーツ，ブレザー，ネクタイ（白）
成 人 式	スーツ，羽織，袴，ネクタイ
卒 業 式	羽織，袴，スーツ，ブレザー，スプリングコート，ネクタイ
入 学 式	無地のスーツ（黒，紺），カッターシャツ（白，ブルー），ネクタイ
入 社 式	無地のスーツ（黒，紺），カッターシャツ（白），ネクタイ，無地ベスト
文 化 祭	ジーパン，綿パン，カーゴパンツ，シャツ（柄・チェック），Ｔシャツ
試合・大会	ユニフォーム，スーツ（紺，黒），ネクタイ，スポーツウェア，シャツ
イ ベ ン ト	スーツ（黒，紺，グレー），ユニフォーム，ジーパン，Ｔシャツ
卒業発表会	無地のスーツ（黒，紺），カッターシャツ（白），無地のベスト，清楚なネクタイ
学 会 発 表	無地のスーツ（黒，紺），スーツ（細いストライプ），カッターシャツ（白，ブルー）
運 動 会	ジャージ，Ｔシャツ，ポロシャツ，長Ｔシャツ，トレーナー
学 芸 会	ジーパン，セーター，ジャケット，綿パン，ベスト
企 業 訪 問	無地のスーツ（黒，紺，グレー），カッターシャツ（白）
面 接	無地のスーツ（黒，紺），カッターシャツ（白），無地のベスト
コ ン パ	シャツ，ズボン，綿パン，長Ｔシャツ，ジャケット
初 デ ー ト	ズボン，襟付き無地シャツ，ジャケット，ジーパン，Ｔシャツ
表 彰 式	スーツ，カッターシャツ（白），ネクタイ，袴

第Ⅱ部　調査による結婚とブライダル

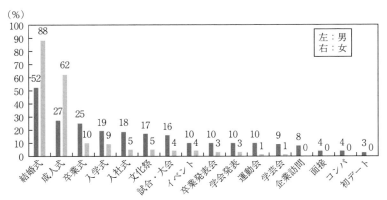

図5-1　「ハレ」だと回答された場面の男女の割合

いる。回収率78.7％で447人（男子248,女子199）となった。男子大学生たちの年齢の内訳は19歳70人，20歳92人，21歳56人，22歳27人，23歳3人であった。女子大学生たちの年齢の内訳は19歳60人，20歳71人，21歳49人，22歳18人，23歳1人であった。男女共に19歳から23歳の大学生を調査対象とした。

実施期間は2014年11月上旬から下旬である。ここでは集合調査法を用いた。調査票に回答する前に本調査結果は学術目的以外に使用されないこと，回答者個人の特定ができないことを説明した。その際に，同意を得ない大学生には調査をしなかった。その後，調査票を配布し，60分で回答をしてもらった。質問内容は記述式と5段階尺度を用いた選択式の2種類の形式である。調査票を回収した後，記述ミス（○のつけまちがい，記載もれ等）を省いた結果，最終的に使用できるデータ（有効回答数）は男子242，女子195，合計437となった。

② 「ハレ」だと認識した場面

予備調査結果から得られた17場面をフォーマルな場面だと強く認めるか否かを質問した結果，「式」と名のついたものには強く認めるという意見が多く得られた。図5-1に男女別にその割合を示す。

図の縦軸には回答者の割合を示し，横軸には場面を示した。このように，男子と女子の差が見られた。なお，表彰式は1人のみの回答であったため，試合・大会に合算した。よって17場面が16の場面になっている。

第5章　若者のブライダル観はどのように形成されるのか

表5-3　男女差が得られた質問項目

質問項目	男　子		女　子		検定
	平均値	標準偏差	平均値	標準偏差	結果
流　行	2.75	0.65	3.90	0.44	＊＊
華美さ	3.59	0.58	3.90	0.56	＊
対人関係	3.70	0.56	3.20	0.82	＊
ステイタス	3.95	0.48	3.20	0.58	＊＊
ブランド	2.90	0.80	3.81	0.64	＊＊

注：平均値の差の検定を用いた。＊：5％，＊＊：1％。

　女子は圧倒的に結婚式と成人式の二つを「ハレ」の場面だと認めている。一方，男子は結婚式が多いものの，成人式は卒業式と同列で，卒業式，入学式，入社式，文化祭などの割合はあまり変わらない。男子大学生たちはイベントや企業訪問などもフォーマルな場として強く意識していることが分かる。具体的な服装については男子大学生たちの場合は，どの場面でもスーツが多く，コンパと初デート以外は80.0％以上の割合でスーツが選択されていた。女子大学生たちは具体的な服装の幅は広く，式でもスーツ以外にもワンピースやブレザーなど多様であった。ただし，品目別に見ると，男女共にスーツの回答が多く，大学生たちのフォーマルウェアは時代が変わってもスーツであることを示している。

③　選択基準の男女差について

　選択基準に男女差があった項目は流行，華美さ，対人関係，ステイタス，ブランドの5項目であった。それらの5項目の平均値と標準偏差を表5-3に示した。

④　選択基準の構造について

　事後調査として「式」のつく場面と「式」のつかない場面に分け，また男女別にそれぞれ重視する選択基準の構造を知るために因子分析（主因子法・バリマックス回転）を用いた。表5-4に男子大学生たちの「式」の場面での選択基準構造を示した。

　なお，因子分析（Factor analysis）は「多変量解析の1つで，多くの変量の変動を少数個の因子と呼ばれる直接には観測できない潜在変数によって説明する

123

第Ⅱ部　調査による結婚とブライダル

表5-4　場面における選択基準の構造（男子大学生）

場　面	項　目	1因子	2因子	3因子	ネーミング
「式」の場面	ステイタス	0.821	0.015	−0.058	「ステイタス」
	場所にあう	0.780	0.021	−0.124	
	場面にあう	0.670	0.018	0.002	
	上品さ	0.189	0.784	0.028	「上品さ」
	無難さ	0.101	0.623	0.042	
	素材	−0.008	0.588	0.087	
	対人関係	0.025	−0.185	0.654	「対人関係」
	値段	0.014	−0.004	0.588	
	手持ち	0.025	−0.058	0.541	
寄与率（%）		25.2	18.4	10.2	累積寄与率 53.8

手法」である（総務庁統計研修所監修 1992：5）。同様の手順で因子分析をした結果，「式」の場合の女子大学生たちは，第1因子「ブランド」，第2因子「華美さ」，第3因子「センスの良さ」となった。また「式」ではない場面の男子大学生たちは，第1因子「ブランド」，第2因子「ステイタス」，第3因子「対人関係」となった。「式」ではない場面の女子大学生たちは，第1因子「センスの良さ」，第2因子「アピール度」，第3因子「流行」となった。

　男子大学生たちの場合は「式」の場面でも「式」の場面ではなくても因子にステイタスと対人関係が入った。つまり男子大学生の場合は「ハレ」の場ではステイタスと対人関係が大きな要素なのである。

　それに対して，女子大学生たちの場合は，特に「式」ではない場は自己のセンスはもとより，他者へのアピール度や流行が重視される。「式」の場合はブランドや華美さが重視され，ステイタス（立場）や対人関係（人間関係）よりも自分の感性や好みによっての選択基準が重視されている。

（4）「ハレ」の場のイメージとそれに影響を与える背景とは何か

　大学生たちが抱いている「ハレ」の場のイメージは「式」が多かった。彼らは「式」にまつわる場所をフォーマルとして捉え，対人関係やステイタスを重視する場として認識している。そのような場に出向くときは，相手と自分との

第5章　若者のブライダル観はどのように形成されるのか

立場の違いを考慮し，その場にふさわしいような装いを心がける。その装いに対する選択基準は調査から22の項目として得られた。そのうち，男子大学生たちはステイタス，対人関係が主要因となり，これら以外には上品さとブランドがあった。女子大学生たちはセンス，ブランド，華美，アピール度，流行の要素が得られた。

いずれにしても「ハレ」の場に対して男子大学生たちも女子大学生たちも共に，普段着にはない選択基準を有している。通常，大学生たちは普段着に対して価格や自分に似合うなどを基準に選択する。しかし「ハレ」の場のように公式性が強くなると，男女共に黒か紺のスーツを選択することが多くなった。この黒か紺のスーツは式だけではなく，就職活動には不可欠で，企業訪問や面接には必需品となっている。

次に大学生たちが日常ではないと感じている場面や場所についての装いをどのように選択しているのかを統計解析から明らかにした。具体的には因子分析を用いた。その結果，大学生の「ハレ」の場（成人式など）での装いの基準は次のとおりであった。男子大学生たちからは，ステイタス，上品さ，対人関係の三つの因子が抽出され，女子大学生たちからは，ブランド，華美さ，センスの良さの三つの因子が抽出された（辻 2015：39-43）。この結果は先行研究の結果と一致している。

ステイタスや対人関係という他者の目（アイ・シャワー）を要因としている男子大学生たちと，華美さやセンスの良さというどちらかと言えば自分が感じている自己の目を要因としている女子大学生たちとは，選択基準に男女の違いがある。男子大学生たちの方が「タテ社会」を学生時代から感じているのかもしれない（中根 1967：22）。男子大学生たちと女子大学生たちとの大きな違いは，他者優先か自己優先かである。男子大学生と女子大学生とでは目線が異なり，それによってアイデンティティ形成への影響も異なる。青少年期のアイデンティティに関する先行研究では，例えば，ソーベックとグローテヴァント（Thorbecke, W. & Grotevant, H. D.）による高校生を対象とした調査がある。結果は，男子は他者に勝ちたいという欲求があり，女子はその逆の関わり方での人

第Ⅱ部　調査による結婚とブライダル

間関係からアイデンティティを形成すると説明されている（藤村・大久保・箱井 2000：49-50）[4]。

　さて，日常を「ケ」とした場合，ここに含まれる場所は大学，アルバイト先（職場）であった。非日常を「ハレ」とした場合，ここに含まれる場所は結婚式場や成人式の会場ばかりではなく，ディズニーランドやUSJのような遊園地，博物館，美術館，動物園，記念館などの施設とコンパなどを行う居酒屋も含まれた。コンパなどは場所というよりも，むしろ誰と一緒であるのかという構成メンバーによってフォーマル度が決められていた。一般的に結婚式への参加が大学生たちにとっては一番フォーマル度が高いとされていた（辻 2016a：1-14）。その結婚式の重要度に影響を与える変数は価格と場所で，影響を与えない変数はサービスであった。価格の中では，全体的予算，料理の価格，引き出物の価格などが重視された。次に場所の中に含まれていた要因は，立地，形態，日柄があった。一方，サービスに含まれていた要因は，スタッフの態度，オプション，エステなどであった。

③　フォーマルシーンに対する「カネ」と「情報」について

（1）　フォーマルシーンに対する女子大学生たちの金銭感覚

　例えば，飲食をする場合でも居酒屋とホテルのレストランとでは，同じ食事という目的であっても，かかる費用は異なる。当然ではあるがホテルのレストランの方が高額になる。場所という要因も金銭感覚に影響があると考える。

　すなわち，フォーマルシーンによって使用する金額は異なる。女子大学生たちにとってのフォーマルシーンは，さほど多くはない。個人差はあるだろうが，数が少ないシーンであるがゆえに，使用する金額が高いと考える。つまりここでも価格の二極化の原理に従って，重視しているシーンでは使う金額が多くなり，あまり重視していないシーンでは使用する金額は少ないと考える。

　仮説1は，フォーマル性の高いシーン，例えば結婚式や卒業式などのような「式」にかける金額は大きく，フォーマル性の低いシーンにはかける金額は小

126

第 5 章　若者のブライダル観はどのように形成されるのか

さい。仮説 2 は結婚式において重視される項目の上位に価格が含まれる。これらの仮説を証明するためにいくつかの調査を実施した。

（2）　調査の概要

① 用いた調査方法の説明

　ここでは予備調査を 1 回とそれを踏まえて別に 3 回の調査を実施した。予備調査はインタビューによる聞き取り調査，別調査の一つ目と三つ目は質問紙による調査[(5)]を実施し，二つ目はフォーカス・グループ法を用いた[(6)]。ここでは量的調査以外にも質的調査を取り入れた。質的調査の方法については，文化やメディアなどを探求する場合に用いられる。具体的な事例としては，流行探求や映像分析などが挙げられる[(7)]。質的調査のメリットは，調査対象者の考え方や意見をじっくりと尋ねることができたり，生活習慣や行動などを追跡できたりといわば深いレベルまで関わることができることである。よって個人のブライダル観や結婚観などを調査する場合には適している方法である。質的調査のデメリットは，調査対象の数が少ないため，それが一般論として通じるのかどうかに疑問が残るところである。また調査対象者の選定によっては結果が異なる場合も生じる可能性がある。

② インタビューによる調査（予備調査）

　2014年10月15日に行った大学生40人を対象とした調査においては，結婚式，成人式，卒業式，入学式などは学生たちが「ハレ」の場であると回答した場面であった。2015年10月に調査を実施した結果を紹介する。最初に女子大学生50人に対して「あなたにとって，フォーマルシーン，つまりフォーマルな場所や場面はどこか，もしくは何かを教えてください」という質問をした。インタビューにあたった女子大学生たちは10人である。回答はインタビューをした女子大学生たちが書きとめた。インタビューをする側を女子大学生にした理由は，回答者と同じ世代であるので，回答者の言いたいことを正確に把握できると考えたからである。また調査対象である回答者たちも同世代から尋ねられた方が話しやすいと考えたからである。回答者によって多少の差はあったが，平均15

第Ⅱ部　調査による結婚とブライダル

表5-5　女子大学生たちが想起するフォーマル
シーン，重視度，金額　　　　　n＝50

順位	シーン	人数（人）	重要度平均値	金額
1位	結 婚 式	47	4.80	◎
2位	卒 業 式	42	4.64	○
3位	謝 恩 会	40	4.36	◎
4位	成 人 式	40	4.20	◎
5位	入 学 式	25	4.10	×
6位	表 彰 式	10	3.50	×
7位	企業訪問	9	3.30	○
8位	学　　会	7	3.10	○
9位	発 表 会	6	3.00	×
10位	大　　会	4	2.50	×

注：小数点第3位を四捨五入。

分間でインタビューを終えることができた。最も時間がかかった回答者で25分，最も時間がかからなかった回答者で6分であった。なお，インタビューをした女子大学生たちと調査対象である女子大学生たちは全て神戸市に立地している共学の私立大学に在籍している。調査対象である女子大学生たちの居住地は兵庫県，大阪府，京都府，奈良県であった。

　次にフォーマルシーンの回答を得た後に，それらに対するフォーマル度に点数をつけてもらった。点数は5点満点として，重要性が高いものを5，やや重要性が高いものを4，どちらでもない（わからない）ものを3，やや重要性の低いものを2，重要性の低いものを1とした。50人の全ての女子大学生が重要であると判断した場合，最高点は250点となる。

　上位10位までの結果を表5-5に示した。複数回答をしているので，表内の人数の合計は50にはならない。多く回答した者は一人で八つのシーンを挙げていた。最も少なく回答した者でも二つは回答しており，それらの回答は結婚式と卒業式であった。

　表を見ると1位から4位までは50人中の80％以上の者が回答していた結婚式，卒業式，謝恩会，成人式となった。これらの四つの式が女子大学生たちにとっては想起されやすいフォーマルシーンであることが分かる。重要度平均の数値は，例えば1位の結婚式は「5」と回答した者が40人，「4」と回答した者が

第5章　若者のブライダル観はどのように形成されるのか

10人いたので，240点／50人となり平均値が4.80と高くなっている。2位の卒業式は「5」と回答した者が36人，「4」と回答した者が10人，「3」と回答した者が4人いたので，平均値が4.64となった。表内の重要度平均値は，調査対象である50人がそのシーンに対してどの程度重要であるのかを1～5点までで評価をしてもらい，それらを平均した数値として算出した。

　ここには示していないが，11位以下には試合，コンパ，同窓会，コンサート，地元の祭り，イベント，企業説明会，文化祭，親戚の集まり，見舞い，見合い，女子会，音楽会などが続いた。しかし，いずれも50人中の1人ないし2人がこれらのシーンを挙げているので少数意見である。このように上位5位までに結婚式，卒業式，謝恩会，成人式，入学式がランクインしたことにより，前回の2014年に得た調査結果との整合性があると言える。

　また，そのシーンにはお金がかかるか否かを尋ねた。その結果，表5-5に示したように，結婚式，謝恩会，成人式にはお金がかかるという回答を得た。かかると回答した者が80％以上は◎，60％以上80％未満は○，40％以上60％未満は△，40％未満は×とした。一方，お金がかからないと回答されたシーンは入学式，表彰式，発表会，大会となった。これらはスーツかあるいはユニフォームで参加できるのでお金がかからないと回答されたと考えられる。

　以上より，「結婚式や卒業式などのような『式』にかける金額は大きく，フォーマル性の低いシーンにはかける金額は小さい」という仮説1が証明されたことになる。

③　結婚式における重視事項のための調査（別調査1）

　2015年11月下旬に，関西に立地している私立大学（3大学合計）の女子大学生2～4年生300人を対象に調査票を用いた調査を実施した。回収率65％で195人，その中から記述不備6を省き，有効回答数は189となった。記述不備とは，本来，回答すべき箇所を記入せず白紙にしているものを指す。この調査では事前に文書で研究の目的，主旨，回収方法などを知らせ，調査票を配布する前に，筆者から研究の主旨と得られたデータを研究以外の目的には使用しないこと，個人が特定されないことを説明した。この説明後，協力できるかできないかを

129

第Ⅱ部　調査による結婚とブライダル

判断してもらい，協力できるという意思を示した女子大学生たちに調査票を配布した。先行研究から32項目の質問項目を流用した。回答には５段階尺度を用いた。５段階尺度の数字の意味は１：まったく重視しない，２：やや重視しない，３：どちらでもない（わからない），４：やや重視する，５：非常に重視するとした。１と２は否定的な意見，４と５は肯定的な意見となる。３のどちらでもない（わからない）はニュートラルな意見とした。

　５段階尺度を用いて得た回答の数値（１～５）を活用して，因子分析（主因子法，バリマックス回転）を用いた。因子分析は新しい手法ではなく，1900年代のはじめから心理学における強力な統計的手法として発達してきたと言われている。その後，医学・生物学・経済学・教育学などの広い分野に応用されるようになった。この手法が女子大学生たちの「重視する」という心的部分を分析するために最適であると考えた。

　分析結果を表５-６に示した。表には寄与率10％以上の要因を示した。

　それらは第１因子が「価格」，第２因子が「ホテル格式」，第３因子が「立地」，第４因子が「交通」，第５因子が「費用」，第６因子が「方法」となった。これらが女子大学生たちにとって結婚式というフォーマルシーンに重視する六つの因子である。表の右列の各因子のネーミングは筆者が名づけた。ネーミングとは，その因子の特徴をよく表わしている表現を使用することが一般的である。

　先の結果においても，結婚式の重視項目で価格という要因が第１因子で挙がってきているように，フォーマルシーンにおいても価格は女子大学生たちにとって大きな関心事である。現代の女子大学生たちは「結婚式」という特別な場面でも，価格に対してシビアな感覚で価格志向を有している。この背景としては現在経済の状況がデフレであることと，将来の見通しに不安があるということから，女子大学生たちが楽観視しないと考えられる。

　次に，この六つを変数として利用し，クラスター分析を用いた。クラスター分析とは複数の変数，あるいはサンプルが存在するとき，似たものどうしを集めていくつかのグループ（クラスター）に分ける手法である。

第5章　若者のブライダル観はどのように形成されるのか

表5-6　結婚式において重視する項目

n＝189

質問項目	1因子	2因子	3因子	4因子	5因子	6因子	ネーミング
価格が安い	0.830	0.122	−0.208	0.013	−0.101	−0.008	
手頃な値段	0.704	0.076	−0.087	0.200	−0.024	−0.033	価格の因子
得すること	0.685	0.122	0.102	0.027	−0.100	−0.021	
納得価格	0.502	−0.008	−0.104	0.004	0.005	0.147	
格式がある	−0.007	0.720	−0.066	−0.018	−0.120	−0.023	
老舗のホテル	0.184	0.594	−0.107	−0.034	−0.009	−0.178	ホテル格式の因子
有名なホテル	−0.009	0.532	−0.002	0.187	0.108	0.102	
立地がよい	−0.025	0.014	0.690	0.077	0.054	0.007	
駅から近い	−0.013	0.203	0.528	0.064	0.089	0.014	立地の因子
場所が分かる	−0.112	0.199	0.500	0.041	0.038	0.004	
交通が便利	0.020	−0.008	0.108	0.640	0.047	0.005	
電車利用可能	0.031	−0.009	−0.002	0.587	0.006	0.014	交通の因子
交通機関多い	0.017	−0.004	−0.011	0.504	0.007	0.022	
費用がかかる	0.180	−0.108	0.103	0.200	0.610	0.005	
コストの勝負	0.024	−0.012	0.114	0.600	0.557	0.005	費用の因子
上限費用	0.007	0.054	0.078	0.065	0.500	0.004	
式手順の仕方	−0.107	0.014	0.174	0.028	0.152	0.550	
方法を変える	−0.102	0.021	0.116	0.039	0.047	0.523	方法の因子
新アイデア	0.004	0.178	0.028	−0.030	0.063	0.501	
工夫をする	0.006	0.147	0.031	−0.022	0.055	0.500	

　分析結果を図5-2に示した。結婚式の重視要因は六つとなった。価格は価格感，格式はブランド意識に通じている。費用は交通費などの実質的な価格の面とサービスへのニーズ面の両面を持っている要因である。価格とホテルの格式との距離は近く，式場の立地と交通の便利さは近い。これは主に相互依存の関係になると考えられる。なお，価格と方法は一番遠い位置となった。

　これらの結果から，女子大学生たちのブライダル観に与える要因は価格（値ごろ感），格式（ブランド志向）が近いことが考えられる。価格については主に『ゼクシィ』などの結婚専門の情報誌などから得られる客観的な数字が情報源と考えられる。同様に立地と交通の便利さも前述の雑誌やインターネットからの情報であろう。もちろん，便利さを求めれば，立地は都心になり交通網が整備されているので，両者には密接な関わりがある。方法は経験者やドラマから

第Ⅱ部　調査による結婚とブライダル

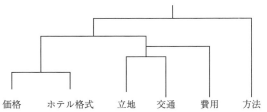

図5-2　クラスター分析からみた結婚式の重視要因
出典：辻幸恵「若者のブライダル観を形成する要因」日本繊維製品消費科学会『2016年年次大会・研究発表要旨』99頁から引用（2016年6月24日，於東京家政大学）。

の情報が影響を与えており，女子大学生たちは工夫の余地を感じている。これは結婚に対する価値観の表れになる。セレモニー性を持たせるのであれば，屋上から鳩や風船を空に放すこともあるし，楽しさを重視するのであればゲームの時間をとったりすることも可能である。方法と価格が一番遠い位置になったのは，方法は必ずしも値段とは連動していないからである。

　安い価格だとしてもありきたりな内容ではなく，イベントに工夫がこらせるからである。一般的だと思われている結婚式は，「まず両家が市内の結婚式場に多くの客を招待する。花嫁は純白のウエディングドレスを身にまとう。二人の誓いが厳かに行なわれるさいに，神・仏・キリストの三つの宗教が介在している」（宮田 1999：105）[8]と思いがちであるが，女子大学生たちは多角的に結婚式を捉え，それらの方法についても知識があると考えられる。それらの知識の元となる情報は結婚情報誌やメディアからのみならず，ツイッターやブログや口コミからも得ていると考えられる[9]。これらの結果から仮説2である結婚式において重視される項目の上位に価格が含まれることは証明された。式の費用として妥当だと思う価格は250万円が最頻値となり，続いては350万円となった。ちなみに全国的な平均値は359.7万円である[10]。

　図5-2では重視項目に価格があるが，その内容は，当日の料理の価格，ホテルの会場設備費（マイクなど），新郎新婦の控え室並びに親族の控え室代，引き出物の価格，ドレスのレンタル価格などが回答されていた。

第5章　若者のブライダル観はどのように形成されるのか

表5-7　フォーマルシーンに対する予想金額と
個人の支出可能金額

n＝20

シーン	予想平均金額	個人の支出可能平均額
結婚式（主催）	360万円	200万円
結婚式（お客）	3万円	3万円
卒業式	12万円	8万円
謝恩会	8万円	6万円
成人式	20万円	10万円
入学式	3万円	1万円
表彰式	1万円	1万円
企業訪問	4万円	4万円
学　会	2万円	2万円
発表会	2万円	1万円
大　会	4万円	3万円

注：小数点第3位を四捨五入。

④　フォーカス・グループ法（別調査2）

　フォーマルシーンでの金銭感覚について，女子大学生20人に話し合ってもらった。時期は2016年1月中旬である。10人ずつのグループに分かれて話し合いをし，場所は神戸市内の大学の演習室を利用した。女子大学生たちは全て3年生なので成人式は経験済みである。テーマが「フォーマルシーンでの金銭感覚」であることを告げ，フォーマルシーンについては表5-1を参考として示した。20人の意見は表5-7のように分類できた。ただし，結婚式は招待される側（客側）と主催する側とではかかる金額があまりにも異なるので二つに分類した。表を見ると，世間的にはこれくらいかかるであろうと予想される金額は，全てのシーンにおいて個人が出せるであろうと予想される金額よりも高くなっている。これは女子大学生たちが世間並みよりも，やや少なめの予算しか出せないと感じているからである。もちろん，企業訪問や学会などは必要な予算の予想と個人が出せるであろうと予想する金額が一致しているが，これらの金額はどちらかと言えば数万円単位で，結婚式，卒業式，成人式と比較すると低い価格である。

　結婚式や卒業式などのように「式」にかける金額は大きく，フォーマル性の

133

第Ⅱ部　調査による結婚とブライダル

低いシーンにはかける金額は小さい。このことから女子大学生たちの金銭感覚としては「式」は価格が高く，それにかける費用も大きくなると思っていることが分かる。

⑤　フォーマルシーンにおける金銭感覚の調査の2回目（別調査3）

　2016年7月下旬に，関西に立地している私立大学（3大学合計）の女子大学生2～4年生100人を対象に質問紙を用いた調査を実施した。回収率80％で80人，有効回答数も80となった。この調査では事前に文書で研究の目的，主旨，回収方法などを知らせ，調査票を配布する前に，筆者から研究の主旨と得られたデータを研究以外の目的には使用しないこと，個人が特定されないことを説明した。この説明後，協力できるかできないかを判断してもらい，調査に協力できるという意思を示した女子大学生たちに調査票を配布した。

　女子大学生たちには公共性が高いものを5とし，低いものを1とする5段階尺度と，かける金額が高いものを5，低いものを1とした5段階尺度の二つを，シーンごとに採点してもらった。シーンは結婚式，卒業式，謝恩会，成人式，入学式，表彰式などである。

　最初に価格とフォーマル度との関係を明らかにするために，5段階尺度で得られたデータを用いて，シーンごとに平均値を算出した。結果を表5-8に示した。

　表の右端の欄はそのシーンをどの程度，重要視しているのかについての平均値を入れている。なぜならば，ここでの調査は価格とフォーマル度の二つを質問しており，予備調査とは言え，重要度の平均値も参考になると考えたからである。

　表から分かるように，価格が高く，フォーマル度も高かったシーンは結婚式であった。図5-3は表5-8をもとに，縦軸にフォーマル度，横軸に価格を設定して，それぞれのシーンをマッピングしたものを示す。縦軸も横軸も1から5までの点数を示している。マッピングをすることによって，それぞれの位置関係が平面で表わされるからである。

　フォーマル度が高く，価格が高いとされたフォーマルシーンは結婚式，卒業

第5章 若者のブライダル観はどのように形成されるのか

表5-8　5段階評価の平均値から見る価格とフォーマル度

n＝80

順位	シーン	価格	フォーマル度	重要度平均
1位	結婚式	4.50	4.70	4.80
2位	卒業式	3.86	4.60	4.64
3位	謝恩会	4.20	4.30	4.36
4位	成人式	4.38	4.10	4.20
5位	入学式	3.70	4.00	4.10
6位	表彰式	3.10	3.80	3.50
7位	企業訪問	3.05	3.28	3.30
8位	学会	2.98	3.40	3.10
9位	発表会	2.40	3.20	3.00
10位	大会	2.15	2.40	2.50
11位	ライブ	2.00	1.80	2.00
12位	女子会	1.50	1.20	1.50
13位	コンパ	1.70	2.40	2.20
13位	試合	1.10	1.50	3.30

注：小数点第3位を四捨五入。また重要度平均は表5-1から引用。

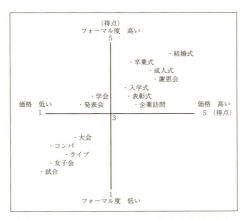

図5-3　フォーマルシーンにおける金銭意識

式，成人式であった。一方，フォーマル度が低く，価格が低いとされたフォーマルシーンは試合，女子会，ライブであった。

　女子大学生たちの感覚としては「式」は特別なものである。卒業式はこれまでも中学校や高校で経験しているが，そこでは多くの者は制服での参加であった。大学の卒業式では振袖，袴，ドレスと個人の裁量で装いが決められるので，

第Ⅱ部　調査による結婚とブライダル

制服で参加してきたこれまでの卒業式とは装いが異なるのである。制服は各自の所有であったが，大学の卒業式ではレンタルという手段もあり，価格の幅も広い。すでに夏休みには来春の卒業式用のレンタル袴などの展示会がなされている。

　オプションも草履，ブーツ，巾着，バッグ，髪飾り，帯，刺繍襟，インナー，足袋などが用意されており，それぞれのランクによって価格も異なっている。前撮りと呼ばれる事前の写真撮影もポーズの数によって料金が異なる。よって，価格幅が広くなり，個人の価値観あるいは金銭感覚によって，卒業式にかける金額は異なってくるのである。ただし，全体的に価格が高いという位置に式関係がある。このマッピングを見るかぎりにおいて，フォーマル度の高低と価格の高低は正の相関関係の傾向が見られる。「フォーマル性の高いシーン，例えば結婚式や卒業式などのように『式』にかける金額は大きく，フォーマル性の低いシーンにはかける金額は小さい」ということが明らかになった。

　次に，卒業式や入学式を大学で行う場合と外部の会場で行う場合の違いについて質問をした。外部で行われる方が，費用（装いなど）が高くなると回答した者は80％で，外部の方が，フォーマル意識が高まると回答した者は76％であった。また，フォーマル意識だけではなく緊張感もあり，特別感もあるという回答が得られた。この結果から，同じシーン，例えば卒業式でも大学内で実施される場合と大学以外の会場で実施される場合は金額が異なるということも明らかになった。

④　女子大学生たちに対するフォーマルシーンにおける価格戦略

（1）　フォーマル性の高低に対する価格戦略

　フォーマル性の高いシーン，例えば結婚式や卒業式などのように「式」にかける金額は大きく，フォーマル性の低いシーンにはかける金額は小さいことから考えられる戦略は次のとおりである。ここからの価格戦略のキーワードはフォーマル性の高低である。フォーマル性が高いと高額になるという関係がある

第5章　若者のブライダル観はどのように形成されるのか

ならば，シーンにフォーマル性を持たせれば，そこにかかる費用は高くなる。シーンを提供する場合，今までフォーマル性が低かったところに新しい価値を付随させて，フォーマル性を高めればよいのである。これは特に珍しい戦略ではない。例えば，日常の中で誕生日やクリスマスという特別な日を増やすために，イベントを開催し，それが定着すれば新しい記念日となる。日本における2月14日のバレンタインデーや10月31日のハロウィーンが例示できよう。バレンタインデーにチョコレートを贈る風習は1958年2月にメリーチョコレートが新宿・伊勢丹にバレンタインセールとしてチョコレートを売り出したことがはじまりとされている。ただし，このときの売上はふるわず30円の板チョコ5枚と4円のカードが5枚きりであった。その翌年からチョコレートの形をハート型にして「女性から男性へ」というキャッチコピーも添えたそうである。このようにそれまでにはチョコレートにはなかった価値を見出すことができたように，イベントに今までにはなかったフォーマル性を見出すことができる。

（2）　場所をキーワードにする価格戦略

　同じシーン，例えば卒業式でも大学内で実施される場合と大学以外の会場で実施される場合は金額が異なるということから考えられる戦略は次のとおりである。ここからの価格戦略のキーワードは場所である。いわば場所の格付けが価格に影響を及ぼしていると考えられる。学内の講堂よりも都内のホテルの方が，女子大学生たちの感覚では格が上である。当然，格にあわせた装いを試みるわけであるから，格が上になればなるほど装いにかける金額は高くなっていくはずである。では，どのように女子大学生たちに格上だと認識してもらうのかが問題になってくる。それは同じ場所でも特別感を出すことで解決ができる。例えば，居酒屋でもレストランでも「貸し切り」ということが可能である。「貸し切り」の場合，招待客以外は入場できない。そこに特別感が出てくるのである。よって，提供側としては場に特別感や格上のテイストを含めれば，そこを使用する場合には高い金額を提示しても不満には思われないのである。

137

第Ⅱ部　調査による結婚とブライダル

（3）　別の角度からの価格戦略

　女子大学生たちは，合理的な判断をする消費者でもある。よって，見せかけだけの豪華さや価値にはだまされない。フォーマル性と価格との間には正の相関傾向が見られたが，これはフォーマル性がステイタスに結びついていると考えられる結果である。つまりフォーマル性が高いほどステイタスが大きくなる。例えば，卒業式は卒業できる者の集まりであり，留年者は含まれない。また，入学式も同様に入学を許された者しか参加できない。ここには学力という一定の目安が存在し，それはある意味ではステイタスに結びつくのである。

　フォーマル性に一定の目安が存在していなければ，そこに価値は見出せないのである。ある世代，学歴，居住地など価値に準拠する属性はある。未来においては従来の属性とは異なる属性の掘り起こしが必要になる。情報はインターネットで共有できるが，シーンと場所はそこに参加しない限り共有できない。インターネットが発達したからこそ，新しい価値あるシーンと場所の発掘が必要なのである。例えば，「大人の隠れ家」というようなキャッチコピーで小さな飲食店が紹介された雑誌もある。これらの飲食店の立地は便利なところばかりではない。また店の規模も大きいとは言えないものも含まれている。価格については，全てが安いわけではない。隠れ家のように目立たない店ではあるが，そこには絶品があったり，すばらしい庭があったりとほかにはない価値がある。そのような場所は実際に行ってみなければ分からない。店の紹介や行く方法やその店の特徴を，雑誌は情報を整理して提供しているのである。そこには，皆と同じ場所では満足しない消費者のニーズが存在しているのである。女子大学生も同様で皆と同じ場所では満足しないニーズが存在するのであろう。

5　女子大学生たちに対するフォーマルシーンにおける情報戦略

（1）　情報源について

　女子大学生たちはフォーマルシーンに対する情報をどこから得ているのか。先に述べたように結婚専門誌からなのか，それともインターネットからなのか，

友人や知人からなのか。これらを明らかにするために，2017年1月中旬に以下の質問を京都市内にある女子大学生4年生20人を対象として調査を実施した。質問項目は三つである。謝恩会について，「誰（あるいはどこ）からの情報が一番信頼できますか」「誰と相談をして当日の装いを決めますか」「装いに関して購入や売り場の情報を何で探しますか」である。フォーマルシーンの中で謝恩会に着目した理由は，4年生であれば1月半ばには卒業式後の謝恩会の場所などはすでに分かっているので，具体的なフォーマル場面になると考えたからである。

　結果，信頼できる情報源は友人，先輩，家族（母親）の順となった。次に，当日の装いの相談相手は友人，家族，店頭にいる店員の順となった。最後に，装いに関して購入するかレンタルするかの情報はインターネット，口コミ，友人の順となり，売り場の情報もインターネット，口コミ，友人の順となった。

（2）　情報戦略に対する提案

　価格や場所の情報は今や手軽に検索すれば手に入る。問題はその情報の内容である。検索をするということは，どこかと比較をしていると考えられる。よって，ありきたりな情報では消費者の心を捉えることはできない。前述したように，女子大学生たちは価格を重視する傾向が見られたので，「お得感」がある情報には反応すると考えられる。全てをディスカウントしてしまえば，これは業界全体の価格競争に陥ってしまい，業界が低迷する原因となる。そこで，何をすれば価格が下がるのか，どこがほかとは異なるのか，などの具体例が必要になる。それらを全て文字媒体やインターネットでの画像で説明することは困難になる。ある程度の情報はインターネットで手に入るが，それ以上の詳細については店舗あるいはイベント参加をうながすような戦略が妥当であると考える。そして情報の詳細はコミットすればするほど，深くなっていくような工夫を用いるべきである。全てを最初にさらけ出す必要はない。それよりもコミュニケーションを複数回とるうちに，あらたな情報を得ることができるという戦略の方がフォーマルシーンには向いているのである。

第Ⅱ部　調査による結婚とブライダル

　また，情報源は友人の割合が多いので，同年代への口コミを含めて情報を流す必要がある。具体的には女子大学生が好む雑誌やコンテンツに情報を掲載する必要がある。また，ブログやツイッターなどを活用して口コミを作ることも有効である。

⑥　今後の課題

　今後の課題を以下に挙げた。もちろん，これらだけが課題ではないが，今回の調査などを通じての課題である。

　1）フォーマルシーンに対する大学生の金銭感覚だけではなく，ニーズについての研究が必要である。そこで今後は，シーンごとのニーズを細分化して調査を実施したい。これは将来的にどのようなタイプの女子大学生たちが，具体的にどのようなニーズを持っているのかを知ることになり，それに合わせたシーンを提供できるサービスの開発につながるからである。

　2）フォーマルそのものの学術的な意味や歴史のアプローチも必要である。日本人はいつから何を基準にフォーマルとインフォーマルを分けてきたのかは重要な視点である。もちろん，公式な場というものが人目にさらされるものであることの認識はあるし，儀礼がフォーマルと結びついていることは考えられる。武士の世での元服が現在の成人式にあたるであろう。ただし，儀式や儀礼にフォーマル性があったとしても重要度には違いがあるはずだ。どの程度の重要度があったのかは時代によって異なるはずである。時代による差を知ることは，時代との関係を考える上で必要なことである。

　3）今後は研究をすすめる上でもブライダルという大きなフォーマル性を持ったシーンは重要である。しかし，多様性を持った結婚式を求める現代の若者たちにとって，本来のフォーマル性の重視と自らのニーズとの折り合いはどこにあるのかも明らかにすべき問題点の一つである。

第5章　若者のブライダル観はどのように形成されるのか

●注

(1)　安倍晋三首相は当初から日本の経済成長戦略の一つに女性の社会進出を掲げている（『日本経済新聞』2013年8月22日付け）。

(2)　新村出編『広辞苑』第6版，岩波書店（2008年）2309頁参照。なお，本章における「ハレ」の意味はフォーマルドレスとの関連が深いため，「正式」や「おおやけ」という意味に近い。

(3)　2015年1月神戸市の成人式に参加した男子大学生10人に対して，筆者が装いについてインタビューをした。装いを選択した理由，実際に成人式で着た感想，周囲の評価，式の後の感想をたずねた（定性調査）。

(4)　ソーベックとグローテヴァントは，男子は対人関係の問題が大きい影響を持つが，それは他者との競争などで，女子の場合は愛着や親和という関係性になると説明している。原文は Thorbecke, W. & Grotevant, H. D. (1982) "Gender differences in adolescent interpersonal identity formation." *Journal of Youth and Adolescence*, 11, pp. 479-492 である。

(5)　質問紙調査とは「質問紙を用いて量的データを収集する方法」と説明されている（儘田　2012：28）。

(6)　フォーカス・グループ法とは次のように説明されている。「インタビューやディスカッションでは，あるグループの人びとを集めて特定のトピックスやある範囲の問題について議論してもらう」（シュワント　2009：193）。

(7)　工藤・寺岡・宮垣編（2010：31-129）では質的調査の進め方として観察法，参与観察法，インタビュー法，ライフストーリー法，文化資料分析法，映像分析法，生活財生態学法などが紹介されている。

(8)　宮田（1999：105）ではこれまでの日本社会での一般的な結婚式について述べられているが，披露宴についても宮田は同頁に「現在は挙式のあと，会館などで盛大に披露宴が演出される」と記している。

(9)　『ゼクシィ』は結婚に関する専門雑誌で月刊誌である。発行は（株）リクルートホールディングスで関西版など地域によって特集が組まれている。定価は390円で本体は361円である。毎回の付録が値打ちの品であることも人気の一つである。

(10)　http://zexy.net/mar/manual/kiso_souba/（最終確認は2017年6月23日）を参考にした。このサイトは『ゼクシィ』が結婚情報を提供しているサイトである。ここには全国平均の結婚式費用は359.7万円で招待人数は71.6人が平均であると発表されている。

(11)　日本のバレンタインデーのルーツとして『朝日新聞』1996年9月21日付け日曜版

第Ⅱ部　調査による結婚とブライダル

に掲載された。

●参考文献

小川孔輔監修／木戸茂（2014）『消費者行動のモデル』朝倉書店。

奥野忠一・久米均・芳賀敏郎・吉澤正（1971）『多変量解析法（改訂版）』日科技連。

香山リカ（2002）『若者の法則』岩波新書。

工藤保則・寺岡伸悟・宮垣元編（2010）『質的調査の方法――都市・文化・メディアの感じ方』法律文化社。

斉藤嘉一（2015）『ネットワークと消費者行動』千倉書房。

佐野美智子（2013）『消費入門――消費者の心理と行動，そして，文化・社会・経済』創成社。

シュワント，T.A.／伊藤勇・徳川直人・内田健共訳（2009）『質的研究用語事典』北大路書房。

総務庁統計研修所監修／（財）日本統計協会編（1992）『統計小事典』（財）日本統計協会，5頁。

田中洋・清水聡（2006）『消費者・コミュニケーション戦略』有斐閣。

辻幸恵（2010）「賢い消費者の価値生活――近未来生活と消費者行動研究」『繊維製品消費科学』（第51巻第3号）日本繊維製品消費科学会，36-40頁。

辻幸恵（2015）「「ハレ」の場に着用する衣類の選択基準」『せんい』（第68巻第11号）日本繊維機械学会，39-43頁。

辻幸恵（2016a）「女子大学生の結婚式に対する意識と結婚観との関係」『経済文化研究所年報』（第23号）神戸国際大学，1-14頁。

辻幸恵（2016b）『リサーチ・ビジョン――マーケティング・リサーチの実際』白桃書房。

中川早苗編（2004）『被服心理学』日本繊維機械学会。

中根千枝（1967）『タテ社会の人間関係――単一社会の理論』講談社現代新書。

バス，A.H.／大渕憲一監訳（1991）『対人行動とパーソナリティ』北大路書房。

藤村邦博・大久保純一郎・箱井英寿（2000）『青年期以降の発達心理学――自分らしく生き，老いるために』北大路書房。

松江宏・村松幸廣（2007）『現代消費者行動論』創成社。

松田久一（2009）『「嫌消費」世代の研究』東洋経済新報社。

儘田徹（2012）『はじめて学ぶ社会調査』慶應義塾大学出版会。

宮田登（1999）『冠婚葬祭』岩波新書。

守口剛・竹村和久編著（2012）『消費者行動論――購買心理からニューロマーケティングまで』八千代出版。

山田昌弘（2010）『「婚活」現象の社会学』東洋経済新報社。

山田昌弘（2013）『「婚活」症候群』ディスカヴァー携書。

第6章
結婚と結婚式に対する若者の意識とニーズとは何か

辻　幸恵

1　若者の結婚に対する意識とその背景について

　現在の20代は1980年代後半から90年代に生まれている。バブル崩壊後の厳しい経済環境の中で育っている世代である。少子晩婚化の問題がしばしば新聞をにぎわせるが，平成25年版の『厚生労働白書』第2章第2節"結婚に関する意識"には「少子化による若年者の現状，未婚率の上昇などを背景に我が国の婚姻件数は減少傾向にある」と記されている。具体的な数値として「2012年（平成24年）の婚姻数は年間約67万組で，最も多かった1972年（昭和47年）の約110万組と比べると，約43万組少ない6割程度となっている」と述べられている。婚姻数の減少は少子晩婚化によって引き起こされている現象である。なお，2016年7月12日に厚生労働省が発表した2015（平成27）年版の「国民生活の基礎調査」によると，世帯人数の平均は2.49人と記されている。1988（昭和63）年には3.10人で，1992（平成4）年には2.99人となり3人を下回ったのである。かつてのドラマなどで描かれてきた夫婦と2人の子供という図式にはならず，家族は3人か2人が平均である。このように，家族の人数が減っている中で育ってきた若者たちが他人との結婚生活を営む場合に，これまでとは全く異なった価値観を持って生活にのぞむことは考えられることである。また，結婚や結婚式に対しても，これまでとは異なるニーズを持っていると考えられる。

　さて，晩婚化だけではなく，結婚そのものをしないという選択をする若者もいる。結婚をしたくない者と，したい気持ちはあるが現実的にできないという

第Ⅱ部　調査による結婚とブライダル

状況は，分けて考えなければならない。前者は自身の意思でしないという選択をする。後者は何らかの理由によって，結果として結婚ができないからである。結婚ができない理由の一つに経済的理由が挙げられている。若者の就職状況については現時点では好転している。新卒採用者は前年度よりも増えているからである。ただし就職活動そのものは長引き，大学生たちを疲弊させている。若者の収入は，例えば大学の新卒で平均年収は200〜230万円と言われている。1カ月の手取りを計算すれば約19万円前後になる。手取りの金額と物価の上昇を鑑みれば，経済的理由で結婚できないという指摘も的はずれではない。ただし，初任給をもらうときに結婚をするのではなく，多くは，その後，数年間は働いてからの結婚が現実的である。例えば，女性ならば6〜7年くらい働いた後に結婚することが平均的だとされている。経済的な問題は，実は給料の額の問題だけではなく，ライフスタイルを考えた結果，自信がないのである。食費，教育費，住宅費，娯楽費などを算出して，今よりも生活レベルが下がることを恐れていると考えられる。

　経済的な問題以外には，特に女性にとっては，生涯仕事を続けるか否かの問題がある。最近は企業側も女性に勤めてもらいたいという希望があるので，産休や育児休暇などの制度を整備しつつある。しかし，その対応が万全ではない現状で，子育てか仕事かという選択をしている女性が多い。それらの先輩たちを見ている若い女性にとって，結婚はやがて訪れる育児か仕事かの選択の入り口になっているのである。現実的に子育ては女性にとってライフスタイルを考える上ではずせない課題なのである。そして，結婚すること，出産すること，子育てをすることはライフサイクルの中でひとつづきなのである。女性として社会から求められている役割と個人の生き方との問題が，女子大学生には将来に対するおぼろげな不安と期待になっている。現在の20代の生き方に対する見方は「将来が不安だから，できるだけお金をかけない堅実な生き方をしながらも，自分自身の体験や思い出を大切にしている」，と『日本経済新聞』（2017年1月9日付け朝刊19面）には紹介されていた。体験を重んじることは最近の「コト消費」に直結している。コト消費とは経験や体験をすることに伴う消費のこ

とである。若者に人気のある聖地巡礼やハロウィーンやフェスタなどの新しいイベントへの参加はコト消費の例である。つまり，単純に製品がほしいという欲求から，何か自分自身の能力が向上し，豊かな経験となるような事象（コト）に対するニーズが顕著になってきているのである。

② 女子大学生たちの結婚観について

（1） 結婚に直結する市場

　女子大学生の多くは現在，結婚をしていない。しかし，将来において結婚をすると考えられるので，結婚市場から見れば，いわば潜在客なのである。[1]「従来，消費者は潜在客，見込み客，お客，顧客，得意客，ひいき客と分けて考えられ，顧客満足の対象となっていたのはこの顧客の層である」（辻・田中 2004：97）と説明されている。潜在客は顧客層から言えば最下層に位置しているが，未来の客としては有望なのである。未来の顧客が求めていること，すなわちニーズを知ることは結婚に関する市場にとっては重要なことである。結婚に関する市場は一般的には，結婚式に付随するものと結婚後の生活に付随するものに大別できる。結婚式に付随する市場には，ジュエリー市場（婚約指輪，結婚指輪等），式場（ホテル，教会等）という場に関する市場，衣服（ウェディングドレス，紋付・袴，カクテルドレス，振袖等）のレンタル市場，エステなどの美容市場が例示できる。結婚後の生活に付随するものは住宅市場，保険市場，インテリア・家具の市場などが例示できる。結婚をするということは双方が新しい環境での生活になり，衣食住に関する環境の変化が生まれてくるのである。いずれにしても結婚に関しては環境変化に伴い，新しい市場と消費行動とに直結する。新しい市場を形成するために，企業は女子大学生たちの潜在的なニーズを引き出そうとしている。潜在的ニーズはまだ本人たちも自覚をしているわけではないので，提供側がニーズを具現化しなければならない。

　さて，結婚式だけに特化しても，そこには流行が存在し，ある時代には教会での挙式が好まれたり，ホテルが好まれたりする。現在ならば，式そのものを

第Ⅱ部　調査による結婚とブライダル

イベント化することが流行である。そもそも流行の構造には，価値観，社会，規範，経済環境などの要因が含まれており，[2]女子大学生たちの結婚観にも影響を与えていると考えられる。

（2）　少子晩婚化と結婚について

　少子晩婚化は多様な生き方を象徴しているとも考えられるが，その多様性は女子大学生たちが抱く結婚式への意識や結婚式に対するニーズにも影響を与えているのであろうか。一般的に結婚観は時代とともに変化をしていると考えられる。例えば，1996年には『嫌になったらすぐ別れなさい』という類の出版物も刊行され，結婚は一生に一度するものであるという意識が以前よりも希薄になってきている。[3]結婚とは表裏一体の離婚に対する意識も時代背景からの影響があると考えられる。また，現在は結婚にしても離婚にしても画一的な理由があるわけではないので，詳細までを比較すれば千差万別であろう。1980年代からは消費の多様化がマーケティング論や消費者行動論では着目されたが，結婚や離婚に対する考え方なども多様化したと言えよう。離婚した後に，シングルマザーあるいはシングルファザーとして子育てに携わることも想定しなければならない時代である。

　従来の結婚式は「ごく当たり前に行われる結婚式風景といえば，両家が市内の結婚式場に多くの客を招待する。花嫁は純白のウエディングドレスを身にまとう」（宮田 1999：105）[4]であった。このように思っているのは親世代だけではないのであろうか。親たちは子供の数が少ないので，結婚式にお金をかけてもよいと思っている者も少なくない。また，子供たちだけに任せておくのではなく，結婚式や新生活の相談にのりたいとも思っている。でき得る限り，子供たちの希望に添うように協力したいと思っている。結婚そのものはライフスタイルと深く関わる問題である。女性にとっての結婚は，生涯における重要な決断である（永井 2011：1-11）。冠婚葬祭という言葉があるように，これらの四つは人生において節目の役割を担っている。その中の婚については，「男と女の関係が一段階に達したときで，つまり両性が合体して家庭をつくるために公的に

認めてもらう儀式である」と説明されている（宮田 1999：1）[5]。その場で終わる式が済めば，生活をはじめなければならない。女性の場合は特に，結婚を機に姓も変更する者が多い。また，仕事との関係では専業主婦，パートタイム，フルタイムという三つの立場にも分類される。それぞれがどのようなライフスタイルを選択して生活を営むのかは，以前は結婚時に決まることが多かったが，最近はむしろ妊娠・出産を契機に決めることが多いとされている。生涯において女性たちが何を求めて生きていくのか，生涯ニーズの最初の決断が結婚になっているのである。

③ 女子大学生たちのイメージする結婚式について

女子大学生たちは結婚に対するイメージ，あるいは結婚式やその式を挙げる場所（式場）をどのように考えているのであろうか。まずは，グループ・ディスカッションから結婚式や式場に関するキーワードを抽出した。次に，抽出したキーワードを中心に質問項目を作成して，アンケートを実施した。最後に，得られた回答の妥当性を確かめるために，事後調査として聞き取り調査を実施した。

（1）　グループ・ディスカッションから得られたキーワードについて

グループ・ディスカッションの目的は，次の調査に使用するアンケートの質問項目を作成することである。女子大学生たちの言葉を使用し，質問項目を作成することは，より具体的な結婚に対するニーズを明らかにできると考えたからである。またディスカッションをすることで，お互いの本音に近いところでの意見も聞くことが可能になるということも意図している。

2014年9月30日の9時30分から10時40分に私立大学に在籍中の3年生の女子大学生20人を筆者の大学の教室に招いた。方法は，対象者20人を四つのグループに分け1グループ5人とした。5人は初対面ではなく，お互いの顔と名前は分かっている。5人で行うディスカッションのテーマは「結婚式についての考えと結婚式場に対する希望（要望）」とした。なお，音声録音をすることを事

前に対象者には告げて，了解を得た。グループごとのテーブルの上に録音機器を設置した。また録音テープは，テープおこしをした後に，調査に協力をしてくれた女子大学生たちの目の前で音声を消去した。

さて，ディスカッションから得たワードの頻度を測定し，頻度の高いワードを収集した。抽出方法は，例えば「引き出物は安い方がよい」という意見からのキーワードは「引き出物」「値段が安い」である。「立地がよいとエステに行きやすい」という意見からのキーワードは「立地」「エステ」が得られたことになる。また，「全体にかかる予算とかも気になる」からは「全体予算」，「料理やサービスが悪いところではやりたくない」からは「料理」「サービス」というキーワードが抽出される。このような方法で頻度の高いキーワードを並べると，全体予算，対人（親・友人），料理，サービス，引き出物，エステ，立地・場所，オプション，日柄（日程），付属品（ブーケ），交通アクセス，記念品（DVD），流行，形態（スタイル），態度（スタッフ），手順という16のキーワードが得られた。これら以外にも車の手配や控え室の話題もあったが，これらはサービスの中に含めることができるので，サービスとした。手順は段取りと同じで，式当日に何をいつするのかという進行も含めている。

（2）　結婚式とそれに関わる重要な要因について

① 結婚式に対する考え方

本調査として調査票を用いたアンケートを実施した。期間は2014年11月上旬から下旬の1カ月間とした。対象は関西圏の私立大学に在籍中の女子大学生2〜4年生300人（3大学にて実施）とした。方法は集合調査法を用いた。調査者がアンケートの目的，概要の説明をした後に，同意者のみに配布をした。結果として回収率は62.0%（186人）であった。記述不備3を省いたので，有効回答数は183となった。

質問項目数は24項目とした。それらのうち，16項目に対しては5段階尺度を用いて回答をしてもらった。5段階尺度の具体的な意味は以下のとおりである。

　　1：まったく必要（重要）ではない　　　2：やや必要（重要）ではない

第6章　結婚と結婚式に対する若者の意識とニーズとは何か

　　3：どちらでもない（わからない）　　　4：やや必要（重要）である

　　5：たいへん必要（重要）である

　つまり，1と2の回答はネガティブな意見であり，4と5の回答はポジティブな意見となる。3はどちらでもない（わからない）という中間的な選択とした。

　24項目のうちの8項目は基本属性と記述式の質問項目とした。基本属性は年齢，居住地，結婚をしたいか否か（有無）を尋ね，結婚をしたい場合は式を希望するか否かも尋ねた。基本属性の結果は，年齢平均19.8歳となった。予備調査は3年生を中心としていたが，平均年齢から今回のアンケートでは2年生が多いことが分かる。関西圏に立地している三つの大学内で調査を実施した結果，彼女たちの居住地の1位は兵庫県で全体の53.0％，2位は大阪府で39.5％，3位は京都府で7.0％，4位は奈良県で0.5％を占めた。これらの％は小数点第4位を四捨五入した。ちなみに奈良県は0.5％で実際には1人であった。

　結果は次のとおりとなった。まず，結婚をしたいかしたくないかという質問をしたところ，結婚を「したい」と回答した女子大学生たちは80.9％（148人）となった。結婚を「したい」理由は「結婚をして一人前だと思うから」「子供がほしいから」「将来的に一人で生活する自信がない」「人並みでありたい」「結婚をすることは自然なことだと思う」「結婚をして新しい家庭を築きたい」等であった。結婚を「したくない」理由は「仕事と家庭を両立する自信がない」「結婚という形式にとらわれなくてもよいと思う」「結婚をして制約を受けたくない」「結婚を人生の中でさほど重視していない」等であった。また「姓を変えたくない」という理由も見られた。

　次に，結婚を「したい」と回答をした148人に対して「結婚式を挙げたいか否か」を質問したところ図6-1のような割合となった。

　結婚式を挙げたいと回答した者は62.8％（93人）であった。回答は5段階尺度の4あるいは5に○をつけた者たちである。一方，式を挙げたくないと回答した者は29.7％（44人）であった。5段階尺度の1あるいは2に○をつけた者たちである。わからない，あるいはどちらでもかまわないという回答をした者

149

第Ⅱ部　調査による結婚とブライダル

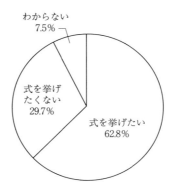

図6-1　結婚を希望する者の中で式を挙げたいと希望する者の割合

は7.5％（11人）であった。5段階尺度の3に○をつけた者たちである。式を挙げたいと回答した者の代表的な理由は「けじめになる」「親をはじめ多くの人々に祝ってもらいたい」「記念になる」「自分たちの歴史の一つとしたい」等であった。式を挙げたくないと回答した者の代表的な理由は「形式にこだわりたくはない」「金銭的な無駄をはぶきたい」「戸籍を入れるだけで充分である」「特に式を挙げる必要性を感じない」等であった。

　わからないという回答をした者の中には，「私は式に対してのこだわりがないので，式を挙げても挙げなくてもよいと考えている。しかし，結婚する相手や相手の両親などが式にこだわって，挙げてもらいたいという希望があれば，それをこばむことはない。よって，相手次第になるので，現時点ではわからないという回答をした」と説明する者もいた。また，「挙げたいと思える金銭的余裕があるのかどうかは将来になってみないとわからない。ローンなど無理をする必要はないと思っている」という者もいた。

　なお，186人が回答をした結婚適齢期だと思う年齢の平均値は28.2歳であった。式の費用として妥当だと思う価格は250万円が最頻値となり，続いては350万円となった。この数値は全国的な平均値が359.7万円であるので，調査対象者たちの感覚は全国平均とかけ離れてはいないことがわかる。

第6章　結婚と結婚式に対する若者の意識とニーズとは何か

表6-1　結婚式に重要な要因

項　目	平均値	項　目	平均値
全体予算	4.2	日柄（日程）	3.3
立地・場所	3.8	エステ	3.2
対人（親・友人）	3.6	態度（スタッフ）	2.8
形態（スタイル）	3.6	記念品（DVD）	2.8
料　理	3.5	付属品（ブーケ）	2.5
引き出物	3.4	手　順	2.5
交通アクセス	3.4	流　行	2.2
サービス	3.4	オプション	2.2

注：小数点第2位を四捨五入している。

　さらに，結婚式にはどのような事柄が重要であると思うのかという質問を全員（186人）にした。その結果を表6-1にまとめた。表中の16項目は予備調査（グループ・インタビュー）で出現頻度の多いワードから作成した。多いものを10項目選ぶ予定であったが同数のものがあったので，ここでは16の項目となった。表中の数字は調査対象者が各自で重要であるレベルを1（まったく重要ではない）から5（非常に重要である）までの5段階で評価し，それらの平均値を示している。

　表内の項目で，全体予算とは結婚式全てにかかる費用の総額とした。料理は式場で提供する料理で，引き出物は参列者に対するお土産である。サービスの中には式前に参列者に提供するドリンクの種類や，タクシーなどの手配も含まれている。エステは美容関係一般のことを指している。エステは花嫁になる場合，通常は挙式の数カ月前から準備のために肌の手入れなどを行うことを指す。手順は式などの進行のプログラムが代表例である。もちろん，式だけではなくその後の披露宴に入るタイミングや集合写真の段取りも含まれている。

　表6-1から分かることは，結婚式で重要なことは1位に全体予算（総額），2位に式場の立地や場所，3位にその場に関わる（参加する，来客も含めて）人々に関する対人の要素が挙げられた。立地・場所は，例えば都内のホテルに行く場合のイメージに近い。交通アクセスは最寄り駅が特急列車の停車駅か否か，あるいは駅からどの程度の時間で会場に到着できるかということである。これらは立地にも関わるが，女子大学生たちの回答からは少しニュアンスが異

151

なっている。つまり，交通の利便性と駅からの近さを求めているだけではなく，そこにステイタスがあるのか否かを期待しているのである。

一方，あまり重要ではない要素であると回答されたものはオプションと流行であった。これらは，平均値が2.2となった。オプションについては，女子大学生たちの中では「おまけ」に近いイメージであった。つまり，何かをするためのちょっとしたバージョンアップくらいにしか捉えていないようである。具体的には，エステのコースに爪みがきを加えたりすることを女子大学生たちはオプションの例として挙げた。これは女子大学生たちのニーズとしては低いのである。流行という項目は，そのときに流行をしているウェディングドレスやお色直しのドレスをイメージしている。なお，今回の調査では，結婚式に着用するドレスには流行を重視しているとは言えない結果となった。

ただし，実際にはオプションは決しておまけではない。演出を円滑にするために，あるいはグレードアップするためにオプションは重要な役割を担っている。そもそもオプションがあるのは，標準とは異なるニーズに応えるためである。誰しもはじめから明確にイメージできるものとそうではないものがある。標準あるいは基準を見て，そこからオリジナルなものを求めることは珍しいことではない。

② 結婚式での重要な要因とは何か

結婚式での重要な要因がそのまま，女子大学生たちの式に対するニーズになっている。表6-1で示した16の要因を筆者は視点を変えて，六つの要因に再編成した。それらは価格，場所，付属要因，ドレス，対人，サービスである。この再編の考え方の根底には経営資源（ヒト，モノ，カネ）がある。表6-1の全体予算はまさにカネの部分であるが，引き出物やオプションも価格によって品物が異なる。まさにモノとカネの部分であろう。エステも同様で，段階やコースによって値段が変わってくる。対人（親・友人）や態度（スタッフ）はヒトの部分である。これらのことから図6-2に16の要因を再分類してみた。

次に，図6-2の中でサービスはヒトの要因の場合とモノの要因の場合があるのでそれぞれ独立した要因としてみた。また，カネは大きく全体予算とし，

第6章　結婚と結婚式に対する若者の意識とニーズとは何か

ヒ　ト	モ　ノ	カ　ネ
態度（スタッフ） 対人（親・友人） 手　順 流　行 サービス	料　理 引き出物 オプション 付属品 記念品 ドレス	全体予算（価格） 交通アクセス（交通費） 立地・場所 形態（スタイル） エステ 日　程

図 6-2　経営資源から分類した要因

立地や交通アクセスは立地・場所としてまとめて示した。記念品やオプションはまさに付属品なので付属品というカテゴリーで設定をした。流行をよく表しているものはウェディングドレスを代表とするのでドレスとして捉えた。そして，図6-2からあらたに価格，場所，付属，ドレス，対人，サービスの六つの要因として捉えなおした。これらに分けて考えることによって，それぞれのカテゴリーの中でのニーズを捉えやすくなると考えたからである。

　この結果を裏づけるために，重回帰分析を使用した。結果を表6-2に示した。まずは精度を見るために重相関Rの値を見た。0.890（小数点第4位を四捨五入）となった。R2の値は0.792（小数点第4位を四捨五入）となったので精度としては問題がないと判断をした。なお，標準誤差は5.74，F値は18.76であった。そこで価格，場所，付属，ドレス，対人，サービスの六つの要因を説明変数とした。説明変数とは結婚式で重要な要因として，どの程度六つの要因が関わっているのかを調べるものである。

　さて，表6-1と表6-2の結果から考察すると，結婚式の重要度に影響を与える変数としては価格が挙げられる。具体的には全体的予算，料理の価格，引き出物の価格などが重視されている。次に，結婚式の重要度に影響を与える変数は場所であった。場所の中には，立地，形態，日柄も影響があると言える。立地や形態は式そのものの形式や格式に影響があると考えられる。一方，結婚式の重要度に影響を与えるとは言えない変数はサービスであった。サービスに含まれていたスタッフの態度，オプション，エステなどは今回の結果からは重

153

第Ⅱ部　調査による結婚とブライダル

表6-2　重回帰分析結果

説明変数	β（標準偏回帰係数）		r（相関係数）	
価　格	.454	**	−0.682	**
場　所	.224	**	−0.508	**
付　属	−.103	n.s.	0.404	**
ドレス	−.186	*	−0.415	**
対　人	.102		−0.398	**
サービス	−.077	n.s.	−0.456	**

注：**p＜0.1，*p＜0.5。

要度への影響があるとは言えなかった。この原因として考えられることは式場内でのスタッフの態度は，良いか悪いかという選択ではなく，女子大学生たちの考えの中には，良くて当たり前という意識があるということである。それは，常識的な範囲内で結婚式場のスタッフの態度が悪いなどとは考えられず，ことさらに重要な要因としての意識がなかったと言える。また，エステなどが日常的な分野として考えられていることを示している。もはや女子大学生たちにとっては，エステに通うということは特別なことではない。たとえ，結婚式前に新婦が通うエステがオプションとして示されても，それは特別なことではなく，むしろ当たり前であり，それだけを重視してはいないと考えられる。つまり，ニーズとしては低いと言える。

④　女子大学生たちと女性就労者たちとの結婚への意識比較

（1）　女子大学生たちの意識

2015年7月1日から10日までの日程で1日に1人ないしは2人を対象とした聞き取り調査を実施した。全員で14人の女子大学生3年生を対象とした。ここに参加した女子大学生たちは昨年2014年に実施したアンケート調査に参加した学生たちである。実施場所は大学内の研究室で，1回につき40分間とした。14人の集計結果を表6-3に示す。

表6-3の⑤で示されたとおり，14人の女子大学生の中でも価格と場所は重要な項目として挙げられており，本調査のデータを用いて行った重回帰分析結

第6章　結婚と結婚式に対する若者の意識とニーズとは何か

表6-3　聞き取り調査結果（女子大学生）

n＝14

①	結婚の意思がある：13　　　　　　　　　　　　　　　　　ない：1
	→結婚式は挙げたい：9　しない：2　相手次第：2
②	あなたが考える結婚適齢は
	28歳：3　29歳：3　30歳：2　27歳：2　26歳：2　32歳：1　ない：1
③	あなたがイメージする結婚式場は
	ホテル：6　神社：3　教会：2　レストラン：1　海外：1　山小屋：1
④	結婚で一番大事なことは
	お互いの気持ち：6　経済力：3　仕事の状態：2　将来設計：1　家族の意見：2
⑤	結婚式で大事なことは
	価格：4　場所：4　日取り：2　形式：1　招待客：1　サービス：1　段取り：1
⑥	式の費用として妥当だと思う価格は
	100万円未満：3　100万円以上200万円未満：6　200万円以上300万円未満：4
	300万円以上500万円未満：1

果と一致していた。また，結婚の意思がある者が今回は92.8％となり，本調査の80.9％よりも多い結果となったが，これは事後調査の調査対象者数が14人と少ないためであろう。たまたま1人以外の残り13人が結婚をしたいと回答をしていると考えられる。

②の結婚適齢はここでは「ない」という1人の回答をのぞけば，平均として28.38歳であった。これは本調査の28.2歳に非常に近い数値となった。⑥の式の費用は本調査では最頻値が250万円であったが，今回の14人も200万円以上300万円未満が4人となり，感覚的には先の本調査の集団とさほど大きな乖離はないと考えられる。

さて，事後調査では結婚式の場所について具体的に質問をした。回答は表に示したとおり，ホテルが6人，神社が3人になり圧倒的にホテルの人気が高いことが示されている。ホテルと回答をした6人に具体的なホテル名を聞いたところ，リーガロイヤルホテル（京都），京都ホテルオークラ（京都），オリエンタルホテル（神戸），ANAクラウンプラザホテル（神戸），ホテル日航大阪（大阪），千里阪急ホテル（大阪），ヒルトン大阪（大阪）のホテル名が挙がった。6人中1人が二つのホテル名を回答したので七つのホテル名が挙がった。また，ホテルと回答をしなかった残りの8人のうち，もしもホテルで自身が挙式をす

155

第Ⅱ部　調査による結婚とブライダル

ると仮定したら，どこか具体的に挙式をしたいと思うホテルがあるか否かを聞いたところ，神戸メリケンパークオリエンタルホテル（神戸），神戸ポートピアホテル（神戸），シェラトン都ホテル大阪（大阪）の三つのホテルが挙げられた。シェラトン都ホテル大阪と回答をした者はイメージする結婚式場を教会としており，このホテル内には教会もあることを知っていた。14人中9人が具体的なホテル名を挙げることができたが，残りの5名は具体的な名前は思いつかなかった。また，具体的な名前を挙げることができた者たちは，親戚や友人が挙式をした話を聞いていたり，そのホテルなどが卒業式後の謝恩会の会場であったりした。また，高校の同窓会の会場で使用したことがあるなどの理由でホテル名が挙がっていた。この時点では，回答した女子大学生たちがホテルの広告を見ているわけではないことが分かった。また，神社のイメージがある3人に具体的な神社名を聞いたところ大阪天満宮（大阪）と生田神社（神戸）という回答を2人から得た。これらの神社は芸能人が挙式をしたときにテレビで見たということであった。14人に結婚に関する専門的な雑誌を見たことがあるか否かを尋ねた結果，2人が『ゼクシィ』を見たことがあると回答した。

　最後に，結婚式や披露宴に対する希望などを聞いたが，12人が結婚式当日は親や招いたゲストたちが十分楽しんでもらえるような時間にしたいという希望を述べていた。結婚をする当人たちのハレの舞台ではあるが，親たちやゲストたちの思い出にもなるような工夫を望むということであった。具体的にはゲームやイベントを考えており，この時点では参加型の結婚式を望んでいることが分かった。いわばみんなが楽しめる結婚式に対するニーズを持っていると言えよう。

（2）　女性就労者たちの意識

　2015年8月から2016年3月までの間に25歳から28歳までの独身女性14人に女子大学生と同じ質問をしてみた。ここでの女性は全て4年制大学を卒業した後に就職をしている人たちで，全員がデスクワークである。結果を表6−4に示した。

第6章　結婚と結婚式に対する若者の意識とニーズとは何か

表6-4　聞き取り調査結果（女性就労者）　　　　　n＝14

① 結婚の意思がある：9　　　　　　　　　　　　　　　　　　ない：5 　→結婚式は挙げたい：6　しない：1　相手次第：2
② あなたが考える結婚適齢は 　32歳：3　30歳：4　35歳：2　ない：5
③ あなたがイメージする結婚式場は（複数回答） 　ホテル：7　神社：2　教会：2　レストラン：1　海外：2
④ 結婚で大事なことは 　仕事の状況：5　経済力：4　生活拠点：4　生活スタイル：1
⑤ 結婚式で大事なことは 　価格：6　場所：4　サプライズ：3　サービス：1
⑥ 式の費用として妥当だと思う価格は 　100万円未満：0　100万円以上200万円未満：4　200万円以上300万円未満：6 　300万円以上500万円未満：4

　女子大学生と比較して結婚を希望している者が減っていることが分かった。希望をしない理由としては「結婚という形式にとらわれることなく，生活を主としたい」「今は結婚よりも仕事をしたい」「将来はわからないが，具体的な結婚相手が今はいない」「無理にすることはない」等であったことから，ことさらに結婚をすることにこだわるとは考えられない。

　一方，結婚の意思がある者も「仕事と家庭を両立する」ということを具体的に考えた場合，かなり条件に制約があると答えている。具体的には共働きを想定しており，どこに住居をかまえるのか，子供ができた場合の産休などの制度がお互いに活用できるのか，お互いの家族（祖父母）が手伝ってくれるのかなどを考えて，条件が整わないようであれば，結婚の時期を考えるしかないという回答であった。結婚に対して「仕事」を継続できることを条件にしている者が14人中13人であった。これは経済的に一人分の給料では子供の教育費や住宅ローンがまかなえないと考えているからである。また，離婚のリスクを考えた場合，自らに職がないということは生活に困ると考えている。また離婚後の親権の問題も考慮した場合，現在の仕事を含めて今後も生涯において仕事を続けたいと考えているのである。少子化の問題がクローズアップされている現代であるが，少なくとも，結婚の次には出産ということを調査対象者たちは考えて

第Ⅱ部　調査による結婚とブライダル

いることが分かった。

　大学生たちと比較して大きく意見が異なることは結婚適齢が30歳を超えていることである。また，結婚で大事なことの1位に仕事の状況という理由があることも挙げられる。就労していない女子大学生たちと現実に就労している女性との差が大きく出た結果である。日々，会社に通っているので，仕事の段取りなどがリアルに理解できている。式の費用の妥当金額が女子大学生たちよりも高額なことは，給料というかたちでの収入がアルバイトよりも多いこと，また，具体的に考えた場合の金額を想定していることなどが理由として挙げられる。サプライズを望んでいるのも女性就労者の特徴である。これは友人や知人からの具体的な話を聞いて，流行しているサプライズに対する関心があると考えられる。結婚を決意することは仕事の継続状況次第ということになる。経済的な理由も女子大学生同様にあるが，仕事の継続性は将来のライフスタイルとの関わりの中で，大きな意味を持つのである。よって，式に対しては，きちんとしたかたちになっており，礼儀にも則った式を求めていると考えられる。

⑤　結婚式に対する女性のニーズとブライダル戦略との関係について

（1）　女子大学生たちと女性就労者たちのニーズ

　女子大学生たちは価格（値段）と場所（立地・形態・日柄）を重視していることが分かった。つまり，価格と場所へのニーズが強いということである。もちろん，今回は元のキーワードが16項目で，そこからさらに六つに要因を絞ったので，おおまかな傾向としてしか捉えられない。しかし，式全体の価格や場所という大きな視点からのニーズは，若者たちが合理的な消費者になりつつあることを示唆している。また，離婚ということが特別ではなくなった結果，結婚式を一生に1回のみだと捉えていないこともある。全体的な価格とのバランスを考える若者たちは，オプションにはごまかされないであろう。いわば，経済的に見合うものを求めていると言えよう。

　女性就労者たちのニーズは表6-4にも挙がっていたが，結婚式にはサプラ

第6章　結婚と結婚式に対する若者の意識とニーズとは何か

イズを求めている。サプライズはちょっとした驚く企画が多い。例えば，友人たちが思い出になるようなビデオレターや手作りのウェディングケーキ，思いもよらないようなプレゼントなどその内容は千差万別である。基本的にはアイデアでその場を楽しくする。そして，思い出になるような出来事や品物を用意する。このアイデアを出したり準備したりするのは結婚する当人たちではなく，招かれた友人たちが企画することが多い。

（2）　女性に対するブライダル戦略

① 女子大学生への提案

　女子大学生たちの結婚に対する価値観は，従来とはあまり変化が見られていないので，あえて新しさを提案するよりも結婚式が必要であることを意識づける方が，より効果があると考えられる。図6-3に女子大学生の結婚式への意識を改革するための要因を示した。以下に個々の要因を説明する。

　女子大学生たちには，結婚式をすることの理由づけも必要であり，自身の憧れや親などへの式の必要性，式を挙げることの意義などをアピールすることが必要である。親や友人には告知の意味もあるので，伴侶となる人を公に紹介する場としての重要性を説明する必要がある。

　次に，価格に見合う堅実なプランを示す方が理解を得やすいと考えられる。合理的な消費者である女子大学生たちは式に対しても，不要なものを切り捨てる傾向があると考えられる。同じ手間や価格をかけるのであれば，オリジナルなアイデアを求めてくるであろう。例えば，受付で氏名を記帳する場合もノートに書くだけではなく，コルクに氏名を書き，それをビンにつめて飾れるようにする。ガラス瓶がジャーとして流行している今だからこそのアイデアである。このような提案が満足につながっていくのである。また，各テーブルに新郎新婦がそろってろうそくに火をともすことが従来の方法であるならば，新郎がビールのピッチャーを持参して，各テーブルにビールをつぎに回ることも一興である。そのことによって，ホテル側としてはゲストたちへのビールの補充にもつながる。これらの例は大阪の太閤閣での披露宴で実施されたものを引用して

159

第Ⅱ部　調査による結婚とブライダル

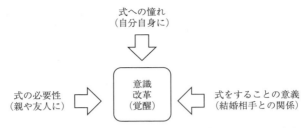

図6-3　女子大学生の結婚式への意識を改革するための要因
出典：筆者作成。

いる。

　さらに，参加型を重視することを提案する。式も短時間で済ませ，披露宴でも新郎も新婦も食事ができるような工夫が好まれるであろう。式そのものを楽しむ余裕もほしいはずである。また，事前にビデオなどを用意しておき披露宴内で流すだけではなく，即日の映像などの編集のサービスを行うとゲスト自身が映っており思い出になる。つまり，参加型にするためには同時進行できる何かを用意することも一つの方法である。昔ならば色紙に寄せ書きすることにあたるようなその場にいた証拠に近いものの工夫が必要である。

② 女性就労者への提案

　結婚式でいかに満足させるか，サプライズを含めて演出できるかがポイントである。すでに結婚式に参列した経験を有していることも想定して，ありきたりな式ではなく，オリジナリティを出す式に特別感がある。サプライズも経験したものよりも，斬新なアイデアを求めている。

　次に，価格については多少は高くなったとしても内容に満足できれば出費をしてもよいと考えている。よって，値引きを提案する必要は少ない。むしろ，こだわるところには費用をかけても賛同を得られるであろう。逆にこだわらないところは切り捨て，あるいは費用を節約する。

　さらに，式場にホテルを選択していることから，高級志向がうかがえる。これは表6-4中の価格が女子大学生よりも高額になっていることからも推測できる。仕事をしているので，同僚を招くことを考えている。ホテルの格式や便

第 6 章　結婚と結婚式に対する若者の意識とニーズとは何か

利な場所を求めている可能性がある。

6　今後の課題

　1）ブライダル観を形成する要因を選択する必要がある。今回は，結婚式に対する大学生のニーズについての糸口の研究になった。しかし，ニーズそのものもサービスに関わるものや会場などの設備に関わるものがあり，いくつかのシーンに分けて考えなければならない。そこで今後は，シーンごとのニーズに細分化して調査を実施したい。また，事後調査では女性就労者と比較はしているが，比較する項目数と対象者が今回は少なかったので，いずれも増やすことによって，より多様な意見を得ることができるであろう。

　2）ブライダルそのものの学術的なアプローチ方法を考案したいと考えている。今回は予備調査でグループ・ディスカッション，本調査で質問紙を用いた調査（アンケート），事後調査で聞き取り調査を実施した。できればアンケートの対象者数を増やし，統計的手法を用いてデータを数値化したい。同時に今回のような聞き取り調査をサービスの提供者であるホテルや神社のスタッフに実施したい。なぜならば，提供側が何をめざし，どのような点に工夫を施しているのかを知ることも総合的な判断をする場合には必要であると考えられるからである。

　3）ブライダル・ジュエリーへのイメージのように，式や披露宴などで使用する品物についての個別的な思いやこだわりも研究対象にしたい。

　4）就労者に関しては20歳代の後半を調査対象としたが，大学生と同年代の就労者がどのような結婚観や結婚式に対するニーズを有しているのかを調査する必要がある。

161

第Ⅱ部　調査による結婚とブライダル

●注

(1)　潜在顧客の例としては，タバコやお酒を法律で禁じられている19歳以下の青年はタバコや酒の市場から見れば将来の顧客である。同様に自動車学校から見れば，免許が取得できる年齢に達していない若者は全て潜在顧客なのである。

(2)　『流行の社会心理学』の目次には「第Ⅰ部　流行のメカニズム——概念的研究」として，ベクトルを12挙げている。それらは価値，セックス，変化，規範，社会，階層闘争，政治，経済，工業，商業，着想，提示である（デカン 1982）。

(3)　離婚を考える会編（1996）の中には離婚に関する手続きの方法，離婚の原因の事例，社会的な離婚にまつわる事件，バツイチになった者の感想などが章立てされている。また，最終章の5章では離婚にまつわる質疑応答というかたちで疑問に答える形式をとっている。全体的に離婚をネガティブに捉えているのではなく，次の人生への清算事項，あるいは新生活への過渡期のように考えられている。

(4)　宮田（1999）は冠婚葬祭を四つのパートに分けている。それらは「老人の祝い」「誕生と育児」「成人と結婚」「葬送と供養」である。ここでは「成人と結婚」の章を参考にしている。

(5)　この箇所は宮田（1999：1）から引用したが，12頁から13頁にかけては，江戸時代からの婚礼，特に女性側の家における「衣服のぜいたく」について解説されている。そしてぜいたくな衣服は，結婚する女性の衣服につきること，現在においても，結婚式の華美化が衰えないことを説明している。

(6)　心理測定とは「心理学の諸現象をある側面からみて，なんらかの単位で数量化し，それらの現象の値を測ること」と辞書には説明されている。また，その種類については「精神物理学的測定法，検査法，尺度構成法，ソシオメトリーなどがある」と説明されている（大山・藤永・吉田共編 1978：144）。

(7)　経営資源は「ヒト」「モノ」「カネ」と言われてきた。昨今はこれらに「情報」が加味されて論じられることが多い。

●参考文献

大山正・藤永保・吉田正昭共編（1978）『心理学小事典』（有斐閣小事典シリーズ）有斐閣。

神島二郎（1977）『日本人の結婚観——結婚観の変遷』講談社。

香山リカ（2002）『若者の法則』岩波書店。

辻幸恵・田中健一（2004）『流行とブランド——男子大学生の流行分析とブランド視点』白桃書房。

162

デカン，M. A.／杉山光信・杉山恵美子共訳（1982）『流行の社会心理学』岩波書店。

永井暁子（2011）「若者は，なぜ結婚しないのか」『生活福祉研究』（通巻77号）明治安田福祉研究所，1-11頁。

宮田登（1999）『冠婚葬祭』岩波書店。

山田昌弘（2008）『「婚活」時代』ディスカヴァー携書。

山田昌弘編（2010）『「婚活」現象の社会学』東洋経済新報社。

山田昌弘（2013）『「婚活」症候群』ディスカヴァー携書。

離婚を考える会編（1996）『嫌になったらすぐ別れなさい』飯倉書房。

第7章
ブライダル市場の現状

中 矢 英 俊

① 未婚者の意識

　日本経済の発展とともに，挙式・披露宴事業を中心にすそ野の広い産業として成長を続けてきたブライダル産業は，現在，非婚化，晩婚化，少子化，ライフスタイルの変化や意識の変化という多様性が増した環境のもと，他産業と同様に生き残りをかけた熾烈な競争を強いられている。そのような中で，ICTの急速な進歩もあって消費者の購買活動も大きく変わりつつある。変化の激しい消費者動向に対応するためには，かつて，どちらかと言えば売手市場を享受してきた業界においてしばしば見受けられた供給者視点を捨て，より消費者視点に立った姿勢に基づいた戦略を明確に打ち出さなければ，市場からの退場を余儀なくされる時代を迎えている。本章においては，ブライダル市場の推移と現状，そして業界の課題解決の状況を紹介する。

　まず市場規模のベースとなる日本の人口推移について見ると，2010年の日本の総人口は1億2806万人であった。この総人口は，この後長期の人口減少過程に入る。2030年の1億1662万人を経て，2048年には1億人を割って9913万人となり，2060年には8674万人になるものと推計される。四十数年後の2060年には2010年の32.3％の減少という凄まじさである。50年後を視野に入れながら，次に現在の独身者の意識についてとりまとめられた調査結果を見ていただきたい。

　第15回出生動向基本調査（結婚と出生に関する全国調査）による「独身者調査の結果概要」では，(1)結婚の意思に関して見てみると，いずれは結婚しようと

165

第Ⅱ部　調査による結婚とブライダル

考える未婚者の割合そのものは男性で85.7％，女性は89.3％と高い水準にあるものの，一生結婚するつもりはないと答える未婚者が男性では12.0％，女性で8.0％と微増傾向が続いている点に注目する。(2)結婚の利点・独身の利点については，独身生活に利点があると考えている未婚者は男女とも80％以上おり，行動や生き方が自由，金銭的に裕福，家族扶養の責任がなく気楽，広い友人関係を保ちやすいとして，男女ともに衣服・持ち物にこだわり，旅行を楽しみ，一人の生活を続けても寂しくないと思っていることがうかがえる。ここからは，結婚について費用対効果の観点で考えている未婚者のライフスタイルの一面が鮮明となっている。この考え方をベースに生活しているのだから，異性の交際相手を持たない未婚者が増加している（男性で7割，女性で6割）（「交際している異性はいない」と回答した未婚者の割合が男性69.8％，女性59.1％）。また，交際相手を持たず，かつ交際を望んでいない未婚者が，男性では全体の30.2％，女性では25.9％を占めているのは当然の帰結と言える。牛窪（2015：49-51）の男性分類によれば，異性や結婚に対する意識の変化，ライフスタイルの多様化が，晩婚化，非婚化に拍車をかけている傾向を顕著に示す調査結果となっている。(3)さらに，この傾向を裏打ちする重要な指標が生涯未婚率である。生涯未婚率は50歳時点で一度も結婚したことのない人の割合であり，2010年までは『人口統計資料集（2014年版）』，2015年以降は「日本の世帯数の将来推計」より，45〜49歳の未婚率と50〜54歳の未婚率の平均で示されている。男性の場合，2010年にはじめて20.1％と20％を超え，2015年には24.2％とほぼ4人に一人の割合となり，女性は2010年に10.6％とはじめて2桁を超え，2015年には14.9％に上昇している。この調査とは別に国立青少年教育振興機構が，全国の20代，30代を対象として2015年に実施した「若者の結婚・子育て観に関する調査[3]」においても，類似の結果が報告されている。

　これらの調査で指摘された未婚者の意識とライフスタイルの変化に直面しているのがブライダル業界である。元々少子化が進行しているところへ追い打ちをかけるように，独身生活に全く不自由を感じない，結婚はコスパが悪いとして非婚者が増え，あるいは結婚する場合も晩婚化が進行しているのである。そ

のような状況を如実に示しているのが婚礼組数の推移である。リクルート・ブライダル総研による「婚礼組数予測」[4]によると，2005年に71万5000組であった全国組数は，2010年に70万組，2015年に63万5000組であったものが，2020年には59万9000組に，2025年には57万7000組と逓減傾向が続くという予測である。

[2]　多岐にわたるブライダル業界

前節で述べたように，人口の逓減傾向と未婚者のライフスタイルや結婚についての意識の変化に直面するブライダル産業とはどのようなものであろうか。そもそもブライダルは，式・披露宴の実施にいたるまで，予約から挙式までのスパンが長く，また両家の顔合わせから結納，新婚旅行までを含めた場合，ややもすれば400〜500万円を要する高額消費であり，種々の事業が組み合わさってブライダル産業を構成している点が大きな特徴である。以下に，一般的な分類を示す。

（1）　ブライダル市場の分類
①　プレブライダル市場

プレブライダル市場には結婚情報・紹介サービス，式場紹介，互助会，婚約，時計・宝飾，エステティック，スタイリスト，カルチャーセンター，ホテルを含む飲食，業界誌，信用調査会社，診療機関等がある。出会いの機会の設定，演出から，プロポーズ，両家顔合わせを経て，挙式・披露宴にいたるまでの市場。最近では，いつかは結婚したい，でも恋愛は面倒というような，未婚者の意識や行動パターンを反映してマッチング市場が業界の中での重要度を高めている。旧来の個人仲人に加えて，個人情報の詳細データ管理に基づいた多くのマッチングサービス会社が勃興している。プレブライダルの中での高額消費は婚約指輪であり，全国で婚約指輪「あり派」は67％，平均購入金額は34.7万円である。[5]

第Ⅱ部　調査による結婚とブライダル

② 挙式・披露宴市場

　挙式・披露宴市場には専門式場，ホテル，ゲストハウス，会館，神社，ケータリング，教会，寺院，衣装，フォーマル衣服，装花，設営，美容・着付，写真，映像，音響・照明，牧師，宮司，巫女，音楽，印刷，キャンドル，引出物，タクシー・ハイヤー，仕出し屋，リネン，配膳会社，金融，予約管理ほかのICTサービス，婚礼業務支援（コンサルタント），人材教育，各種教育機関等がある。

　約４兆円というブライダル関連市場全体の中心は挙式・披露宴市場である。ゲストハウスが台頭して市場でのシェアを高める1990年代前半頃までは長くホテルにとっての古き良き時代であった。旧御三家と言われた「帝国ホテル」「ホテルオークラ」「ホテルニューオータニ」，その後に新御三家と形容された「フォーシーズンズホテル東京」「パークハイアット東京」「ウェスティン東京」，さらに，その後外資系の「コンラッド」「ペニンシュラ」「マンダリン」「リッツカールトン」と続いた。ホテルの婚礼におけるビジネスモデルは，貸衣装，美容・着付，装花，写真のいわゆるキーテナント（インショップ）として，保証金，店舗賃料，販売手数料という３点セットの独占的契約に基づくものであった。とりわけホテルでの挙式・披露宴会場としての特色は，宿泊，宴会，レストランなどの複合施設のため，施設設備が充実している（客室，エレベーター，駐車場，バリアフリー，多機能トイレなど）。また，テナントとして衣裳店，花店，美容室や写真室などを持つこと。複合施設である「ホテル」は，ハード面・ソフト面ともに新郎新婦から信頼を得ている一方で，一般客の利用や１日の婚礼組数が多いことがデメリットにもなる。ホテルの一番の強みは知名度と格式の高さがあり，挙式・披露宴を行うカップルからの支持が高く，歴史があり安心感を与える。交通の便も良いので家族・親族や地元の友人の参加にとって便利である。駅近くの好アクセスという利便性と，高品質のサービスはホテルならではである。

　神社は近年和婚人気の復活もあり，大阪では「住吉大社」「大阪天満宮」，兵庫県では「西宮神社」「生田神社」「湊川神社」など，今も式場としての根強さ

第7章　ブライダル市場の現状

を保っている。

　いぜんとしてブランド価値を維持しているのが老舗の専門式場である。東京では「八芳園」「椿山荘」「雅叙園」，大阪では「太閤園」などに代表される。専門式場は結婚式を専門に行うために造られており，挙式会場や披露宴会場を同一施設内に複数併設し，眺望の優れた広大な日本庭園を有する歴史的，伝統的なところも多く，長く日本のウェディング文化を牽引してきた。設備，知名度，取り扱い商品の種類・数量の多さなど，多くの点で過不足がなく平均点が高い。二人の個性やインパクトを強く打ち出すのには不向きかもしれないが，ゲスト視線でのハード・ソフト両面のスタンダードや伝統をどのように考えるかがポイントとなる。格式ある伝統的なサービスで，衣装や写真，装花などウェディングに必要な全ての打ち合わせを式場内で完結することが可能である。特に和装やかつらなどのバリエーションが多くあり，経験の豊富なスタッフが相談に応じてくれる。

　レストランは通常はレストラン営業をしている店を貸切り，結婚式を行う。披露宴準備を持たないレストランは事前の諸手配・準備が必要であるが，最近では開業計画の段階で婚礼を前提としたところも多く登場している。レストランのそれは他の会場と比べて抑えた価格でグレードが高く，トレンディな料理メニューを提供できるのが魅力である。ただし，単なる一般的な食事会ではないので，レストランを利用する良さと注意点をきちんと把握しておかねばならない。招待客の満足度を最も左右する料理は，レストランの最大のアピールポイントである。フレンチ，イタリアン，オリエンタルなど，店のコンセプトによってインテリアや料理も多岐にわたる。ただし，列席者の着替え室，控室や待合室，写場等の婚礼付帯設備がない店がほとんどであるため，当日になって参加する家族・親族に不評を買う面も否定できない。

　さて，挙式・披露宴市場においては，ホテルがわが世の春のごとき売り手市場の中心的な立場を享受してきたが，1990年代になるとゲストハウスの創業が続出するようになり，現在にいたるまでホテルを脅かす存在となっていった。「Plan・Do・See」（1993年），「テイクアンドギヴ・ニーズ」（1998年），「ベスト

169

第Ⅱ部　調査による結婚とブライダル

ブライダル（現ツカダホールディング）」（1995年），「ノバレーゼ」（2000年），「ワタベウェディング」（1953年，当時はワタベ衣装店），「アニヴェルセル」（AOKIホールディングス子会社（1986年）），「エスクリ」（2013年）等である。

　欧米にある邸宅のように豪奢な一軒家を貸切りとするウェディングスタイルを提案し，新しい会場タイプをセールスポイントとして，カップルのニーズに応える施設設備がそろっている。貸切りスタイルであるのでホテルや専門式場にあるような同時間帯での花嫁の鉢合わせがなく，敷地内を思い切り使える。親しい友人たちと楽しい時間を過ごしたいというカップルに人気が高い。芝生の庭園やプールサイドを使ってしゃれたブッフェを演出したり，形式にとらわれない，二人らしいパーティをカスタマイズして自由にコーディネートできる。外国映画に登場するような大邸宅は，撮影スポットに恵まれているのも大きな特色である。

　またゲストハウス主要各社が注力している事業として海外挙式がある。海外挙式の実施のデスティネーション（目的地）としての2016年上位3地域はハワイ（66.6％），グアム（14.3％），ヨーロッパ（7.4％）である。2015年から最も増加したのはアジア（ビーチ含む）である。

　また海外結婚式場での海外ウェディング総額は204.6万円である。2015年の調査より15.0万円増加した。挙式の列席者数は平均9.7人で，海外挙式を選択する理由の上位3項目は，海外挙式に以前から憧れていたから，結婚式だけでなく新婚旅行も一緒にできるから，堅苦しい結婚式をしたくなかったからが，5年間で11ポイント増加している[6]。

③　新婚旅行市場

　新婚旅行市場には旅行代理店，旅行サイト，宿泊検索サイト，ホテル，旅館，航空会社，鉄道，レンタカー，船舶，ハイヤー・タクシー，旅行用品，保険会社，衣料店，メディア等がある。

　現在ではハネムーンという形容が一般化した，旅行代理店を中心にした市場である。デスティネーションは，国内からはじまったが，いまや海外がメインとなっており，ヨーロッパ，ハワイが人気となっている。2015年4月から2016

第7章 ブライダル市場の現状

年3月の調査によると，挙式者のうちの74.3%が新婚旅行に行った，11.1%がこれから行く予定と回答しており，合計すると85.4%となる。最近の人気はハワイとヨーロッパが中心である。[(7)]

④　新生活市場

　新生活市場には建築，不動産，インテリア，家具，寝具，家電，食器，日用品，衣料，引越し，保険，銀行，信販等がある。

　ニューライフ市場という呼び方が定着してきている。新しく生活を共にする二人にとっては，上記に加えて，コンビニや，スーパーマーケット，ファミレス，ファストフード，医院，病院までも含まれるすそ野の広さである。

⑤　その他市場（スキマ市場）

　現実の婚姻を伴わないおひとり様婚に関わる業態も誕生している。京都を拠点とする Cerca Travel が3年間限定（2016年10月末日まで）で販売した「Solo Wedding」プランを紹介する。結婚はいまのところしないつもり，する予定がない。しかし花嫁衣装に身を包んでみたいという強い憧れがあり，一度は体験したいとおもっている女性を主対象にしたビジネスモデルであり，商品である。1日目は京都駅到着をお迎え〜ドレスショップ案内〜指導によるブーケ作り〜宿泊ホテルへ案内。2日目は，ホテルにお迎え〜ヘイアメイク〜ハイヤーを貸切りロケーション地に移動して撮影〜アトリエに戻りドレス返却（ツアー終了）というプログラムである。和装プラン価格は32〜34万円，洋装プランは34〜36万円と設定されていた。

　多様化する意識，ライフスタイルの変化に沿って，今後もこの種のニッチと言える商品が一定の需要を確保できるであろう。

（2）　最近の挙式・披露宴事情

　次に最近の挙式・披露宴事情を見てみよう。「ゼクシィ　結婚トレンド2016年調べ」によると，挙式，披露宴・披露パーティ総額は359.7万円で，2015年の調査より7.0万円増加している。招待客人数は71.6人で，2015年の調査から0.9人減少，招待客1人あたりの挙式，披露宴・披露パーティ費用は6.2万円で

第Ⅱ部　調査による結婚とブライダル

増加傾向，ご祝儀総額は232.3万円で2015年の調査から5.2万円増えて，増加傾向，カップルの自己負担額は143.2万円で，昨年の調査と同程度である。衣裳総額については，新婦の衣裳総額は47.4万円で，2010年調査から4.6万円増加，新郎の衣裳総額は16.7万円で，2010年調査から1.7万円増えて，増加傾向となっている。披露宴・披露パーティに関して実施した演出について，招待客との交流を持つ演出が増加，テーブルごとの写真撮影が特に増加している。披露宴・披露パーティに関して実施した演出において，2010年調査から増加した上位5位は，(1)テーブルごとに写真撮影，(2)招待客一人ひとりにメッセージを書く，(3)生い立ち紹介などを映像演出で行う，(4)風船など花以外のものも使って会場を飾りつける，(5)BGMもジャンルを問わず好きな曲を選ぶ，が挙がっている。親・親族からの援助については，親・親族からの援助がある人では，挙式，披露宴・披露パーティ総額が高い傾向が見られる。親・親族からの援助と挙式，披露宴・披露パーティ総額は関係する。挙式，披露宴・披露パーティ費用に対する親・親族からの援助があった人は72.6%で，2015年の調査と同程度であり，援助総額は166.9万円で，2015年の調査から4.5万円増加している。[8]

　この調査からは晩婚化の進捗により，挙式，披露宴については，それなりに費用をかけて，列席者の満足度を高めたいとの意識が垣間見られる。

③　セレモニー形態の多様化

　ブライダル市場を取り巻く環境について，本章の冒頭において，非婚化，晩婚化，少子化，ライフスタイルの変化や意識の変化と述べたが，2015年の結婚トレンド調査に示された諸数値との関連はどうであろうか。前述したとおり2015年の人口動態調査によれば，2000年に79万8138組であった婚礼組数は，71万4265組（2005年），70万214組（2010年），から63万5156組（2015年）と減少傾向が続いているが，最近はこの組数の中の半数近くが入籍のみで，挙式・披露宴を行わない，いわゆる「ナシ婚」が増加しており，2～3時間の間に数百万円を費消する平均的なセレモニーを疑問視，または費消不可として忌避する傾向

が顕著になってきているのである。また「スマ婚」という新しい言葉も日常生活で語られるようになっている。「スマ婚」とは，株式会社メイションが掲げる結婚式プロデュースのブランドであるが，今やそれが，スマート婚，略してスマ婚という結婚式の手法全般を指すようになったのである。予め比較的安価なプロデュース料を支払っておくと挙式および披露宴を挙げることができ，その他費用は披露宴参加者のご祝儀（あるいは会費）を充てるというスタイルを言う。結婚当事者にとって，従来の挙式・披露宴と比べて一時的支払い（前払い）を負担しなくて済むことがメリットであると提唱されている。プロデュース料金を明確に謳っており，他のオプションを取捨選択しやすいと評価されている。

　株式会社メイションは，疑問だらけのブライダル価格，例えばドレスや引き出物を自身で持ち込んだら，逆に持ち込み料がかかる，装花のグレードアップで数十万円など結婚式の料金を高額にしているさまざまな要因を，スマ婚はゼロから見直し，クオリティはそのままに，無駄なコストをできるだけ削減した適正価格が特長であるとの主張を行っている。

　このように結婚式価格の健全化が急速に進んでいる。日本では，結婚式は長い間，数百万円から1000万円を超えることもある買い物だった。一生に一度だから，お祝い事だからという理由で，外国車や国産の高級車が買えて，住宅の頭金になるほどの高額を一日にして使いきるイベントであり続けた。しかし，21世紀に入り，日本は出口の見えない不況が続いている。就職難で正社員として雇用されることも難しい時代を生きる若い新郎新婦は，一夜の祝い事に何百万円ものコストなどかけられない。また親の援助も期待できなくなっている。そのような状況を踏まえて，衣装，生花，引き出物などにかかる中間マージンを全てカット，持ち込み料もカットし，シェイプアップした健全な価格設定の新たな結婚式のかたちが生まれたのである（石神 2012：2-4）。

　2012年末にはスマ婚会場として契約したホテルがすでに400を超えている（石神 2012：147）。この形態の挙式・披露宴を忌避していた従来型の式場が市場の縮小による競争激化の中で，獲得件数確保による業績低迷の打破をめざし

173

第Ⅱ部　調査による結婚とブライダル

て，考え方を柔軟にしてきた様相がここから浮かび上がってくる。

④　業界にとっての課題

　従来のビジネス形態に対して問題提起をするような新しいモデルの出現に既存業界はどのように対処してゆくのであろうか。ここでは，旧来の形態を代表するホテルの取り組みを検証してみたい。以下は，筆者が2016年10月から2017年1月の期間に行ったホテル総支配人および婚礼担当責任者への質問に対して得た5社からの回答（匿名の条件にて）についてまとめたものである。

質問テーマ：大手都市ホテルにおけるブライダル戦略と戦術

〜競合ホテル，ブライダルハウス，専門式場，レストランとの競争の中で〜

(1) ホテルにおける「婚礼売上による全体への利益貢献」の重要性について社内で共通認識の形成はできているか

(2) ホテル全体のブランド価値向上のための「婚礼」の貢献度は認識されているか

(3) 婚礼マーケティングにおける下記項目の取り組みはどうか

　①商品群造成，構成（設備，料理・飲料，付帯サービス）

　②ステークホルダーである主要契約パートナーとの協調と管理体制

　　販売手数料収入についての基本スタンス，問題・課題点

　③料金設定の考え方

　④ターゲットの絞り込み

　⑤媒体戦略，WEB活用と売上に対する販売促進予算

　⑥その他

(4) ブライダル部門スタッフの管理と教育の取り組みについて（モチベーション，定着性，成約率）

(5) 多様化する市場をどのように観測し，対応しているか

　少子化，高齢化，非婚化によるパイの減少，ナシ婚，リゾート婚，海外婚などの多様化への対応，離婚→再婚市場，LGBT対応

第7章　ブライダル市場の現状

(6) 既挙式客の「生涯顧客」としての取り組み状況はどうか

〈質問(1)に対する回答〉

　A社婚礼責任者：ホテルの業務カテゴリー（宿泊，料飲，一般宴会，MICE，婚礼）においてブライダルは売上対利益の利益率が比較的に低い部門であるため，社内的に利益率の高い宿泊部門の売上を重要視する傾向がある。また，売上額が低くても利益率が高い一般宴会と婚礼のイールドが絶えず議論されている。婚礼の件数が確保できないなら，婚礼事業から撤退という意見も少なくない。

　B社総支配人：一般宴会に比べ部門利益率が低いとはいえ，約30％の部門利益がある婚礼が全社利益に貢献していることは否めない事実である。さらに時間・会場当たり売上額も大きい。この点について部門長会議，婚礼戦略会議などで説明し共通認識を持てるよう努めている。

　質問(1)に対する回答を見ると，ホテルの場合，宿泊，料飲，宴会（一般宴会と婚礼）の3部門の売上バランスについて，それぞれの利益性向に基づいて絶えず経営判断がなされている。それにより，経営資源，すなわちヒト，モノ，カネの配分の見直しが行われ，婚礼部門に対しての配分が継続性を保ちにくいという特徴があり，設備投資において長期的計画性に欠ける傾向があるのが読み取れる。

〈質問(2)に対する回答〉

　C社婚礼責任者：宴会場が新しいホテルと違い，ブライダル仕様にはできていない。そのようなハードによってブライダル事業の競争力を保つには，効率的で的を射た販売促進費用の投入と継続的な再設備投資が不可欠である。

　D社総支配人：挙式場（神殿とチャペル）は平日にはほとんど売上を生まない施設である。ブライダル事業がホテルブランド価値を向上させるのは，新規開業やリブランドをしたホテルであろう。

　E社婚礼責任者：憧れの場所でなければ結婚式を挙げる気持ちは起こらない

175

ことを考えれば，婚礼の人気度＝ブランド力ということもできる。ご当地ナンバーワンの伝統と格式を有していても，憧れの対象でなければ挙式会場に選ばれない。ブランド力が向上すれば婚礼の人気も向上するはずであり，お互いに関連性が高いものと考える。昨今のゲストハウス人気はブランド力もあるが，消費者（結婚当事者）のニーズを的確に捉え，それを実現できる施設構成を備えていることが大きいと思われる。

　質問(2)に対する回答を見ると，長い歴史による伝統と格式によって築かれたブランド力だけでは，競合の中で婚礼式場としての訴求力，吸引力の発揮は不十分であると認識しているのである。

〈質問(3)に対する回答〉
　A社婚礼責任者：商品そのものと，販売員のホスピタリティにいたるまで，ホテル看板を共有し，ゲストの苦情にも協働で対応するパートナー企業は，新製品の開発や，試行，実行も協働しており，定例会議を開催し，売上，占有率（複数協力社の場合），苦情数，苦情内容などの検証を行い，対策，改善するというような密接な協調関係が業績好調を支える大きな要因となっている。手数料収入についての基本スタンス，問題・課題点については，かなり以前に設定された手数料とその他条件の付随契約であるので，時代とともにパートナー企業の業種によって，業界常識とのズレが生じてきている。家賃を支払い，ホテル内店舗を構え，「真」に協働しているパートナー企業の貢献は絶大である。しかし，トレンドに合わせた商品が必要であるので，そのバランスは大きな課題と認識している。

　B社総支配人：最近の傾向として，カップルの個性，独自性を演出に反映させるため，パートナー企業の売上の割合が増えている。ホテルとしては「お客様へのおもてなしは食にあり」をアピールしている。料金設定の考え方については，プラン策定は競合複数社のそれをにらみながら作成する。最もシンプルに，しかし必要なものを網羅しての価格設定である。ただし，総金額はまちが

いなく上積みされる。マーケットプライスがあり，7割程度の見込客が複数会場を見学しているため，競合施設の料金を比較しながら設定している。

C社婚礼責任者：販売促進の取り組みとして，媒体を代表するゼクシィをはじめ売上規模に見合った予算立てをしている。新規来館者1組当たりにかかる広告宣伝費を常に確認して，ホテルとしての適正経費を軸としてイメージし，次年度の予算を確定している。ホテルのイメージはエレガント，高価格であるが，広告においては少し親しみやすい感性と価格設定にして露出するようにしている。広告媒体に合わせ，その向こうのカスタマーに合わせて写真やコピーを調整し，新規来館増を実現した。成約数の向上は，ホテルの信頼度，安心性の高さを認識させた上で，カスタマーのこだわりの発見とそれに合わせた商品のクオリティの高さをアピールすることによって可能となる。

D社総支配人：広告宣伝費は婚礼総売上予算の2～3％弱で設定している。ゼクシィへの比重が高い。若手の商品企画担当者は会場コーディネートや広告のテイスト等，自分自身の好みにこだわる傾向が強いが，ホテルの歴史やポジショニングに基づいた個性とマッチしないことがある。SWOT分析による自社の立ち位置と競合関係を把握した上で，正統派ホテルウェディングを訴求している。

E社婚礼責任者：ターゲットの絞り込みについては，ブライダルの場合は完全にエリア商品であり，適齢期の女性までをコアターゲットとして決定しているので，それ以上の絞り込みはしなくても，ホテルのスペックとイメージで決まってしまう。カスタマー分類を広げたくはなるが，ターゲットは広げるとぶれるので，広げないようにしている。コアターゲットとしているのはホテルに親和性の高い層（正統派，伝統重視，格式，品格等）を意識している。

質問(3)への回答によると，パートナー企業との契約形態そのものに対して大幅な変更は加えられていないようであるが，厳しくなった競合の中で，これまで長く続いてきたいわゆる垂直的な関係は改善され，顧客満足度を高め，競争力強化のための連携改善はかなり見直されていると判断できる。

第Ⅱ部　調査による結婚とブライダル

〈質問(4)に対する回答〉

A社婚礼責任者：商品価値としてのブライダルスタッフの管理については，新規受注担当と施工手配担当の適性を見極め，それぞれ配属していくことに課題がある。徹底して各種のブライダル数値について教育し，日々発生する現象を感覚でなく，データをもとに説明させ，管理職についても指示は全て数値や理論で裏打ちさせている。「勘」や「感覚」で仕事をしない。競合他社の覆面調査を継続し，報告書を書かせる。業界の勉強会や研修に参加させるなどである。モチベーションと定着性は，「チームワーカー」であることが最も重要であるとして高く評価する。適度な競争意識を持たせて，その競争を管理職がコントロールする体制としている。社内教育，OJT に加えて，定期的に外部講師を招聘し，研修会，ロールプレーイングを継続的に行っている。

B社総支配人：ブライダルは専門性が高く，未経験者の自助努力と工夫でなんとかなるものではないとの認識ができている。スタッフのモチベーション維持向上策としては，見守っていることを伝えるようにするだけでかなりの効果があると実感し，管理職は職場に頻繁に顔を出し，声をかける，各スタッフの業務日誌に返信する等を実践している。

質問(4)のスタッフ教育についての回答によると，商品力においてスタッフの力（ソフト）が重要な位置づけにあり，モチベーションを持たせ，教育効果を最大限に高める努力が不可欠であるとの認識が強まっている。

〈質問(5)に対する回答〉

B社総支配人：ナシ婚については，少人数化が進むことで「結婚式に出席したことがない」人が増加しているのも一つの理由と見ている。対応として挙式・披露宴の質を上げ，「私も結婚したい，結婚式を挙げたい」と思ってもらえるよう，地道に取り組んでいく。

C社婚礼責任者：パイの減少はマクロ的な現実であるものの，ブライダルはそもそも土・日・祝の適日（仏滅を除く）という限られた日時の宴会であり，

第7章　ブライダル市場の現状

数千件を狙うわけではないので，市場とターゲットを正しく見極め，自社の施設を上手くリニューアルしながら現状を維持している。しかし，同じ層のターゲットを狙い，似たスペックの新施設が同エリアにできるのには脅威を感じている。再婚市場は「ない」と割り切った取り組みをしている。普通に初婚と同じように対応すればよく，実施するカップルは実施するとの対応であり，ナシ婚や地味婚と同様である。

　D社総支配人：LGBT については，女性スタッフはあまり問題がないが，男性スタッフや男性の多い経営・運営上部が当惑気味であり，様子見の状況である。

　質問(5)の回答について見ると，婚姻カップルの半数近くを占めるナシ婚率が低下すればホテルでの成約件数も改善するのであるが，ホテルはあくまでも川下ビジネスであるゆえ積極的には何もできないとの認識である。ブライダルにリピーターなしとはよく言われる言葉であるが，兄弟姉妹，親戚，友人等がこの式場で挙げたいと希望するようなリピーター作りの取り組みがそれぞれの式場で不可欠である。

〈質問(6)に対する回答〉

　全社共通：ポテンシャルの高い生涯顧客として大変重要と認識している。実施客向けに限った特別な会員制度が構築されており，各種優待や特典を設けて顧客化に努めているが，運営は，会員組織担当部門や直接恩恵を受ける料飲部に任されることが多く，会員数や特典のわりにはうまく機能していないのが現状である。

　質問(6)の生涯顧客については，その取り組みついて多くのホテルで声高に言われて久しいのであるが，地道に取り組んでいる成功ホテルの例などを見るとポテンシャルは高く，顧客管理としてもっとしっかり取り組むべきとの認識は共通している。囲い込みについての重要性は分かっているものの，具体的に緻

179

第Ⅱ部　調査による結婚とブライダル

密な戦略・戦術を実践している社はまだ少数である。

　本章においては，婚姻に関する意識やライフスタイルの多様化に影響されているブライダル市場の変化と，それに呼応する業界について観測したが，これをベースとして，ブライダル産業の課題解決，そしてさらなる顧客満足度の向上への取り組みや今後の変化への可能性については次章に譲りたい。

■　■　■

●注────────────
(1)　国立社会保障・人口問題研究所「日本の将来推計人口（平成24年1月推計）」。
(2)　国立社会保障・人口問題研究所が2015年6月に18歳から50歳の未婚の男女およそ9000人を対象にした調査結果である。
(3)　国立青少年教育振興機構「若者の結婚・子育て観に関する調査」2016年11月。http://www.niye.go.jp/kanri/upload/editor/111/File/g（最終アクセスは2017年9月1日）
(4)　リクルート・ブライダル総研による「婚礼組数予測」2016年12月更新。http://bridal-souken.net/research_news/konin.html（最終アクセスは2017年9月1日）
(5)　みんなのウェディング「指輪に関する調査」2016年11月22日。http://www.mwed.co.jp/press/release/20161122120002（最終アクセスは2017年9月1日）
(6)　リクルートマーケティングパートナーズ「ゼクシィ　海外ウェディング調査2016調べ（首都圏，東海，関西3地域）」。http://bridal-souken.net/dta/trend2016/（最終アクセスは2017年9月1日）
(7)　ブライダル総研リサーチニュース　2017年2月8日。http://bridal-souken.net/research_news/2017/02/170208.html（最終アクセスは2017年9月1日）
(8)　リクルートマーケティングパートナーズ「ゼクシィ　結婚トレンド調査2016調べ」2016年10月18日，プレスリリース。

●参考文献────────────
石神賢介（2012）『なぜ「スマ婚」はヒットしたのか』幻冬舎。
牛窪恵（2015）『恋愛しない若者たち』ディスカバー・トゥエンティワン。
『月刊ホテル・旅館』（2014年5月号）柴田書店。
国立社会保障・人口問題研究所「2015年社会保障・人口問題基本調査」（結婚と出産に関する全国調査）。

国立社会保障・人口問題研究所「日本の将来推計人口」（平成24年1月推計）。

『週刊 HOTERES』（2016年11月18日号）オータパブリケイションズ。

Cerca Travel 公式 WEB。http://cerca-travel.co.jp（最終アクセスは2016年9月30日）

「T&G　ウェディングプランナー500人アンケート調査」テイクアンドギヴニーズ 公式 WEB。http://www.tgn.co.jp/news/topics/30073（最終アクセスは2015年6月1日）

徳江順一郎（2011）「ブライダルにおける市場の変化とホスピタリティ」『高崎経済大学論集』（第54巻第2号）51-64頁。

福永有利子（2015）『アカンのは上司や！　悩める管理職のアメムチ19の育成術』オータパブリケイションズ。

メイション公式 WEB。http://mation.co.jp（最終アクセスは2017年3月20日）

リクルートマーケティングパートナーズ「ゼクシィ　海外ウェディング調査　2016調べ」。

第8章
ブライダル業界における課題解決と顧客満足度向上

中 矢 英 俊

① 業界慣習によるビジネスモデルの課題の改善

　本章では前章における観察をベースとして，ブライダル産業の課題解決，そしてさらなる顧客満足度の向上に向けた取り組みや今後の変化可能性について探っていく。まず本節では，業界において長らく当然のように実践されてきて業界標準になっている諸事例について取り上げる。

（1）　婚礼適日と六輝

　六輝とは六曜星の略で，大安，友引，先勝，先負，仏滅，赤口の六つを指し，それぞれが意味を持っている。結婚式などの挨拶で「本日はお日柄も良く」などと使われる「お日柄」とはその吉凶のことである。そもそも中国で生まれ，鎌倉時代から室町時代に日本に伝来し，江戸末期に庶民の暦に記載されはじめた。明治時代には吉凶付きの暦注は迷信であるとして禁止されたが，第二次大戦以降，国民の間に広く普及し，宗教的な根拠がないにもかかわらず，その慣習が現代まで根強く継承されるにいたっており，結婚式場業においてはパンフレット一式の中には必ず「六輝表」が含まれている。ブライダル業界においては，式場の業績分析をする場合に婚礼適日による成約件数指標というのがあり，1年間の土日祝日数から土日祝が厄日とされる仏滅にあたる日を除く日数を適日としている。ここで長く式場を悩ませているのが土日祝にあたる仏滅日数の年ごとの相違であり，それが獲得件数に大きく影響することである。例えば，

第Ⅱ部　調査による結婚とブライダル

2015年は24日，2016年は12日，2017年は18日であった。2015年と2016年では12日もの異なりがあり，大規模式場においては，会場数×日数分の件数が日取りの悪さゆえに影響するのである。例えば2会場なら24件，3会場なら36件，ポテンシャルの件数をほぼ失ってしまうのである。このハンディキャップへの対策として多くの会場が仏滅プランというような大幅な割引販売に終始しているが，婚姻組数の減少傾向が続き，全体市場が縮小している昨今，もともと根拠の薄い迷信であった日本社会のこの慣習を業界全体で打破するような啓発の取り組みをそろそろ考えるべきであろう。

（2）　ご祝儀

　　第7章2節において，挙式・披露宴の総額は359.7万円，招待客数71.6人，列席者によるご祝儀は232.3万円であったと述べた。単純計算すると，全体費用の約65％がご祝儀で補われ，一人あたりの支出が3万2300円となり，世間でご祝儀相場は3万円と言われていることがここからも実証されよう。実際，式場スタッフが見積もり費用を示す場合，招待客からの祝儀という与件についてカップルに説明し，実質の両家負担は128万円で済むというのが営業トークの常となっている。すなわち，現代の披露宴は総費用の約3分の2にあたるご祝儀を基本に設定されているのである。総費用の残額だけを自己負担するという構図である。ご祝儀という日本的慣習そのものはけっして悪いものではないが，バブル経済の奢侈披露宴の名残であろうこの相場は，いただく側にも支払う側にとっても少なくない金額であるという認識も今一度持ちたいものである。実際，3万円の負担が重いので出席はしないという人も多く，また近年は再婚も増加して，何度もいただくのは気が引けるという意識も働くので，業界としては，新郎・新婦と両家による「おもてなし」の場としての結婚披露であるという本質をわきまえ，経済状況に即した対策が今後求められてくるであろう。

（3）　席　次

　　あらゆる分野・領域において変化の激しい中，昨日までの常識が今日は非常

第 8 章　ブライダル業界における課題解決と顧客満足度向上

識になるというのが現代である。ブライダル業界も例外ではない。その点から
見直しを求めたいのが披露宴の席次である。従来の日本は，身内は他者に対し
ては謙譲・へりくだりの姿勢があるべき姿であるとされてきた。また終身雇用，
年功序列制度に根ざした個人と企業の関わりも披露宴における席次を決めると
きの要点であった。しかるに今や一つの会社にとどまらずに転職が当たり前，
またこれまでの上司がいつの間にか部下になっていることも珍しくなくなって
きている世の中である。また，新郎・新婦の思いが両親・家族への感謝の念に
傾斜を強めている今，これまでの，会社関係を上席に，親族末席といった固定
観念による席次提案ではなく，異なる発想によって提案するというような柔軟
な視点が求められる。

（4）　料　理

式場選択の理由として「料理」を挙げる成約者の比率は当然ながら大変高い
ものである。豪華・美味だけでなくトレンディという要素も加わって勝ち組と
なっている式場も多い。しかしながら，素材アレルギーやベジタリアンへの配
慮を除いては，披露宴は一律のコース料理が基本となっている。主催者の要望
に極力応えてカスタマイズを謳い文句にする式場が増えている中，料理につい
ても，効率性に固執するだけでなく，さらなる柔軟性を発揮する余地があって
もよいであろう。全体の列席者に対して，和洋中の選択肢を準備するというよ
うな試みも今後の課題である。

（5）　披露宴進行

式場における標準的な披露宴進行プログラムと各プログラムの設定時間は下
記のとおりである。

〈ゲスト入場（開演10分前）〉新郎・新婦の入場 5 分，開演の挨拶 5 分，新
郎・新婦紹介 5 分，主賓挨拶10分，乾杯 5 分，ウェディングケーキ入刀10分，
〈歓談と食事スタート〉ゲストスピーチ10分，新郎・新婦のお色直し退場30分，
新郎・新婦再入場とキャンドルサービス10〜20分，ゲスト余興20分，祝電紹介

185

第Ⅱ部　調査による結婚とブライダル

５分，親への手紙／記念品・花束贈呈10分，謝辞５分，閉会の辞，新郎・新婦退場５分，ゲスト退場・お見送り30分となっており，全体でおよそ２時間半と設定されている。この流れを見ると，基本的には晩餐会スタイルであり，歓談と食事前までは厳粛な雰囲気の中での披露の式典・セレモニーであり，食事の開始とともに，コース料理を軸にした晩餐会に移行するという，お定まり，決まり切ったプログラムである。そもそも，この進行は，ほとんどの会場が午前・午後の２回転での運営を円滑に遅滞なく行うためのものであって，ゲスト主導，希望によるものではなく，式場の意図と都合によって組まれた，すなわちProduct-out思想による進行手順なのである。ゲスト満足の最大化をめざしたカスタマイズが業界におけるキーワードになってきたブライダルにおいて，進行プログラムについてもお仕着せでなく多様に対応するというような意識の変革が求められている。

（6）　会場とパートナーの関係

　国内の式場においては，ホテル，専門式場，ゲストハウスにかかわらず，元来，そのビジネスモデルは，式場と，１業種１社のパートナー企業（貸衣装，装花，写真，美容・着付）との排他的契約であり，保証金，店舗賃料，販売手数料のセットとなったものである。ブライダルが売手市場であった時代からの形態であり，式場のパートナー企業に対しての発言権が絶対的に強い時代が長く続いた。パートナーへの見返りとして同業種２社目の参入余地は全くなく，ゲストに対しても「持ち込み」不可とし，あるいは高額な持ち込み料を設定してゲストの自由な選択を排除してきたのである。ホテルではこの契約関係に付随して，ディナーショーやおせちの販売協力要請，ブライダルフェア開催時の販売促進協力金の割り当て負担要請が「下請法」の定めに抵触しないかというような議論が出るほどに継続されている現状がある。外部からの持ち込み規制の背景には一件一件の披露宴を円滑に進行させたいとか，契約パートナーからの仕入れ掛け率を前提としたゲスト向け料金設定がある。持ち込みを認められないインショップ以外の同業者や新郎・新婦には不満の声があり，独占禁止法や

第8章　ブライダル業界における課題解決と顧客満足度向上

消費者契約法に違反しているのではないかとの指摘も聞こえてくる。この点においてもゲストファーストではなく，供給者の都合が優先されているという一面が色濃く残っているのである。

（7）　キャンセル料

2016年10月1日付けで消費者裁判手続特例法が施行された。これは事業者と消費者間の契約において消費者の保護を高めることを目的にしたもので，ブライダル業界においても注目されている。業界における消費者取引については，これまで「キャンセル料」の金額水準が消費者契約法に照らして高額すぎるのではないか，取りすぎているのではないかというのが長く問題にされてきた。今回の法律施行により，消費者に代わって特定適格消費者団体が事業者に対して訴訟を提起し，認められた場合には，同様に該当事業者に過度のキャンセル料を支払った消費者を集め，具体的な損害賠償をまとめて行うという2段階方式の導入により消費者の保護を図ることとなった。キャンセル料については，これまで最高裁まで争われた事例がある業界として，規約の再認識が不可欠であり，説得力，透明性を持った理論構築が求められている。

（8）　LGBT 対応

これまで日本的慣習に基づいて事業展開をしてきたブライダル業界，とりわけ式場業にとって新たな市場環境の出現により，新たに加わった課題がLGBT 対応である。LGBT とは L（Lesbian），G（Gay），B（Bisexual），T（Transgender）からはじまる四つの単語の頭文字をとったもので，性的少数者の一部分を指す略称としてよく使われるようになった。日本のメディアが最初にこの言葉を使ったのは，2014年3月と言われている。2020年に東京オリンピックの開催が予定されているが，国際オリンピック委員会（IOC）は2014年12月の総会で「オリンピック憲章に性的指向による差別禁止を盛り込む」と決議し，東京五輪の大会基本計画に多様性を認め合う対象として「性的指向」が明記されている。LGBT による「同性結婚」を法律的に認めるためには二つの

187

第Ⅱ部　調査による結婚とブライダル

方法がある。

①法律の婚姻の定義に，セクシャリティを不問とする。

②異性間の婚姻とは別の制度として，「パートナーシップ」を作る。

　現在，同性婚および登録パートナーシップなど同性カップルの権利を保障する制度を持つ国・地域は世界の約20％に及んでいるが，日本国としては法律的に同性同士の結婚は認めていない。さらに言えば，日本の憲法，民法，戸籍法とも「同性結婚」を想定していなかったのであるが，婚姻が異性カップルに限るという条文があるわけではない。しかるに，2015年の電通ダイバーシティラボの調査によると，LGBT層に該当する人は7.6％，LGBT層の商品・サービス市場規模は5.94兆円と報告されている。LGBT層を支援・支持する一般層にまで広がる消費傾向が浮かび上がり，電通ダイバーシティラボではこの傾向を「レインボー消費」と名づけている。また行政面では渋谷区で「同性パートナーシップ条例」が成立するなど，多様性が進行しつつある日本において，LGBT層への認知・理解は深まりつつあり，また企業も大手を含み，雇用の側面から対応に取り組む動きもはじまっており，今後LGBT層に対する向き合いはより深化していくものと推察される。[1]

　上述した渋谷区を含む地方自治体における同性パートナーシップ制度導入の状況は以下のとおりとなっている。

2015年4月	東京都渋谷区	「同性パートナーシップ条例」
2015年7月	東京都世田谷区	条例ではなく「要綱」
2016年4月	三重県伊賀市	「要綱」→パートナーシップ宣誓制度
2016年6月	兵庫県宝塚市	「要綱」→パートナーシップ宣誓書を提出するカップルに，証明の受領証を発行，条例改正検討
2016年7月	沖縄県那覇市	「要綱」→パートナーシップ登録戸籍上の名前ではなく，通称名が使える

　この5自治体に加えて，2017年4月から政令指定都市の札幌市が同性パートナーシップ制度を導入（要綱）し，「経済的，物理的，精神的に協力し合うこ

188

第8章　ブライダル業界における課題解決と顧客満足度向上

とを約束した，一方または双方が性的マイノリティである関係を公的に認める」としている。今後，国内における意識や認識があらゆる領域における国際化の進展にも影響されて，徐々にでも変化していくのは間違いないと考える。「LGBTについての企業向け研修」を行う株式会社レティビーや関西ブライダルミッション有限会社のように，LGBTの婚礼について啓発に努める活動も活発化しつつある。2017年1月にはウェディングプランナー向けに，日本ではじめての本格的なLGBT婚の解説書として『LGBTウェディング』（葛和フクエ，ビオ・マガジン，2017年）も発行されている。しかしながら，前節で紹介したアンケート回答に代表されるように，現時点ではホテルにおけるLGBT層の婚礼受注の姿勢には逡巡が見られ，対応マニュアルも未整備のまま，レインボー消費の一角として需要の高まりが予想されるこのセグメントに対する準備が整っていないというのが現況である。

② 消費者視点による満足度向上

2010年代後半から2020年代にかけて結婚するのは，ハチロク世代，ハチハチ世代など，ICTの日進月歩のもとで，すでに子供の頃から携帯電話を持ってSNSやメールによるコミュニケーションを常としてきた層が中心となってくる。これらの世代は当然にそれまでの旧世代とは全く異なる人間関係や社会との関わりを意識しており，ブライダルに対する考え方もこれまで業界が持っていた固定観念が通じないような，大きな環境変化が予見できる。

インターネット社会の実現により，マーケティングの観点から，ブライダル市場における消費者行動プロセスがどのように変化したのかを見てみよう。ブライダルの最新トレンドの中で，「プレ花嫁」というキーワードが生まれている。プレ花嫁とは国内外の最新ウェディング情報を自ら積極的に収集し，ウェディング用語にも詳しく，アイデア豊かなプロデュース力の高い花嫁のことを指す。女子会やバースディパーティ，ホームパーティなどを日常生活の中で行っており，パーティ慣れしている女性が増えている。そういう女性は国内外の

第Ⅱ部　調査による結婚とブライダル

あらゆるウェディング情報サイトやインスタグラムに代表される複数の画像共有サイト等を駆使して情報収集するため，多様な情報を自らの結婚式に反映するという「プレ花嫁」が増えると予想されている。その傾向を端的に表わすデータとしてインスタグラムのハッシュタグ「＃プレ花嫁」が2017年はじめに150万を超えて，1年前の5倍に増加している。[2]　なお，プレ花嫁の情報収集欲求は以下のように分析される。

(1) ライフスタイルの中で自分の好きなものの中から，自分が欲しい情報を選びたい

(2) 自分にぴったりと思うものを選びたい

(3) 好きなものの中から簡単に探せる

(4) ライフスタイルに合致する

(5) 自分が素晴らしいと思っている人（Influencer）が奨めている

(6) 情報の届け先のターゲットが明確である

(7) 情報の信頼性が担保されている

もともと，商品やサービスの販売促進面においては，事業者の情報提供量と消費者の情報収集量には非対称性があるが，この情報収集欲求から明確なことは，もはや消費者は売り手側からの「売らんかな」の情報提供を単純に受け取る，あるいは信頼するのではなく，自分の好きな人，Influencer（自分の判断に影響を与える人）によってスクリーンされた情報を信頼し，それによって消費行動を起こすというパターンに主軸が移っているのである。いまや買い手側がリードする市場に主導権が移っているのである。

このようなマーケットの変貌のもと，ブライダル業界がこれから直面する大きな変化の波に備えて，どのように観測し，対応して変革を進めようとしているかについて，週刊『HOTERES』2016年12月16日号「ブライダル総決算2016」の記事を以下に要約する。

① 少人数から，10〜20人規模の家族婚の増加が進む。ナシ婚の増加が続くが，家族婚の増加も進み，年間件数や単価アップを追いかけてきた業界にとり，「一生に一度ですから（節約しすぎずに）」との殺し文句，商売のや

り方が通じなくなる。家族・親族を中心とした挙式と会食を行い，友人を中心としたパーティと切り離したメリハリのある結婚式の傾向が強くなる。

② 業界全体として，市場の縮小と競合増加は周知の事実である。自社のチャームポイントを明確にし，どこに付加価値をつけるかに工夫を凝らす。いままでは少人数婚礼の取り込みに消極的だった式場が，婚礼者ニーズ，ウォンツに対応し，取り組みに積極的になっている。

③ 人材育成面においては，優秀なエース級接客スタッフだけに頼らないセールス施策を推進し，ゲスト一組一組のニーズを深掘りしながら，属人化しない施工品質向上をめざす。

④ トップの年間件数を獲得したホテルは，新規来館から打ち合わせまで一人のスタッフで応対している。顧客が求めるスタイルや思いを聞き出し，規格化されていないオリジナルを追求したテーラーメイドウェディングを展開する。一組一組に向き合った姿勢や提案内容への満足度が高い。

⑤ 一方で，現実には多くのホテル・式場で顧客目線の運営に目覚めていないところが多い。個々の成約者に対して，自社にとっての売上増，利益アップに必死で，相変わらず初期見積もり費用の倍にも膨れ上げさせる姿勢をとるところもある。キャンセル料対象となる挙式予定日の3カ月前を狙ったようなアップセールに躍起となっている。

⑥ 衣装や美容，写真，花などのパートナー企業のマージンアップを強制している式場もいまだ少なくなく，売上額の半分以上のマージン比率を強要しているところもある。昨今，他業種で売上の半分を支払う商売は皆無に等しい。パートナー企業は，マージン率に見合った品揃えを行い，適切に得るべき利益確保に苦しみ，新たな商品仕入れができないという影響を被っている。加えてブライダルフェア協賛金や広告宣伝協力金の負荷をかけすぎている。売上額が全盛期に比べて半減した年間組数という現実の中，結果的に，財務体質が脆弱なところは立ちゆかなくなったり，あるいは後継者問題で店をたたんだりして，大手に吸収されることになってゆく。

反省として⑤，⑥で語られているのが前節（6）においても言及した業界の旧

第Ⅱ部　調査による結婚とブライダル

態である。ホテルを含む式場のパートナー企業への強要が市場の縮小と相まってブライダル業界の構図を崩壊させ，消費者のライフスタイルの変化，意識の変化に呼応した新たなビジネスモデルを生む萌芽とならなければならない。今後は，式場内に構えたテナント（インショップ）の必要性そのものを見直し，顧客視点に立ったマージン率の是正，無料が当然とされてきたブライダルフェアの有料開催も選択肢としたゼロベースの再構築が求められよう。年末年始の催事などのチケット強要排除も急務である。新しいビジネスモデルにとって存在価値を高めてきているのが，個人のウェディングコーディネーターであり，テナント契約に基づかない，フリーランスの美容・着付，フォトグラファー，映像制作等，式場に属さないプロフェッショナル群が質量ともに増加しており，挙式予定者の満足度向上に果たしている役割が年々高まってきている。式場側も，競争原理を働かせ，１業種１社という旧来パターンにこだわらず，結果として顧客の選択肢を増やすことによってその満足度を高めるという動きも高まってきつつあるようだ。現在の挙式予定者はあらゆる面での拘束を極力嫌い，一昔前には候補として５～６の式場を訪れて下見をするのが平均的であったが，いまは情報誌やWEBでの比較検討を念入りにした上で，１～２式場の訪問に限るというのが通常パターンとなっていて，この面でも個人プランナーの助言が果たす役割が大きいのである。

③　ブライダルにおける地域マーケティングの重要性

　元来，ブライダル事業というものは，その地域，地域に根ざした地域性の強いものであった。婚礼をどこで挙行するかを決める際には，新郎・新婦が生活をする場，すなわち，勤務先，居住地，あるいは出身地（親元）がベースとなっている。しかるに，ホテルにおいては，外資系チェーン，国内チェーンともに，傘下事業所における各部門にわたっての標準業務基準の設定，マニュアル化が進み，チェーン本部主導による業務遂行がホテル運営の根底となっていった。婚礼事業についても基本的な事業方針の策定や人材教育のプログラムなど

第8章　ブライダル業界における課題解決と顧客満足度向上

は本部が統括管理して各事業店を支援するかたちで実践されているのが常である。多くの店を全国展開するゲストハウスも同様である。しかし，もともと地域性の強い婚礼は，地域ごとの競合状況が大きく異なることもあり，チェーン本部による共通の販売促進策実践による効果が上げにくく，支援が大変難しい一面を持っている。言い換えれば，それだけに，事業店個々による地元施策の良否が業績に反映されることとなる。新規来館や成約カップルの地域分析にはじまるエリアマーケティングの巧拙が問われる。またいわゆる都会においては，隣接地域間における競合がある。例えば首都圏における東京 vs. 横浜，関西圏における京都 vs. 大阪 vs. 神戸という構図である。地域間で競争する場合，単独一社一社が市場を吸引する力は僅かなものに限定され，地域コミュニティとしての取り組みが不可欠であるが，その目的・趣旨に則って多彩な活動を行っているのが各地域の「地域ウェディング協議会」のような組織である。

　横浜に事務局を置くエリアウェディング連合会に加盟する25の組織を以下に列挙し，その共同声明を紹介する。

　　山形ウェディング協議会，ぐんまウェディングチーム，茨城ウェディング協議会，つくばウェディング協議会，TAMA ウェディング推進会，下町文化ウェディング協議会，青山ウェディングタウンフォーラム，湘南ウェディング協議会，箱根・小田原ブライダル協議会，富山県ウェディング協会，金沢ウェディング協同組合，信州ブライダル協議会，軽井沢ウェディング協会，山梨ウェディング協議会，伊豆リゾートウェディング協議会，関西ブライダルビジネス懇話会，南港ウェディング会議，きしゅうわかやまウェディング協議会，神戸ウェディング会議，岡山ウェディング協議会，香川ウェディング協議会，高知ウェディング推進委員会，門司港レトロブライダル協議会，鹿児島ウェディング協議会，沖縄リゾートウェディング協会（順不同）

193

第Ⅱ部　調査による結婚とブライダル

【エリアウェディング連合会　共同声明】

　ウェディング事業を通じ地域に根付いた活動をし，より多くのカップルに，適正かつ安全なウェディングの提供・アピールを行うことで，日本の婚礼文化を守り，次世代への創造・発展に寄与し，社会貢献をしてゆく。

　長年をかけて築き上げてきた日本の婚礼文化も「少子化・未婚化」という現実だけでなく「若者の婚礼離れ」という厳しい現実を迎えている。

　一方で，婚礼文化をビジネスでしか見ない事業者も増え，カップルがトラブルに巻き込まれるケースも年々増加の一途にある。

　これらの現状を公に指摘する事も出来ないことが，カップルの婚礼離れを助長している側面もある。

　また，結婚式は夫婦関係を結ぶ儀式として，周囲の方達との絆作りとして，大切な役割がある文化であると同時に，社会インフラのひとつでもあり，離婚率上昇・シングルマザー増加などを抑制し，次世代を担う子供たちを地域社会で安心して育てることが出来る環境作りの一端を担っている。

　我々，エリアウェディング連合会では，地域に根差した活動が基本姿勢であり，加盟会員同士で結婚式の必要性と披露宴の素晴らしさを啓蒙し，これから結婚するカップルに寄り添い，ウェディングを通じ社会貢献をしてゆくことを目指す。

平成26年7月15日

エリアウェディング連合会[3]

　我々の地元である兵庫県神戸市においても，阪神・淡路大震災から10年をきっかけに2005年8月にキックオフセミナーが開催され，2005年10月に「神戸ウェディング会議」が発足し，現在2団体，89社が会員登録をしている。ウェディング業界に特化せず，広く新生活分野まで含めることで，さまざまな業種が幅広く加盟している。ウェディングは，挙式・披露宴に関わる関連産業だけでなく，観光・宿泊をはじめとして，その後の生活全般におよぶ生活総合産業として大きな経済効果を持つとの認識から神戸市も支援，また一組のカップルが挙式・披露宴を行うことにより，多くの招待客が神戸市を訪問するとの観光振

興という視点で神戸市コンベンション協会も会員に名を連ねてサポートをしている。正式発足前からの活動歴10年を経て，イベント・クィーン部会，広報・プロモーション部会，会員拡大・交流部会，神戸ランドマークウェディング部会の４部会構成により，域内に数多くある魅力的な神戸ランドマークでの結婚式の創造・演出や神戸プロポーズの日の設定，また2017年７代目となる神戸ウェディングクィーンの活動領域を積極的に広めてプロモーション活動を推進しており，その成果として，全国的に婚礼件数が減少する中，神戸では増加傾向を保っている。

④ 変化に向けた将来展望

これまでの式場業は，伝統的な専門式場，ホテル，そして1990年以降に台頭してきたゲストハウスの三つ巴競合関係にあった。少子化，晩婚化，ひいては非婚化が加速する中で，年間婚姻組数が約60万組に減少し，そのほぼ半数がいわゆるナシ婚という逆風の中でひしめき合っていると言っても過言ではない。しかしこの環境下にあるのは，ブライダル業界に限らない。前章で述べた人口推計によれば2060年には総人口が8674万人となり，全ての産業において内需規模が今の３分の２の世の中が出現するのである。

四十数年後を視野に入れて，業界はどのように変化しつつ将来のあるべき姿を模索しているのかを見てみよう。婚礼事業復活を実現しつつある勝ち組のホテルは，従来の件数増をめざすのではなく，ブランド力を発揮して，手作り商品を前面に押し出す。「○○ホテルならでは」の商品造成と高品質サービスを武器にして，婚礼をきっかけに「ホテル生涯顧客として囲い込むための婚礼事業である」との社内コンセンサスを形成し，婚礼事業を展開してゆくであろう。その基本方針・戦略をベースに経営資源の配分，再投資計画を組み立てるのである。一方，婚礼事業の低迷組においては，当座の婚礼は業績良好なブライダル専業会社への婚礼事業委託というようなかたちを選択し，消極的な位置づけの婚礼事業を継続しつつ，外国人訪日客の増加によりこれからも伸長が見込め

第Ⅱ部　調査による結婚とブライダル

る宿泊部門に主軸を置く方向にシフトして，ホテル全体の収益性を高める方向に向かう。すなわち，婚礼事業における年ごとの波動に一喜一憂しないという軟着陸戦略であり，設備投資もそれに呼応して事業領域ごとに適正配分するものとなる。

　ゲストハウスにおいては，これまで以上にスタッフのプロフェッショナル性と高い運営ノウハウに磨きをかけて，ホテルからの業務受託事業分野を成長させつつ，自社としてのホテル事業展開の加速により，ほぼ週末に集中している今の婚礼事業の非効率性，低生産性を改善し，労働生産性，経営効率を高めなければならない。現在，各社共通の悩みであるとされている社員の定着性の低さの解決もこの取り組み如何にかかっている。すでにこの方向性を推進しているのが Plan・Do・See 社や，ツカダホールディング社であり，テイクアンドギヴ・ニーズ社など，大手他社の追随が続く。ワタベグループ傘下の老舗専門式場である目黒雅叙園では，花嫁専用のブライズルームを宿泊用客室に改装して総客室数を60室に増やして，2017年4月1日付けでリブランドして「ホテル雅叙園東京」とし，ホテルであることを前面に基本戦略として打ち出した。

　また，婚礼事業そのものも，内需の縮小を補うのは海外市場からの外需である。日本人の海外婚促進だけに終わらず，インバウンドの増加を背景とした外国人婚礼の販売促進強化が不可欠である。その過程においては，もう一度繰り返し強調しておくと，長く続けてきた旧来の硬直的なビジネスモデルから脱皮すべく，根本からのゼロベースの再構築が求められる。供給者視点による数々の旧弊を断ち，消費者視点の原点に立った商いを，インショップだけでなく，だんだんと数が増えて業界での存在感を高めつつある（式場に所属しない）個人コーディネーター，プランナー，加えてレストラン事業者，そして消費者からの信頼度重視という点に軸を置くことを加速している紙媒体，双方向コミュニケーションを主としたWEBメディア，さらには結婚を前提とした出会い演出ビジネスの主流となりつつある健全なマッチングサイト業界との連携をもっともっと深めなければならない。

　すそ野の広い婚礼事業の推進はエリアにおけるマーケティングの取り組みの

第8章　ブライダル業界における課題解決と顧客満足度向上

良否が鍵を握っているものであるとの認識のもと，前節で紹介したように，全国各地域に存在して活動を強めている地域ウェディング協議会や自治体，また地域社会そのものとの連携・協働体制をより強固なものとし，地域経済振興・活性化への貢献を伴った，業界の健全姿勢による復活と息の長い隆盛を願ってやまない。

●注────────────
(1)　「電通ダイバーシティラボによる調査」。http://www.dentsu.co.jp/news/release/2015/0423-004032.html（最終アクセスは2017年9月1日）
(2)　『The Professional Wedding』（2017年4月26日号）ウェディングジョブ。
(3)　「エリアウェディング連合会」公式 WEB。http://areawedding.net（最終アクセスは2017年9月1日）

●参考文献────────────
『週刊 HOTERES』（2016年12月16日号）オータパブリケイションズ。
『週刊 HOTERES』（2017年3月3日号）オータパブリケイションズ。
徳江順一郎（2011）「ブライダルにおける市場の変化とホスピタリティ」『高崎経済大学論集』（第54巻第2号）51-54頁。

第Ⅲ部

観光化する結婚とブライダル

第9章
龍馬ハネムーンロードと観光地づくり

桑田政美

[1]　日本最初の新婚旅行——坂本龍馬とおりょう

（1）　坂本龍馬とおりょうの新婚旅行の行程

　白幡洋三郎（1996：164-166）は，1914（大正3）年9月発刊の『風俗画報』に掲載の天籟生による「世界共通の結婚風俗」の内容を自身の著書で引用している。結婚指輪と新婚旅行の起源など，本章にとって興味深い記述があるので，原本を読み込みここに紹介する。

　結婚指輪は「最も古い風俗の一つで，野蛮時代の遺風である。今でこそ女尊男卑など云っているが，欧米でも往昔は男尊女卑が定則で，女子は全然たる奴隷である俾僕であると見做されていたものである。そこで女子が男子に嫁する際は其一身をささげて，新郎の奴隷となり俾僕たるべしと云ふ証として手枷の徴として指輪をはめたのが，今日世界共通の結婚指輪の起源なのである」としつつ，時代の変遷とともに結婚指輪の意味も変遷して「男子が指輪をこしらえて結婚式の際に之を新婦の指にはめる様になってからは，却って男が其一切の財産身分を新婦の為にささげる徴と解せらるる位になって居る」と記されている。また，今日の新婚旅行の起源として「女が奴隷であり，一種の財物であると見做されて，人身売買の行われた時の遺風である。茲に一男子があって心當りの娘を其妻に嫁らうと云ふには金銀財寶其他種々の品物を婦の父に贈って婦の一身を買ひ受ける。……如何に野蛮時代でも男女相愛の場合もある。こんな場合には假令男子は婦の父の承諾を得ることが出来ぬでも，介染男即ちベスト

第Ⅲ部　観光化する結婚とブライダル

図 9-1　新婚旅行ガイドブック
　　　　　（1964年版）
出典：旅の図書館。

マン(1)の助力を受けて，新婦を拐帯して一時遠方にかけ落と出懸け，而して時のたつた婦の父の怒が冷めるのを待つ」とある。これを読むと，いささか滑稽な諸説の一つであるが，この二つのことが，ハイカラな連中の流行りのものだと否定的に見られているのが分かる。この二つが少しずつ民衆に浸透してきたのはこの頃からであった。しかし，言葉は浸透しても，実体として実行していたのは，ほんの一握りの上流階級の人たちであっただろうと推察される。

日本交通公社が新婚旅行用のガイドブック『新婚旅行案内』（図9-1）を刊行したのは1958年である。1961年版（定価140円）を見ると，当時の新婚旅行の心得，新婚旅行先などが懇切丁寧に説明されている。計画を決めるまで，旅館を選ぶために，乗り物あれこれ，持っていくもの，気をつけてほしいこと，周遊券について，等々が目次の中にある。行先については次の項目が並んでいる。東京近郊（1泊から3泊まで）の箇所には，箱根を中心に，伊豆半島，日光から磐梯高原まで，上信越，中央線に沿って，都内と近郊，とあり，観光をかねての箇所には，東北，中部，関西，山陰と瀬戸内海，北海道，九州，とあり，それぞれの方面別に観光名所の説明とモデルコースが記載されている。このガイドブックには，この時代に一般的でなかった海外旅行の案内は載っていない。内容については興味深い記述も見られる。例えば，計画を決めるまでの項目の中に，「(A)気軽に行ける東京近郊で済ませるか，(B)同じコースをデラックスプランでいくか，(C)ぜいたくをがまんして，遠くへ足を延ばし，日数を多くするか，(D)スーパーデラックスで観光大旅行，と気張るか，予算と日数を考慮して，大別以上4通りの型から，あなたがた自身が選び出さなければならない」として，「予算の額

（旅行に要する総費用：交通費・宿泊費・飲食代・チップ・みやげ品代）で分けてみると，5,000円〜12,000円はＡ型，12,000円〜30,000円はＢ型とＣ型の一部，30,000円〜50,000円はＢ型の一部とＣ型，50,000円以上はＤ型になるといってよかろう。日数で分けると，Ａ型は１〜２泊，Ｂ型は１〜３泊，Ｃ型は３〜４泊，Ｄ型は４〜７泊，が平均値のようである。一方，代表的な都内の交通公社営業所（有楽町・丸ビル・上野）で，申し込みを受け，お世話した新婚旅行プランの実態を調べてみると，宿泊日数では２泊が断然多く40％強，次いで３泊が約25％，１泊が23％強，４泊以上は12％となっている。また，方面別では伊豆が約22％，関西14％，湘南12％，九州10％，南紀・中部が８％，以下東北，北関東（日光・鬼怒川・那須・塩原），箱根，北海道の順である。以上の数字から，ＡＢＣＤ４つの型で，最も多いのがＢ型，以下Ａ型，Ｃ型，Ｄ型の順であろうと考えられる」となっている。このようなガイドブックが必要とされるほどに，ようやく新婚旅行が大衆化してきたと言える。

　この大衆化に大きな役割を果たしたのが，1959年から販売を開始した「ことぶき周遊券」である。国鉄（当時）に601 km以上（航路含む）１等または２等で乗る場合に２割引となる制度である。日本航空，全日空も割引となり，片道を航空機利用の新婚旅行が多くあった。1967年からは，この周遊券を利用して国鉄で出発する際には，「ことぶき入場券」がホームでの見送り用に10枚付いてくるようになった。結婚式はたいていが大安吉日を選んで挙式するが，それに続く新婚旅行は列車や航空機の予約が取れない状況となってきていた。そこで登場したのが，「ハネムーンセット旅行」である。旅行会社や国鉄により乗り物，宿泊がセットされ，申し込みと同時に行程が確保されるという商品である。その後，『新婚旅行案内』は版を新たにしながら，1970年代には日本とは全く異質の自然と人間の織りなす外国への旅は，全てがいかにも新鮮でまさに新婚旅行にふさわしいということで，ハワイ，東南アジア，ヨーロッパ，アメリカ本土のプランが簡単にではあるが紹介されるようになってきた。

　戦後のベビーブームと言われた1946〜49年に生まれた団塊の世代を中心に，毎年100万組というカップルが誕生した。彼らが爆発的に新婚旅行に出かける

第Ⅲ部　観光化する結婚とブライダル

1970年代に起こった宮崎ブーム，そして，1972年の沖縄の復帰とそれに伴う1975年の沖縄海洋博の開催を経て，よりリアルな南国である沖縄がブームとなり，新婚旅行の目的地としても人気を呼んだ。さらに1980年代から新婚旅行はハワイなど海外へとシフトされていき，それと同時に，海外での挙式を旅行とかねて行うというスタイルも定着していくのである。

　日本で最初に新婚旅行をしたのは坂本龍馬と言われている。これは，司馬遼太郎の『竜馬がゆく』の影響が大きいと考えられる。坂本龍馬は，勝海舟から新婚旅行という西洋風俗があると聞いて，回るのも面白いと考えたようである。この風俗の日本での皮切りは，この男であったと言っていい，としるされているのである。

　　一方，竜馬は別のことを考えていた。
　　新婚旅行
　　である。この男は，勝からそういう西洋風俗があるのをきいている。いっそのこと，風雲をそとに，鹿児島，霧島，高千穂と，おりょうを連れて新婚旅行にまわるのも一興ではないか。
　　そうきめた。
　　早速，おりょうを呼び，そのことを宣言した。なあ，おりょうよ，と竜馬はくすぐったそうにいうのである。
　　「縁結びの物見遊山だぜ」
　　この風俗の日本での皮切りは，この男であったといっていい。

（司馬　1987：304）

　明治時代に発表された，「汗血千里の駒」という小説がある。今にいたるまで小説や演劇，映画などさまざまなかたちでおびただしく再生産される坂本龍馬を主人公とした最初の小説とされる。坂崎紫瀾が書いたこの小説に，「ホネー，ムーン」という言葉が出てくる。欧州の奇事とされる新婚旅行は，ゲルマン人の略奪婚に源を発するという説がある。つまり，他国から略奪して妻とし

204

た女性を，自国に連れ帰るという穏やかならざる旅ということである。さらに，こうして花婿になった男性には，蜂蜜を飲んで精をつけ，蜂のように子供をたくさん授かるようにと，ここからハネムーンの語が生まれたということである。

（2）　坂本龍馬とおりょうの新婚旅行地・霧島の観光戦略

　寺田屋で襲われた龍馬は，おりょうの機転で助かる。薩摩屋敷にかくまわれた後，長崎に立ち寄り，薩摩藩の三邦丸で鹿児島に上陸する（現在の天保山公園）。いったんは，西郷隆盛，小松帯刀，吉井友実の屋敷に泊まりながら，3月16日に桜島丸で浜之市港にわたり，そこから徒歩で温泉巡りをするのである。坂本龍馬とおりょうの新婚旅行の行程は，1866（慶応2）年旧暦3月10日鹿児島〜4月12日鹿児島（新暦4月24日〜5月26日）であった。その行程は下記のとおりである。

▶ 3月10日　鹿児島着　西郷隆盛，小松帯刀，吉井友実邸に泊まる。

▶ 3月16日　桜島を眺めながら，船で浜之市港へ。上陸し，日当山温泉に泊まる。小松帯刀夫妻は3月14日より4月8日まで，25日間霧島栄之尾温泉へ湯治に出発している。

▶ 3月17日　塩浸温泉にて11泊，手傷の治療をする。この間，月日は特定できないが，和気清麻呂公史跡（現在の和気神社）に立ち寄る。犬飼滝については「蔭見の滝（犬飼滝のこと）は五十間（約100 m）も落ちて中ほどには少しもさわりなし。実にこの世の外かと思われ候ほどめずらしき所なり。谷川の流れにて魚を釣り，短筒で鳥を撃つ。誠におもしろかりし」と姉の乙女に手紙を書いている。実際の滝の高さは36 mであるが，壮大に感じたのか，大げさに表現したのかは不明である。この頃，塩浸の谷は岩つつじが満開の頃であった。

▶ 3月28日　栄之尾温泉で療養中の小松帯刀を見舞い，硫黄谷温泉に泊まる。

▶ 3月29日　念願の高千穂峰に登る。途中高千穂の峰を矢立でスケッチする。天の逆鉾を抜いて笑い，霧島つつじに感動している。霧島神宮

第Ⅲ部　観光化する結婚とブライダル

図9-2　龍馬とおりょうの新婚湯治碑
（塩浸温泉龍馬公園）

出典：筆者撮影。

に参拝し，華林寺の宿坊に泊まる。

▶ 3月30日　再び硫黄谷温泉泊。4月1日塩浸温泉へ帰り7泊する。
▶ 4月8日　日当山温泉に帰り3泊する。
▶ 4月11日　船待ちで浜之市港に1泊する。
▶ 4月12日　浜之市港をたち，鹿児島城下に帰る。小松帯刀の原良別邸に約50日間滞在するが，毎日何をしていたかは記録がないため不明である。

　約1カ月間温泉療養をするわけであるが，特に塩浸温泉には長期間滞在して，寺田屋で受けた手の傷を治すべく，温泉療養を試みている。この温泉の効用は，江戸後期に記された地誌である「三国名称図絵」によると，刀や斧による傷などに薬効があると記されているので，左手に傷を負った龍馬には効き目があったのであろう。龍馬お気に入りの塩浸温泉は，現在，整備され，塩浸温泉龍馬公園（図9-2）となっている。ちなみに，現在では鹿児島空港からここまで，路線バスに乗り15分ほどで簡単に着いてしまう。

　鹿児島県と霧島市は，龍馬とおりょうが新婚旅行に訪れた浜之市港から霧島神宮までのコースを，観光資源として活用することを考え，2008年に「龍馬ハネムーンロード」と名づけて，道標をコース沿いに58基設置した[5]（図9-3・4・5）（表9-1）。これは，NHKの大河ドラマ「龍馬伝」の放送が2010年からはじまることが決定したので，①この機を逃さずに観光客を誘致したい。また，②霧島を日本最初の新婚旅行地である，としてPRしたい。そして③2016年が龍馬とおりょうが新婚旅行で訪れてから150周年の節目となる，これを記念して設置する，という目的であった。現在は，このルートを活用して多くのウォーキングイベントが開催されている。

第9章　龍馬ハネムーンロードと観光地づくり

図9-3　道標（小）
出典：筆者撮影。

図9-4　道標（中）
出典：筆者撮影。

■「龍馬ハネムーンウォークin霧島」：毎年3月に2日間ウォーキング大会を開催（1988年〜），霧島市観光協会主催
■「龍馬ハネムーンロードを歩こう」（図9-6），「龍馬の散歩道周遊ウォーク」など：霧島市観光協会，霧島歩こう会，NPO薩摩龍馬会が主催・共催するウォーキングイベント

図9-5　道標（大）
出典：霧島市観光協会。

周辺の観光スポットを紹介しておく。
■JR薩肥線・嘉例川駅
　1903年に開業した鹿児島県内で最も古い木造の駅舎で，現在は無人駅であるが，観光列車「はやての風」が停車する。
■和気神社
　和気清麻呂公を祀る神社で，学問・建築・交通安全の神として知られる。社務所の脇には坂本龍馬夫妻が新婚旅行でこの地を訪れたことを記念する

207

表 9-1　道標設置場所一覧

番号	設置場所	看板の種類	番号	設置場所	看板の種類
1	浜ノ市港　倉庫横	中型1	30	菅原神社駐車場　河川沿い	中型5
2	浜ノ市港　県道	小型1	31	菅原神社先　河川沿い	小型26
3	浜ノ市ふれあいセンター前	小型2	32	神社手前　河川沿い	小型27
4	県道崎森隼人線　鹿銀隼人南支店手前	小型3	33	神社の先　三叉路付近	小型28
5	県道崎森隼人線　隼人塚先	小型4	34	三叉路先　河川沿い	小型29
6	隼人駅　舎はとの風　横	中型2	35	合流地点手前	中型30
7	隼人工業高校　玄関横	小型5	36	下小鹿野　橋付近	小型31
8	隼人グランド高校側水路　水路橋手前	小型6	37	下小鹿野古道　合流地点	小型32
9	隼人グランド木田側　水路横	小型7	38	大和リゾート入口付近	小型33
10	隼人グランド水田側　図書館先交差点	小型8	39	稲原より中津川への分岐点	小型34
11	隼人内山田　農道出口	小型9	40	市長宅前付近	小型35
12	雇用促進住宅　交差点	小型10	41	中津川田代　橋付近	小型36
13	鹿児島神宮正面鳥居横	中型3	42	大胴滝滝見台東屋付近	中型6
14	鹿児島神宮正面鳥居横　宮内小側歩道	小型11	43	塩浸温泉駐車場付近	中型7
15	石体神社　横手前歩道	小型12	44	中津川幼稚園付近	小型37
16	宮内用水路横歩道	小型13	45	横瀬　交差点手前	小型38
17	蛭児神社　手前	小型14	46	横瀬　交差点（ゴルフ場へ）付近	小型39
18	ケンキー隼人店駐車場	小型15	47	母ヶ野への分岐点付近	小型40
19	ケンキー隼人店先交差点	小型16	48	九面太鼓倉庫付近	小型41
20	日当山温泉通り入り口　歩道	小型17	49	国民休養地手前信号機付近	小型42
21	日当山温泉通り西郷どんの湯入口	小型18	50	乗馬クラブ交差点付近	小型43
22	日当山温泉通り日当山郵便局手前	小型19	51	温泉市場　敷地内	中型8
23	株湯どん橋手前	小型20	52	神話の里公園　トイレ付近	中型9
24	龍馬渡しの地付近	中型4	53	霧島神宮への旧道分岐点付近	小型44
25	日当山橋手前	小型21	54	旧道墓付近　橋手前	小型45
26	日当山橋奥	小型22	55	旧道　華林寺手前	小型46
27	ウィークリーイン隼人付近	小型23	56	霧島七不思議看板付近	小型47
28	医師会医療センター手前　橋付近	小型24	57	霧島神宮内　九州自然遊歩道看板付近	小型48
29	医師会医療センター手前　橋付近	小型25	58	霧島市観光案内所	大型1

出典：霧島市役所。

第9章 龍馬ハネムーンロードと観光地づくり

碑がある。また日本一大きい絵馬（幅12m・高さ8.4m），道鏡との因縁にまつわる白い猪，藤まつりが有名である。

■霧島神宮

6世紀の中頃，慶胤という僧が高千穂の峰に建立したのがはじまりとされ，その後霧島山の噴火などによって焼失が繰り返されたが，現在の地に1715年島津吉貴によって寄進された。壮麗なつくりの社殿は現在国指定の重要文化財となっている。

図9-6 「龍馬ハネムーンロードを歩こう」パンフレット
出典：霧島市観光協会。

② 昭和の新婚旅行のメッカ・宮崎

（1） 宮崎の観光地づくりと岩切章太郎

宮崎は，1960年代から脚光を浴びるようになった新興観光地と言える。1955年には別府，雲仙，熊本，阿蘇が100万人を超える観光客を集めているのに対し，宮崎はわずか39万人であった。しかし，1960年頃から急速な増加傾向を見せる。他の観光地も観光客は伸ばしているが，宮崎は特に倍々となる数値を示している。

その要因は，1954年の「南国宮崎産業観光大博覧会」を契機として，本格的な観光政策を実施し，観光基盤の整備を行っていったことにある。1955年には

209

第Ⅲ部　観光化する結婚とブライダル

図 9-7　岩切章太郎
出典：『宮崎交通70年史』。

日南海岸が国定公園となり、これをきっかけに宮崎県内の優れた景観地域の編成が行われ、さらに鉄道、航空が施設の整備とともに改良されていったのである。1963年にも県は観光施設の積極的展開の施策を講じ、道路整備、国民宿舎、公園整備等が進展した。中でも、主要な道路に沿って花木が市町村管理で植栽され、屋外広告を制限することによって自然美を保護する「美しい郷土づくり運動」は全国的に注目を集めた。これらの宮崎の観光地づくりに多大な貢献を果たしたのが宮崎交通の創始者岩切章太郎であった（図9-7）。

　岩切章太郎は、1893年、宮崎県生まれで、東京大学卒業後、住友総本店に入社し、経理課調査係に配属されたのが企業人としてスタートであった。3年半の勤務後、1924年に宮崎に帰ることとなる。帰るにあたって三つの基本方針を立てている。第一は、世の中には中央で働く者と、地方で働く者とがあるが、自分はあくまで地方で働く方で終始しよう。第二は、上に立って旗を振る人、下にいて旗の動きを見て実際の仕事をする人とがあるが、自分は旗を振る方でなく、旗を見て実際に仕事をする側の方の仕事をしよう。第三は、人のやっていること、やる人の多い仕事はしない。新しい仕事か行き詰まって人のやらぬ仕事だけを引き受けてやってみよう。人のやっている仕事は自分がとって代わってみても、その人と自分との栄枯盛衰でしかない。しかし、もし新しい仕事を一つつけ加えたり、行き詰まった仕事を立て直すならば、それだけ世の中のプラスになる、と考えていたのである。この方針を岩切章太郎は終生守り続けた。1926年、バス4台の宮崎市街自動車を設立した（図9-8）。1943年、宮崎交通と改称し、日南海岸の観光開発など自然を生かした独自の開発で宮崎を観光立県にした。1985年7月16日92歳で生涯をとじた。

　■岩切章太郎が観光事業に乗り出したのは、1931年遊覧バスの運行を開始し

たときからであった。

　遊覧案内人（遊覧バス車掌）が人気を呼ぶ（のちに観光バスガイド）。宮崎交通の観光バスガイドについての方針は"ありのままの姿"というものである。「若い女の子が乗ったら国から妹が来たと思いなさい。年とった女の人だったら国からおばさんが来たと考えなさい」と，身内の者に対する親切心を教えている。

図9-8　宮崎市街自動車
出典：『宮崎交通70年史』。

■1937年に「サボテン公園」を開園，1939年には青島の観光開発を目的として「こどもの国」を開園するなど観光事業を拡大していった。
■戦時下においても，一般的には享楽的であるとして旅行控えがあったが，宮崎は「皇祖の郷」として「八紘之基柱（あめつちのもとはしら）」への参拝等，「国策旅行」と称して観光客が多く訪れた（聖地巡拝）。
■独自のバスツアー企画を次々と成功させた。
　「初日バス」：日南海岸堀切峠で初日を見る（1955年開始）。
　「納涼バス」：1955年から運行，最初は青島へ行く。記念乗車券，ロマンスシート，ガイドの案内，お土産のうちわ等工夫を凝らす。最盛期の1962年には一晩で99台という記録を作った。
　「アロハで飛ぼう」：全日空，日本交通公社とタイアップし，東京と大阪からアロハ姿で3泊4日の夏のバカンスを楽しもうという企画で，大ヒットした（1964年開始）。行程は，宮崎空港から宮崎神宮，日南海岸，えびの高原，霧島，指宿を観光して鹿児島空港から帰るというコースであった。
　「太陽とあそぼう」：福岡や北九州からの独身男女が2泊3日で宮崎の夏を満喫する企画である（1965年開始）。1974年にはバス10台に分乗して450人もの若者が参加した。

第Ⅲ部　観光化する結婚とブライダル

　「水着バス」：宮崎市内のホテルから青島海水浴場へ水着姿で乗れるので，海水浴場での脱衣や持ち物の心配がなく，若い女性に好評であった（1968年開始）。

　岩切章太郎の語録として有名なものに，「大地に絵を描く」という言葉がある。この言葉を，言った本人が気に入ってよく講演などで使っていたそうである。

　　かつて，ある画家が宮崎の風景を熱心に描いていた。その画家が岩切章太郎に対して，「社長も何か描かれたら」と誘った時，「私も描いているが私の画布（カンバス）は宮崎という大地である」と答えた。宮崎という大地に，美しい花や木を一杯植えてさらに良くすること・描く事が願望であった。（1960年12月発行の社内報「無尽灯」）

　岩切章太郎の，もう一つの有名な言葉に三つの美がある。「自然の美・人工の美・人情の美」というものである。自然の美とは，美しい自然，清潔な環境の保全に心がけ，宮崎の美しい空，おいしい空気，きれいな水，草花，緑の山々などを大切に守り育てながら，宮崎の自然環境の素晴らしさの創出に努めた。人工の美とは，宮崎の自然の中に美しさを見つけ，その美しさを全ての人に気づいてもらうように手を加え，植え足し，切り出しの手法で観光地の整備・創出に努めた。人情の美とは，サービスこそ最も大きな観光資源とし，観光客に，宮崎にまた来たいと思っていただくことに心をくだいた。人工の美における植え足しとは，美しい南国宮崎を一層引き立てるように，日南海岸，こどものくに，大淀河畔にフェニックスを植栽していくこと。また，切り出しとは，ススキや邪魔な雑草を切り払って，「みやまきりしま」や，えびの高原に自生する天然記念物の「のかいどう」などを皆が鑑賞できるようにすること。この三つの美が，岩切章太郎の経営哲学ともいうべきものとなっている。

（2） 新婚旅行地としての宮崎ブームとその背景

　白幡（1996：179-180）は，宮崎ブームの新しい発端となったのは1950年の「新日本観光地百選」のハガキ投票であったと指摘する。これは，毎日新聞主催の新たな国土観光開発事業で，ハガキ投票により10部門（海岸，山岳，湖沼，瀑布，温泉，渓谷，河川，平原，建造物，都邑）それぞれ10カ所を選ぶというものである。この投票のために県として統一名称を作るべきということになり，日向の国の南一帯（青島から都井岬までの海岸線）を広く指す名称として，「日南海岸」の名称があみだされたのである。県あげての取り組みが組織化され，大量得票に結びついた結果，120万票を集め海岸の部で第4位に選出されたのである。このことにより日南海岸が全国に知れ渡ることになったのである。ちなみに，1位は和歌浦友ヶ島（140万票），2位は三陸フィヨルド，3位は九十九島となっている。しかし，この新日本観光地百選に選出された他の観光地も同様に知名度をあげていったので，新婚旅行地としての宮崎ブームとなるのには少し時間を待たねばならなかった。

　1960年3月，昭和天皇の第五皇女・清宮（貴子）と旧佐土原藩主家系の島津久永氏の結婚が宮崎にとってはブームを押し上げる大きな要因となった。同年5月3日，島津夫妻は夫・久永氏の祖先の墓参りを兼ねた新婚旅行として宮崎を訪問された。1959年の皇太子結婚，続いての清宮の結婚と，当時のマスコミの皇室報道が過熱し，二人の新婚旅行には多くの取材記者が同行していた。「おスタちゃん」の愛称で親しまれた清宮が，古い伝統にある皇室の女性でありながら自分の意思で相手を選び，記者会見で述べた「私の選んだ人を見てください」という言葉とともに，日本を沸かせたのである。

　『週刊女性』『女性自身』『週刊明星』『週刊平凡』などに多くの特集記事が連続して掲載され，ファッション，観光地での行動がこと細かく報道された。宮崎にとっては，パブリシティ効果抜群のエポックとなった。新婚旅行の行程は，鵜戸神宮，青島，サボテン園などを周遊，えびの高原を経由して鹿児島へというものであった。

　さらに宮崎には好機が訪れる。1962年5月，皇太子夫妻が浩宮を東京におい

第Ⅲ部　観光化する結婚とブライダル

表9-2　1975（昭和50）年前後の宮崎市宿泊結婚組数[6]

	全国婚姻組数	宮崎市宿泊結婚組数	宮崎誘致率（％）
1970（昭和45）年	1,029,405	162,721	15.8
1971（昭和46）年	1,091,229	224,199	20.5
1972（昭和47）年	1,099,984	259,826	23.6
1973（昭和48）年	1,071,923	310,722	29.0
1974（昭和49）年	1,000,455	**370,184**	**37.0**
1975（昭和50）年	941,628	**337,121**	**35.8**
1976（昭和51）年	871,543	269,966	31.0

出典：厚生省「人口動態調査」および宮崎市観光戦略課資料より筆者作成。

て宮崎を訪問され，青島，こどもの国などを周遊されたのである。このことも宮崎のイメージアップに大きく貢献した。

　島津夫妻の行程から生まれた宮崎のスローガンが「新婚旅行は島津ライン」，そして皇太子夫妻の行程からは「新婚旅行はプリンスライン」が生まれ，さらにメディアの露出効果もあり，新婚旅行は宮崎というイメージが定着することとなった。

　ちょうど団塊の世代が結婚適齢期を迎える時期と重なったこともあり，1960年代後半から1970年代後半にかけて宮崎は新婚旅行のメッカとなる。表9-2に見られるように，1974（昭和49）年に結婚した100万455組のうち，約4割近い37万184組が新婚旅行で宮崎を訪れたのである。大安翌日の宮崎の各観光地は，全国から訪れた新婚カップルで超満員の状態であった。

（3）　宮崎ブームにメディアが果たした役割

　宮崎が1960年代後半から新婚旅行をはじめ観光ブームを巻き起こした要因として，メディアが大きな役割を果たしていると森津千尋（2010，2012）は述べている。先述の島津夫妻の行動やファッション，旅行中にどのような言葉を発したかなど，雑誌，週刊誌等のマスコミ報道記事の内容を明らかにしながら，メディアに描かれた宮崎のイメージを整理しつつ詳細に分析を行っている。

　このように，グラフ雑誌や女性誌が新婚旅行の特集号を発行する（図9-9），特集を組むなどしたことが，宮崎を大いに宣伝することとなった。加えて，映

画やテレビ，歌の影響も大きかったのである。下記に主なものを挙げておく。

▶ 1963（昭和38）年，映画「100万人の娘たち」（松竹）の公開。
監督：五所平之助，主演：岩下志麻，津川雅彦，笠智衆，乙羽信子
宮崎交通のバスガイドが主人公。宮崎交通が全面協力し，バスガイドの制服や腕章も実際のものを使用。
宮崎観光ホテルでロケ。鬼の洗濯岩，こどもの国，サボテン園などの観光名所やフェニックスの通りなどを紹介。

図 9-9 『毎日グラフ』
島津夫妻新婚旅行号
出典：毎日新聞社。

▶ ほかにも，1959年「忘却の花びら」（東宝・池部良，司葉子主演），1960年「口笛が流れる港町」（日活・小林旭，浅丘ルリ子主演）など宮崎の観光地が舞台の映画が公開。

▶ 連続テレビ小説「たまゆら」
川端康成の書き下ろし作品。
1965年4月5日〜1966年4月2日放映，平均視聴率33.6％。
※ただし，宮崎だけが物語の舞台になっているわけではない。
※放送開始1カ月後の連休初日には日南海岸は爆発的な交通ラッシュが発生した。この日の定期観光バス96台，県外からの貸し切りバス53台，それに自家用車，タクシーが大挙して押し寄せたので各地で交通マヒが起こったのである（『宮崎日日新聞』1965年5月3日付け）。

▶ 1967年，デュークエイセスの「フェニックス・ハネムーン」
作詞：永六輔，作曲：いずみたく

　　君は今日から妻という名の僕の恋人
　　夢を語ろうハネムーン

第Ⅲ部　観光化する結婚とブライダル

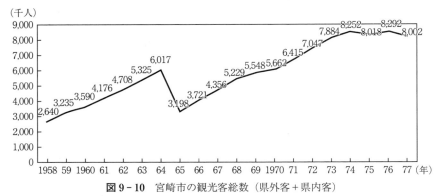

図9-10　宮崎市の観光客総数（県外客＋県内客）
出典：宮崎交通資料より筆者作成。

　　　フェニックスの木陰　宮崎の二人

　　　僕は今日から夫という名の君の恋人
　　　二人だけだよハネムーン
　　　フェニックスの木陰　宮崎の二人

　　　僕ら明日から夫婦という名の男と女
　　　抱きしめあおうハネムーン
　　　フェニックスの木陰　宮崎の二人

（日本音楽著作権協会（出）許諾第1710030-701）

　図9-10のグラフを見ると，1950年代後半から1975年にかけて右肩上がりの伸びを示しており，宮崎がブームとなっているのが一目瞭然である。1965年のところでガクンと落ちているのは，統計の調査方法の変更を宮崎県が行ったためである（複数の観光地を訪れる人を重複してカウントしていたのを，実数に近づけるように見直した）。
　しかし，岩切章太郎が描いた宮崎の観光地化構想は開花したものの永遠に持続することは難しかったのである。南国のイメージは復帰した沖縄やハワイやグアムにとって代わられ，宮崎県の観光は低迷していくことになる。

第9章　龍馬ハネムーンロードと観光地づくり

③　1970年代における終生結婚観の変容と宮崎ブームの終焉

この時期に結婚をめぐる価値観が大きく転換し，見合い結婚と恋愛結婚の割合が逆転していく（図9-11）。ブームとなった宮崎は「恋愛結婚」をした人々を受け入れる土地として宣伝されたことで，「新婚旅行で宮崎を訪れる」ということが自分たちは「恋愛結婚」であるという証になったことも考えられると森津（2012）は指摘する。

「近代化にともなって，人々はある特定の恋愛のかたちを理想として考えるようになった。それは，『一人の人と恋に落ちて，その人と結婚し，一生添い遂げる』という生き方である。このような恋愛のかたちを『ロマンチック・ラブ』という」（筒井 2016：221）。親が決めた結婚相手と見合いし結婚する，という家族関係を重視した結婚から，個人の意思を尊重し，出会いから恋愛を経て結婚する。そして幸福の名のもとに生涯をともにするというのが理想的な結婚観であった。

しかし，現代社会においては，「好きな人と付き合って，結婚して，醒めたら別れる」というケースが頻繁に見られ，ロマンチック・ラブは終焉を迎えたと言われる。同棲や離婚・再婚の増加がそれを裏づけている。離婚率の上昇は，女性の経済力の向上に伴い，これまで潜在的なかたちで存在した「家庭内離婚」が顕在化したものにすぎないという見方もある。「社会的な意味での結婚は，特定の男女が一緒に生活することを，制度として社会が受けいれたものと定義できる。この結婚に似たものとして，男女が法律上，正規の手続きを踏まずにひとつの屋根の下で暮らす『同棲関係』がある。しかし，日本では事実上の結婚であるような同棲（これを民法では『内縁関係』と呼ぶ）であっても，正式な結婚とのあいだには，大きな社会的な意味の違いがある。これは，同棲がお互いの合意によってのみ成立する個人的な行為であるのに対して，結婚は特定の男女が永続的に結ばれることを周囲に宣言し，それに対して誰も異議を唱えなければ成立するという社会的な行為だからである」と八代尚宏（1994：43-

217

第Ⅲ部　観光化する結婚とブライダル

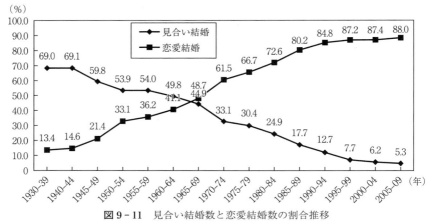

図9-11　見合い結婚数と恋愛結婚数の割合推移
出典：『厚生労働白書2013年版』，国立社会保障・人口問題研究所「出生動向基本調査」より厚生労働省政策統括官付政策評価官室作成。

44）は同棲関係について述べている。

　欧米社会（特に北欧）では同棲しているカップルが多く，それが一般的と考えられている。これには結婚という制度にとらわれることなく，国が男女問わず生活を保障する仕組みを提供してくれているからである。出産についても同様である。このような社会保障の充実が特殊合計出生率を高く保っている要因ともなっている。

　日本において，結婚観が大きく変容したのは1970年代からであった。「軽い見合い，軽い恋愛から，軽い気持ちで結婚する。男女共学で友だちになり，友だちづき合いから結婚し，共働きする。三トモ時代の結婚だから，逆に離婚しやすくなっている」（五百木 1973：155）という時代を象徴するかのように，1972年は約110万組が結婚，約11万組が離婚という状況であった。現在は，さらに離婚率が上昇するとともに，再婚市場が活発化してきている。

　この風潮をきたしたのは，漫画『同棲時代』（上村一夫作）のヒットの影響もあった。この漫画は，『漫画アクション』に1972年3月から1973年11月にかけて連載され，テレビドラマ化（沢田研二，梶芽衣子主演），映画化（仲雅美，由美かおる主演）され，大信田礼子の歌もヒットした。映画のセリフに出てくるの

218

であるが，簡単に「同棲しよっか」と言ってすぐに同棲生活をはじめるというように，同棲が流行語となり社会現象となった。結婚したら終生添い遂げるものだという意識が大きく変わっていったのである。

　結婚観の変容とともに，現代風に言えば1970年代の新婚旅行の聖地であった宮崎も大きく変貌を遂げていった。道路や空港といった交通網を整備しながら，1988年に「宮崎・日南海岸リゾート構想」が総合保養地域整備法（リゾート法）第1号承認を受けた。構想の中心は宮崎市一ツ葉地区の国際コンベンション・リゾートゾーンで，官民出資のフェニックスリゾート株式会社が開発主体となり，総工費2000億円を超える大型プロジェクト（シーガイア）として話題を集めた。1993年に開閉式全天候型室内プールのオーシャンドームが完成，翌1994年には，ホテルや国際会議場「サミットホール」が完成し，グランドオープンを迎えた（安藤・大賀共編 2001）。この構想の実現により宮崎は復活し，日本有数のリゾートとして国内外にアピールしつつ宮崎の観光経済に大きく寄与する計画であった。

　シーガイアのランドマーク的な存在の全天候型プールのオーシャンドームは，宮崎の美しい海岸線にそぐわない，むしろ景観を破壊する建造物として破綻後は評価されることが多い。しかし，シーガイア付近の海岸は浅瀬が少なく，波も荒く，特に強烈な引き潮が発生するため泳ぐのに適さない海岸であったので，安全にいつでも泳げることを当初の狙いとして，世界最大のウォーターパーク（140mの人工ビーチや造波プールを持つ）を造ったのである。初年度の入場者目標は250万人であったが，目標にははるかに届かず最大の年（2005年）でも約124万人であった。建設費用に加えてバブル崩壊により入場者数が大幅に下回るなど低迷し，2001年に2762億円の負債を抱え，会社更生法の適用を申請した。同年にアメリカの投資会社リップルウッド・ホールディングスに買収されたが，その後，2012年に複合型リゾートをめざすセガサミーホールディングスが全株式を取得した。オーシャンドームは2016年から解体工事がはじまり，翌2017年には終了している。

第Ⅲ部　観光化する結婚とブライダル

④　地方創生と南九州新婚旅行ゴールデンルート復活への課題

　観光立国から観光大国をめざして国際観光に力点を置いた政策を打ち出しているわが国において，宮崎市，霧島市，鹿児島市とその周辺都市は現状のままでいては衰退するのみである。かつて1975年前後に新婚旅行のゴールデンルートとして絶大な人気を誇った宮崎・霧島・鹿児島を結ぶルートは，現代においても十分に通用する観光価値の高いものである。外国からの新婚旅行の目的地として日本が人気となっており，和婚ブームの受け入れを各地が競っている。その中で，このルートの各都市が広域に連携し，再び脚光を浴びるべくインバウンド仕様にインフラ整備を行い，プロモーションを実施することも検討すべきである。

　すでに，日本版 DMO の地域連携 DMO⁽⁷⁾ として公益財団法人みやざき観光コンベンション協会が登録されている。古事記や日本書紀に描かれた日向神話の舞台，綾ユネスコエコパークや日南海岸などの風光明媚な観光名所，花をはじめとした四季折々の自然観光素材，宮崎牛をはじめ，地鶏，完熟マンゴーなどの食材の宝庫，充実したスポーツ施設やアクティビティスポット等々の強みを生かした観光客の誘致活動を行っている。訪日外国人観光客の傾向を見ると，東京，大阪，福岡を中心とした動きから，地方への分散が顕著に見られるようになってきた。市場の拡大が期待される中，これらの受け皿となるにはマーケティング力や商品開発力の強化，観光人材の育成，県民のホスピタリティの促進をおろそかにしてはならない。もう一度，岩切章太郎の精神に立ち返って郷土を思う心を養い，郷土の誇りを国内外に発信する必要があろう。

　鹿児島市も，公益財団法人鹿児島コンベンション協会が2017年度の事業計画に，観光振興による鹿児島地域経済のさらなる活性化を図ることを目的とし，官民一体となって，戦略的かつ広域的に観光客の誘致・受入態勢の充実を進めるため，地域の観光マネジメントのプラットフォームとなる DMO の検討を行うこととしている。2018年は明治維新150年の節目の年（1868年，明治改元）で

あり，大河ドラマ「西郷どん」の放送が予定されている。鹿児島市にとっては観光の追い風が吹く絶好の機会である。集成館機械工場が明治産業革命遺産として世界遺産に登録されて注目を集めたが，日本の国歌「君が代」や国旗「日章旗」のルーツであることはあまり知られていない。この機を捉えての積極的な観光客誘致施策の展開と，将来を見据えた観光基盤づくりが期待される。

霧島市においては，外国人観光客の伸びは日本各地と同様に増加しており，「和服で参拝，ぶらり霧島神宮。」を事業化し，音声ガイドシステムを採用して多言語による観光案内を可能とした。豊富な温泉と明治維新の立役者である坂本龍馬の知名度を活用した，新婚旅行を含む外国人観光客の誘致を行うにあたっては，他の観光協会等との連携は必須である。また，広域連携を視野に入れたDMOの登録も検討すべき事項である。

過去の例に見られるように，大河ドラマの影響は一時的なものである。市民を巻き込んだ観光振興の計画づくり，着地型商品の開発，観光事業者との対等な関係においての連携事業の推進などが地方には求められる。抱える多くの課題に対して，日本型DMOは一つの有効な解決手段となり得るものであるが，これを支えるのは地元の人材であり，観光教育の充実が求められるのである。

●注―――――――
(1) best man：花嫁付添人，結婚する男の友人。
(2) 『土陽新聞』に1883年1月24日から9月27日まで連載された講談調の連載小説。坂崎紫瀾作，毎回の挿絵の人気とともに大評判となる。
    ※『土陽新聞』：自由民権運動を率いた板垣退助が創立した立志社の機関紙。
(3) 坂崎紫瀾『汗血千里の駒・坂本龍馬君之伝』（岩波文庫，2010）の林原純生の解説より。
(4) 「龍馬も遂に鞆子の望のままに任する事となりて　その母にも暫しの別をつげさせて都を跡に舟出したるは　自ずとかの西洋人が新婚の時には『ホネー，ムーン』とや謂わん」（坂崎紫瀾，同上書より）。
    「ホネー，ムーン」（honey moon）：新婚旅行，新婚の蜜月。満月を愛情の絶頂に

第Ⅲ部　観光化する結婚とブライダル

たとえた言い方。「歓娯月［訳者云ク英国ノ風俗夫婦婚礼終テ或ハ他所ニ往キ一二月ヲ歓娯ノ中ニ送ルヲ以テ例ト為ス。之ヲ名ゾケテ（ホネームーン）ト云フ］」（丹羽純一郎訳「欧州奇事　花柳春話」附録第10章，1879年）。

(5)　2008年度「魅力ある観光地づくり」の事業として「日本最初の新婚旅行　龍馬ハネムーンロード」の道標を設置。設置は鹿児島県，管理は霧島市となっている。

(6)　新婚旅行客数（宿泊客）÷2で算出。

(7)　Destination Management/Marketing Organization：地域の「稼ぐ力」を引き出すとともに地域への誇りと愛着を醸成する「観光地経営」の視点に立った観光地域づくりの舵取り役として，多様な関係者と協同しながら，明確なコンセプトに基づいた観光地域づくりを実現するための戦略を策定するとともに，戦略を着実に実行するための法人。広域連携DMOが5件，地域連携DMOが63件，地域DMOが66件の計134件が登録されている（2017年3月28日現在）。

(8)　DMOの登録区分は対象エリアの広さに応じて三つある。広域連携DMOは複数都道府県にまたがる区域（地方ブロック単位）を一体とした観光地域として，観光地域づくりを行う組織，地域連携DMOは複数の地域公共団体にまたがる区域を一体とした観光地域として，観光地域づくりを行う組織，地域DMOは原則として，基礎自治体である単独の市町村の区域を一体とした観光地域として，観光地域づくりを行う組織である。

●参考文献───────

朝日新聞出版（2009）『週刊昭和 No.06　昭和38年』朝日新聞社。

安藤保・大賀郁夫共編（2001）『高千穂と日向街道』吉川弘文館。

五百木文二（1973）「120万カップル誕生の内幕」『サンデー毎日』（1973年3月25日号）毎日新聞出版，154-155頁。

岩切章太郎（1992）『私の履歴書』（昭和の経営者群像③）日本経済新聞社。

岩切章太郎（2004）『心配するな　工夫せよ』鉱脈社。

奥田義雄・西川大二郎・野口雄一郎共編（1971）『地方都市』（日本列島その現実2）勁草書房，163-165頁。

加藤秀一（2004）『恋愛結婚は何をもたらしたか──性道徳と優生思想の百年間』筑摩書房。

司馬遼太郎（1987）『竜馬がゆく（六）』文春文庫。

白幡洋三郎（1996）『旅行ノススメ』中公新書。

筒井淳也（2016）『結婚と家族のこれから──共働き社会の限界』光文社新書。

天籟生（1914）「世界共通の結婚風俗」『風俗画報』（第461号）東陽堂，2-4頁。

宮崎交通社史編纂委員会（1997）『宮崎交通70年史』宮崎交通。

森津千尋（2010）「宮崎観光とメディア（1）」『宮崎公立大学人文学部紀要』（第18巻第1号）宮崎公立大学，259-269頁。

森津千尋（2012）「メディアイベントとしての新婚旅行——1960年から1970年代の宮崎を事例に」『セミナー年報2011』関西大学経済・政治研究所，21-30頁。

森津千尋（2014）『事例研究Ⅱ　宮崎と新婚旅行ブーム』（地域社会と情報環境の変容・研究双書第158冊）関西大学・政治研究所。

八代尚宏（1994）『結婚の経済学』二見書房。

第10章
観光化された結婚の風習

桑 田 政 美

①　日本の珍しい結婚の風習

　我々の一生はその誕生から死まで，さまざまな通過儀礼に彩られている。冠婚葬祭はその代表的なものである。冠は元服，婚は婚礼，葬は葬儀，祭は祖先祭祀を意味する。日本における婚礼については，男女の交際からはじまり，結納，嫁入り，結婚式などの場面において，地域独特の風習があり，世の中の変化とともに消えていったものもあるが，いまだにそれが日本各地に継承されているものもある。それらを時代の変化，地域性の違いを徹底的なフィールドワークによって明らかにしたのが，宮本常一や柳田國男に代表される民俗学である。

　この章では，それらを時代の変化，地域性の違いを明らかにしながら解き明かすこととする。例えば，結納の本来の由来は「二つの家が結合する『結』に用いる縁起物で，両家や両家の縁談をまとめる媒酌人が共同飲食することに意義があり，持参した結納の品々をその場で一緒に食べるのが原則」（国書刊行会編 2015：3）である。実際に各地でそのように行われてきたところもあり，信州（長野県）南安曇野地方の婚儀では，「まず媒酌人が双方の縁談を取り決めたのち，花婿方が身代に応じて若干のお金を酒肴料として包み，これを媒酌人が花嫁方に持参し，祝いの酒を飲み交わす。これを『手〆の酒』という。結納を贈るときは媒酌人並びに花婿の親や下男に結納品を背負わせ，嫁方に着くと帯や着物を添えて結納品を出す。嫁方では盛んに馳走をして，媒酌人や花婿の親

225

第Ⅲ部　観光化する結婚とブライダル

などが帰ったあと，『結納ひろめ』として近所の婦人たちを招き，酒や馳走を振る舞う」（国書刊行会編 2015：83）というかたちであった。

　ところが現代では，結納を披露することに力点が置かれ，派手な婚礼で有名な愛知県においては，「結納品を座敷にずらーっと飾り，近所の人が見に来ると，お茶とお菓子でもてなす。巨大なツルとカメの造りものや松竹梅の造花，樽酒が山積み，お菓子（干菓子）も山積み。婚礼布団セット，家紋入りたんす五さお，着物数十着，反物山積み。毛皮（ミンク）のコート，ペアの時計（ロンジン），三段重ねの紅白お餅，車のキー（4WD）……」（清水 1996：22）と書ききれないほどの結納品が披露されるケースもある。しかも愛知県の場合は，婚礼家具を運び込むときに使用する「寿」と書かれたトラックが透明なものまである。何が積んであるのかを周囲の人に見せるために使用するわけで，県民性が見栄っ張りと言われる所以でもあるが，この華美さは，親が娘のために立派な婚儀を果たすことを厭わないことにある。このトラックは愛知県のみならず岐阜県，石川県，福井県にも存在するそうである。また，結納品のお披露目については，花嫁が生家から出る際に近所の人に桐簞笥の中まで見せながら嫁入り道具をお披露目するのと，花婿方に持参したものをお披露目するのと両方がある。

　昭和のはじめ頃までは夜這い[(1)]が行われており，ほぼ似たような条件を持つものが結婚するという村内婚か隣村間婚が多かった。また，若衆宿があった時代[(2)]では結婚適齢期は男女とも24歳で，それまでに結婚するのが普通であった。若衆宿が25歳までとしていたからである。また，25歳は男の厄年と言われ，25歳には結婚を忌む風習があったので，その年で結婚するものは貰い年をして26歳[(3)]ということにして結婚したのである。こうした風習が壊れはじめたのは，明治末期頃からと宮本常一は次のように述べている。「その頃まで旅稼ぎをしている者も嫁は大てい郷里の娘をもらったが，旅稼ぎが大工・木挽・石工・船乗りなどであった時代には郷里にいる時間も長かったけれど，明治末年頃から工業都市の発達につれて，職工などで出ていく者が多くなる。彼らは休日で帰郷できる期間がずっと短くなる。大工にしても都会なら四六時中仕事があって，盆

226

正月にも帰れないがふえてきた。そういう人たちは都会で知りあった女と結婚する者がふえ，年齢の制約など次第にくずれてくる」（宮本 2016：48-49）ということである。結婚の条件や範囲が大きく変わってきたのである。それに伴って，昔からの婚礼に関わる風習も変化してきた。

　例えば，福井県三国町には婚礼の儀式の際に，嫁ぎ先の家の2階から紅白饅頭や酒饅頭をまくという風習が残っている。大正時代まで，福井県一帯では嫁入り行列は夜に行われていたため見物客も少なかった。しかし婚礼の形式も変化し昼間に嫁入り行列をするようになり，見物客に祝儀代わりに饅頭を振る舞うようになったという。新妻がはじめて婚家に入ったことを知らしめるための儀式でもあった。

　室井康成編（2010）は，北海道から沖縄にいたる全国各地に近年まで残っていた変わった風習をそれぞれの地域の研究者が調べたものをまとめている。一部をここで紹介する。

【北海道・東北】

　アイヌの婚姻は，嫁入りの場合，花婿と世話人がトキ（酒を入れる椀）と膳を持って花嫁の家へ行き，火の神の前に供えた。そこで花婿と花嫁が酒を半分ずつ飲むカムイノミを行い，またソナビ（高盛の飯）といって，花嫁が炊いた飯を花婿が半分食べた後，花嫁に与えた。一連の儀礼が終わると，今度は花婿の家でも同様に火の神に祈り，酒をともに飲んだ。

　雪深い東北では，結婚式が行われるのは収穫を終えた晩秋から冬にかけての農閑期であった。親戚に付き添われた花嫁が，花婿の家に向かって雪道を歩いていると，近所の子供たちが雪玉を投げつけて祝った。中には馬糞，細かく切った大根，泥のついた草履，肥し水などもかけたとある。

【関東】

　千葉県の農村では，花嫁が婚家にはじめて足を踏み入れるとき，花嫁の尻を叩く「ケツタタキ」「シリタタキ」という入家儀礼が行われていた。花嫁が婚家の玄関の敷居をまたいだその瞬間，その尻を藁束や松明で数度にわたって叩くのである。この尻を叩く所作には「入ったら出んな，出たら入んな」という

227

趣旨の口上が伴う。関東では，自宅の婚儀に際して，オチョ（男蝶）・メチョ（女蝶）と呼ばれる７〜８歳の二人の男女が，三々九度の夫婦盃に酒を注ぐ役割を果たした。このオチョ・メチョは，地域によっては「両親が健在な長男・長女が務める」ものとされる。それは近い将来，新郎新婦が子を授かり，自らも健康な親となることを願う「予祝」としての意味があったのであろうとされている。

【東海】

　日本の伝統的な家族制度では，家を継ぐ長男以外の者は結婚すると新たに家を建て独立するものだが，合掌造りで有名な飛騨・白川郷では，次男以下の男もみな生家にとどまるというしきたりがあった。特徴的なのは彼らが妻子を持った後も一緒に住むことは許されず，夫は妻の生家にときどき会いに行くという形式である。妻問い婚と呼ばれるこの制度では，生家から出て行く女もまた長男と結婚した者に限られており，それ以外の女はよその家に住む夫との間にできた子供を，自らの生家の戸主（子にとっては母方の伯父）の経済的庇護のもとに育てるのである。

【北陸】

　婚姻は夫の妻になることではなく，家の嫁となることを意味しており，また嫁は地域社会への披露によって承認を得る必要があった。婚礼とは別に「村祝儀」といって村のカミサン連中を招いた酒宴や，婚礼翌日に親類の女たちを招く「嫁ひろげ」などの嫁見せの習俗もその意味があったのである。また，村の若い衆への配慮も重要であった。「ナワバリ」といって花嫁行列を地域の若者が縄を張っての妨害や，石や雪玉などを行列や宴席に投げ込み，祝儀や酒をもらう「ツブシ」という習俗が存在する。金沢市には「クモスケ」といって，若衆らが八人ほど顔に墨を塗り，裸になって，米俵に臼を入れたものを担いで婚家を訪れ，踊りや歌で囃した。婚家では臼を持って行ってもらわないと困るため酒手を出したという。

【近畿】

　着物をはじめとする嫁入り道具には嫁ぎ先の家紋を付すのが通常であるが，

近畿から瀬戸内海にかけては家紋とは別に，「女紋」と呼ばれる母から娘へと受け継がれる女性専用の紋章が存在する。モチーフで最も多いのは桐，蔦，葦であり，複数のモチーフを組み合わせた文様や，家紋の外輪を外した文様などもよく見られるという。女紋が付された着物などを纏うことで母系の女性集団の連帯が意識されることとなるが，実家との関係においてのみならず嫁ぎ先の親族集団の中にも見受けられる。湖北地方では，本式の祝宴後に，カカタチヨビ・オナゴシヨビ・アトヨビなどと呼ばれる嫁を中心とした披露の場が設けられていた。

【中国・四国】

「嫁盗み」という婚姻習俗がある。背景には①娘本人もその親も婚姻に反対，②娘は承知しているが親が反対，③娘も親も承知しているが諸般の問題がある，という三つの事情がある場合に，若者仲間が手を貸し略奪した上で結婚承諾の交渉をするというものであるが，これは一種の儀礼として機能していたことに注目される。ちなみに，高知県では「嫁かたぎ」と呼ぶ地域もある（「かたぐ」とは「かつぐ」という意味）。

【九州・沖縄】

佐賀県には「カカソビキ」と呼ばれる嫁盗みがある。これは，女を奪って一室に押し込み，男が膳を出し，女がそれを口にすれば結婚承知，泣き通して食べずにいると不承知ということで，不承知の場合は女の親が連れ戻した。また，沖縄地方の嫁入りでは，結婚式当日，嫁入りに先立って婿が嫁の実家に赴き杯を交わす際，ヒヌカン（火の神）を拝む。ヒヌカンとは竈に置かれた三つの石のことで，主婦が管理する家の守り神である。嫁入りでは，嫁の実家のヒヌカンの灰が婚家のヒヌカンに移し分けられる。

結婚活動を「婚活」と名づけたのは山田（山田・白河共編 2008：19-20）である。近年，自治体において定住人口を増やすための縁結び事業が盛んになっている。お見合いパーティ，婚活バルの開催など，自治体らしからぬイベントが多く催されているのは，超高齢化による人口減少の危機に歯止めをかけようと

第Ⅲ部　観光化する結婚とブライダル

する狙いがあってのことである。しかし，これは現在の課題解決の手法としてではなく，太平洋戦争終戦直後の1947年，1948年にも従来の結婚慣習の型や家族制度の殻を破ることとなる集団見合いが，雑誌社や自治体などが主催して催されていることが当時の雑誌に紹介されている。

　　昭和二十二年の秋，ある雑誌社が相手を探し求める未婚の男女に呼びかけて，東京多摩川べりに集団見合い大会を開いたら，約五百名の花嫁花婿候補が集り，新しい交際がはじめられ晴のゴールインとなったものが約五十組，という成功に，二十三年四月第二回を催おすと，なんと四千名が集り，約三百組の結婚が成立したというので，大阪に流行がうつり……。（『労働文化』1951年）

　この中には，識者の間には，結婚にあがく女性にとって「集団見合いは是か非か」の問題まで起こったと記されている。1948（昭和23）年５月の端午の節句には，鎌倉市主催の集団見合い大会が鶴ヶ丘八幡宮境内で開催され，男性100名，女性80名が参加している。申込金100円に略歴，希望条件を示して主催者に提出すれば，この見合いで結ばれた場合，市長が仲人，市が式場，式服の貸与，その上スィートホームの世話までするというものであった。午後２時までに十数組が成立したそうであるが，この大会は約１万人の観衆が見守り，多くの新聞社，ニュース映画社などが取材にきていた。

　奇妙な風習の中には，負の風習というべきものが1960年頃まで関東周辺の農村部に残っていたのが週刊誌等の記事でうかがえる。足入れ結婚，腰入れ結婚と言われるもので，一種の試験結婚である。いくつかのケースが裁判沙汰になることで公になり実態が明るみに出たのだが，農繁期の人手不足とか，嫁入り支度が満足にできないという経済的理由による場合が多いようであった。入籍もせず，労働力として無料奉仕，性的関係の強要，挙句の果ては男性側からの一方的な縁談の破棄という人権無視の風習がつい最近まで平然と行われていたのである。

第10章 観光化された結婚の風習

② 結婚プロセスの商業化

　男女が一緒に生活する前提として結婚をするのであるが，その際に行う一種の儀式としての結婚式が行われるようになったのは近代のことである。それまでの結婚は，同じ地域か近隣の地域の者同士が結ばれ，家において儀式が行われていた。当然のこととしてその地域ならではの独特の風習もあったのである。しかし他の地域でどのような風習があるかどうかは，今のような情報伝達手段がないために分からないのである。

　石井研士は「儀礼文化の変容は，儀礼によって保持されてきた意味の変容をも意味している。結婚式の変容は，私たちの『幸せのかたち』の変化を示している」として，「幸せのかたち」がどのように変わったかを次のように述べている。「神前結婚式からキリスト教結婚式への移行は，価値観もしくは人間関係に関する二つの移行の表れである。一つは，『親・家族・親族の意向』から『二人の希望』への移行である。いま一つは『一般的・無難・人並み』から『個性』への移行である。……『家』や親族，会社での人間関係を意識した従来の結婚式は，すっかり様変わりしつつある。戦後の『家』や地域共同体の崩壊は，結婚式の場所，結婚式に集まる人々の範囲や人数，挙式様式の決定者をはじめ，いたるところで確認することができる。仲人の急速な減少や，海外挙式の増加は，こうした変容の象徴的な現象である」（石井 2005：28，70-72）。

　儀礼文化の変容は，地域共同体によって賄われてきた結婚のプロセスが外化していくことであり，しがらみにとらわれない個人的儀礼化していくことでもある。とりわけ通過儀礼の中でも婚約と結婚のプロセスにおいては個人の価値観が反映されることとなる。より効果的，効率的に，そして感動的に「幸せのかたち」を周囲に示すにはどうすればよいか。ここに演出という要素が必要とされるようになり，これがプロセスが商業化していく要因となっているのである。婚約と結婚のプロセスを見ると，結婚の前提となるマッチングから婚約，結納，挙式，披露宴，新婚旅行となる。それに付随して，婚約記念品，結納品

231

などブライダル市場は多岐にわたっている。マッチング・ビジネスを例にとっても，情報誌，結婚相談所，お見合いパーティ，ネット婚活などに多くの企業が参入しているのみならず，若者を対象とした定住人口増加策として自治体まで婚活事業に乗り出しているのが現状である。

　日本のキリスト教信者は人口の２％を切るほどなのに，最近は多くのカップルが教会やチャペルで結婚式を挙げている。キリスト教結婚式と呼ぶものには教会結婚式とチャペルウェディングがあり，二つは異なるものである。教会結婚式は宗教法人格のある教会で，神父や牧師といった聖職者がいて，そこで挙げる結婚式を言う。チャペルウェディングはホテルや専門式場に併設されるチャペルで，出張してきた牧師によって挙げる結婚式を言い，これが大半を占めている。キリスト教信者でないカップルがなぜ教会結婚式を望むのだろうか。「チャペルでの結婚式へのあこがれ」「ウェディングドレスが着たかった」「ロマンチック」などの理由が挙げられるが，ホテルや専門式場の立場によれば挙式の商業化による利益の追求であると言えよう。

③　結婚の風習の観光化事例

（1）　花嫁のれん列車と花嫁のれん展

　観光列車が数年前からブームとなり，JR 各社や私鉄が競って新しい列車を運行させている。鉄道が単なる移動手段ではなく，「乗り鉄」という鉄道ファンが増加していることからも分かるように，車両に乗る，そして窓からの景色を楽しみながら特製の弁当やスィーツを味わうといった旅のスタイルが定着しつつある。

　JR 九州の「ななつ星」に代表される豪華列車は，2017年には JR 東日本が「四季島」を，JR 西日本が「瑞風」を次世代型クルーズトレインとしてデビューさせた。津軽鉄道の「ストーブ列車」や三陸鉄道の「こたつ列車」などの地域性を打ち出した列車や，ごちそう列車として有名な西武鉄道の「旅するレストラン・52席の至福」，えちごトキめき鉄道の「雪月花」，長野電鉄の「北信濃

第 10 章　観光化された結婚の風習

ワインバレー列車」など，一流シェフによるご当地の食材を使っての料理やスイーツ，そしてワインや地酒などを移りゆく景色とともに楽しむ人気列車が数多くある。その中にあって，北陸の伝統工芸である輪島塗や加賀友禅をイメージし，赤と黒を基調としたデザインで人気があるのが「花嫁のれん列車」である。嫁入りのときに花嫁がのれんを持参するという加賀藩領地の風習が列車名の由来となっている。

図 10 - 1　観光列車「花嫁のれん」
出典：筆者撮影。

■七尾線観光列車「花嫁のれん」
（図 10 - 1・2）
車両のコンセプト：コンセプトは「和と美のおもてなし」。外装・内装とも輪島塗や加賀友禅，金沢金箔など北陸の伝統工芸をイメージし，「和と美」を表現している。

図 10 - 2　「花嫁のれん」列車内部
出典：筆者撮影。

列車名「花嫁のれん」：婚礼の際，大切に育てあげた娘の幸せを願って，色鮮やかなのれんを娘に持たせる風習を列車名に採用。女性の幸せを願う伝統文化の要素をこの列車に取り入れ，乗車されるお客様に「幸」を感じていただきたいとの願いが込められている。

花嫁のれん列車のロゴデザイン：ロゴは加賀水引をモチーフに，花嫁のれんをくぐる神聖で幸せな気持ちを表現。水引の淡路結びには，簡単に解けないことから末永くお付き合いしたいという意味があり，互いの輪が結び合い全体に和をなす形にしていることで，北陸への旅が仲良く和やかで楽しい旅になるよう

233

第Ⅲ部　観光化する結婚とブライダル

にとの願いが込められている。

花嫁のれん列車の運行：2両編成（定員52名）で金沢〜和倉温泉を一日2往復，金・土・日運行（季節により他の曜日も運行）。列車により特注メニューの賞味が可能（加賀屋総料理長監修の和軽食セット，世界的に活躍するパティシエ辻口博啓氏によるスイーツセット，石川の珍味と能登の酒造メーカーの銀米吟醸が楽しめるほろ酔いセット）。

　のれんはもともと僧堂内の風気を防ぐために下げたようである。それより古くは日除けのための幌すなわちトバリというようなもので，蔀を上げたときの日除けに使われ，ときには障子の役割も果たしたようである。発生は「源氏物語絵巻」に見られる平安貴族が使用した御帳台，帳，几帳を原点とした自然発生的なものであったとされている。また，「山王霊験記」（鎌倉時代），「福富草子」（室町時代）の絵巻物に短いのれんが散見され，日除けや魔除けのために用いられたと考えられている。岩井宏實は，「実際に家の出入り口に下げるようになったのは鎌倉時代からで，これに店舗の屋号や文様をあしらうようになったのは室町時代も末期になってから」と述べている。また「大坂では家の中を明るくしておくと福の神が飛び出してしまう。明るい家には金がたまらないという俗信があったので，間口が狭く奥行きの長い建て方の家屋に加えて，さらに長暖簾をかけて一層薄暗い感じのする店にしたのだった。そして商業活動がより活発になった元禄・宝永（1688〜1711年）の頃から，紺地の木綿に商品名・屋号・商標・氏名などを白く染め抜くことが普及したようである」（岩井2006：153-155）と記している。のれんにも商品などを具象的に表現したものが多いが，当時は文字を読めない人が多く，商家の目印になったからであろう。江戸時代末期からは，一般民家でも間仕切りにのれんを下げるのが流行し，玉のれんや短い半のれんが用いられた。加賀藩においても元禄年間の絵巻物に商家の軒先にのれんを掛けた図が見られる。普通の家屋での使用が全国的にはすたれていったが，加賀藩に属する越中，加賀，能登では外のれん，内のれん，半のれん，商業のれんが存続した。内のれんは別名「部屋のれん」とも言い，

第 10 章　観光化された結婚の風習

婚礼に用いる内のれんを「花嫁のれん」としたのである。

　花嫁のれんの布地は、木綿、紬、縮緬、紋綸子、塩瀬、羽二重と多様化しているが、多くは絹で加賀友禅の手法が用いられている。のれん上部に実家の家紋を配し、絵柄は長寿の象徴としての鶴や亀、桐に鳳凰、孔雀に芍薬、夫婦仲の睦まじさを象徴する鴛鴦など時代によってモチーフに変化はあるものの、縁起の良い絵柄が好まれるようである。特徴的な絵柄として多く見られるものに、薬草を束ねた薬玉がある。

　花嫁のれんの収集家でもある染織研究家の花岡慎一は、「そもそ

図10-3　花嫁のれん展チラシ
出典：一本杉通り振興会。

も"花嫁のれん"は嫁入り道具の一つとして実家で誂えたものを、婚礼当日、婚家先の座敷の敷居に下げ、花嫁はそれをくぐって仏間に入り、ご先祖へのあいさつをする。その後は新夫婦の寝間の入り口に一週間掛けられ、その間に親戚の女性たちが嫁入り道具を拝見に訪れ、祝い膳を囲んで夫婦の行く末を祝うという段取りである。外されたのれんはしまい込まれ、その後取り出すことはほとんどない。のれんの美しさが再認識され飾られるようになったのは、ごく近年のことである」（花岡 2005：116）と述べている。

　石川県七尾市では毎年5月に能登最大の祭りで平安時代が起源とされる「七尾青柏祭」（国の重要無形民俗文化財に指定）が催される。その代名詞となっている曳山（通称、でか山）行事はユネスコ無形文化遺産に登録されている。その祭礼の賑わいに呼応して、一本杉通り商店街の各店が普段しまい込まれている

235

第Ⅲ部　観光化する結婚とブライダル

図10-4　花嫁のれん館
出典：筆者撮影。

図10-5　花嫁のれんくぐり体験
出典：筆者撮影。

花嫁のれんをいっせいに飾るという「花嫁のれん展」（図10-3）が企画された。期間中約50軒の商家・民家の屋内に150枚以上の花嫁のれんが飾られるこの催しは、地元の人たちはもとより国内外から多くの観光客を惹きつけるイベントとなっている。

一本杉通りを少し入ったところに「花嫁のれん館」（図10-4）があり、そこでは明治から平成までの花嫁のれんの移り変わりやその時代の特徴を常時見ることができる。特別展示として地域の婚礼衣装や道具等、婚礼文化の紹介がなされている。また、観光客に人気なのが「花嫁のれんくぐり体験」（図10-5）である。白無垢または打掛を着て、仏間に掛けられた本式の花嫁のれんくぐりを体験することができる。加えてここでは加賀の結婚の風習を知ることもできる。婚礼当日に行う「合わせ水」は、実家で振袖もしくは白無垢の上に打掛を着て新郎宅へと向かう。出発前に実家の仏壇を拝む。新郎宅の玄関で持ってきた花嫁の実家の水と、新郎の実家の水とをカワラケに注いで飲む「合わせ水」をする。両家の水になじむようにとの願いが込められている。飲み終わるとカワラケを割るが、これは割ったら二度と戻らないことから、花嫁が家から出ることがないようにとの意味があるのである。

現在も「合わせ水」などは行われているが、一生に一度しか使用しない花嫁

のれんはレンタルを利用する人も増えている。また，輪島塗の重箱に赤飯・五色饅頭を入れて近所への挨拶回りに配られていた風習も，現在は紙箱入りとなりそのまま配ってしまうようになった。伝統工芸である輪島塗の重箱，それを包む風呂敷や袱紗の存在が薄れること

図10-6 恋路海岸・幸せの鐘
出典：能登町ふるさと振興課。

や，受け継がれてきた婚礼作法や文化の継承の難しさは地域にとっての大きな課題となっている。

　能登半島は意外と広く，奥能登，中能登，口能登とに分けられる。奥能登の能登町には，悲恋伝説が残る恋路海岸があり，縁結びのパワースポットになっている。恋路という名から「えんむすロード」とか「ラブロード」と呼ばれており，ビーチ沿いには恋路物語のモニュメントやカップルで鳴らすと愛が結ばれるというハート型の「幸せの鐘」（図10-6）が設置されている。また，口能登の羽咋市には能登国一宮・気多大社がある。万葉集に748（天平20）年，大伴家持が能登を巡行した折に本社に参詣して詠んだ「之乎路（しをぢ）から直超え（ただこえ）来れば羽咋の海朝凪ぎしたり船楫（かぢ）もがも」がある。のちに能登の一宮となる神威を当時すでに有していたのである。近世においても前田家歴代の藩主が崇敬し，祈願，祈禱はもとより，社殿の造営までしている。前田利家とまつが愛した神社として，全国的に有名な縁結びの神社となっている。ハート形の縁結び絵馬や福縁的中のお守りなどが人気で，遠方の人でも願いごとを記したメールを送れば，国指定重要文化財の本殿にお供えしてくれるようにもなっている。ただし，願いが叶ったら必ず，気多大社までお礼参りに行かなければならない。

（2）　潮来花嫁さん（嫁入り舟）

　水郷を活用した観光についての研究は多くはなされていないが，石井ほか

第Ⅲ部　観光化する結婚とブライダル

(2012) の研究で指摘されているように，近年の河川や運河の水環境を活かし
たまちづくりや水辺空間の整備，再生が注目されている。特に大河川である利
根川流域における水郷観光まちづくりと地域特有の歴史的町並み保存事業の推
進は注目に値するところである。同じ流域の水郷地帯としての地域特性が似通
っている茨城県潮来市と千葉県香取市 (旧佐原市) は，水郷やサッパ舟と呼ば
れるろ舟の観光資源としての活用方法も類似性があり，あやめまつりや嫁入り
舟の再現など同じようなイベント展開を行っている。

　両地域に流れる利根川の支流 (潮来市・前川／香取市・小野川) は，江戸時代
初期から大正時代にかけては主に灌漑用水として利用され，水田までの移動手
段としてサッパ舟と呼ばれる手こぎ舟を使用していた。農民がサッパ舟で年貢
米の運搬や移動なども行っていた。特に潮来市の前川や北利根川周辺では，
1700年頃より幾度の洪水に見舞われ，これを機にと，文人を乗せたサッパ舟で
寺社巡りという観光利用をすでに行っているのである。しかし，近代には陸上
交通の発達により舟運は徐々に衰退していき，戦後の高度経済成長とともに水
路の農業利用は消失，また土地改良事業などで埋め立てられるところもあった。
そのような経緯から水郷の観光利用は時代の必然であったのである。

　サッパ舟の由来については諸説があり，次の3説のいずれかから変化してき
たものではないかとされている。

　①笹の舟説：舟の形が笹の葉に似ているところからサッパ舟となった。

　②田の端舟説：田圃の端で作業する舟のタッパ舟が変化してサッパ舟となっ
　　た。

　③作業田舟説：サクバタ (作業場) 舟が訛ってサッパ舟となった。

　昭和30年代前半までは，この地域は水路によって形成された生活形態であっ
たことから，嫁入りする際の花嫁や嫁入り道具等を運搬するときにもサッパ舟
が使われていた。これが嫁入り舟のはじまりだとされている。この嫁入り舟が
全国的に知られるようになったのは，1956 (昭和31) 年，松竹映画「花嫁募集
中」とタイアップし，ミス花嫁を募集したことがきっかけとなり，さらに花村
菊枝の歌謡曲「潮来花嫁さん」の大ヒットにより全国的に知られるようになっ

238

第10章　観光化された結婚の風習

た。しかし先述のように，生活形態や交通手段の変化や河川や水路の埋め立て等で，サッパ舟を使った嫁入り舟は姿を消してしまったのである。

嫁入り舟の復活は1985年に筑波で開催された国際科学技術博覧会（科学万博つくば'85）での「潮来の日」の際にイベントとして嫁入り

図10-7　嫁入り舟
出典：茨城県観光物産協会。

舟を復活させたのがきっかけとなり，現在の「水郷潮来あやめまつり」においてもイベントとして行われるようになり，今では水郷潮来を代表する行事となっている。毎年，あやめまつりの期間中に潮来花嫁さんを募集し，前川を嫁入り舟で渡るというもので，多くの観光客から祝福を浴びる幸せの行事である（図10-7）。この嫁入り舟の観光化は，潮来市のみならず近隣の水郷地帯である香取市，そして浦安市においても実施されていて人気を博している。

（3）明治時代の婚礼の再現

古い町並みの残る愛媛県宇和町卯之町中町にて，明治時代の結婚式を再現した挙式を行うことができる。式は夕方から行われ蝋燭に灯された幻想的な町並みで人力車による花嫁行列がスタートし，その後，築200年の松屋旅館の屋敷にて和蝋燭の灯りのもと，雄蝶・雌蝶による三々九度を執り行う。普通の結婚式では味わうことのできない特別な時間を体験できる。一生の思い出に残る結婚式や金婚式，銀婚式も挙げることができる。

この婚礼は，愛媛県の南予地域の観光ブランドづくりを目的に，2004年4月29日〜10月31日の186日間にわたって開催された「えひめ町並博2004」で自主企画イベントとして実施されたものである。期間中に公募による3組のカップルが披露宴を行った。

「えひめ町並博2004」は，行政が主導して進める従来型の博覧会ではなく，

第Ⅲ部　観光化する結婚とブライダル

図10-8　明治の婚礼
出典：ほうやの会（宇和町）。

行政サイドからの提案は一切行われず，あくまで地域住民が主体となって進められた。住民座談会と称して，住民が夢を語り，それをカタチにして将来につなげるユニークな試みであった。南予全体（大洲・内子・宇和を中心に宇和島市，八幡浜市など）で行われた座談会は60回を超え，地域住民ならではの斬新な発想やユニークなアイデアが生まれた。宇和の例では，まず古い着物がタンスの中にたくさんあるので「昔の着物体験」の意見が出た。次に若い人たちが「人力車」をやりたいと言いはじめた。そして，それらを組み合わせて「明治の婚礼」（図10-8）を再現しようということになったのである。

町並博というタイトルに見られるように，この博覧会は「パビリオンのない博覧会」であった。新たな施設や会場を造らず，各町に存在する町並みや建築物をステージと見立て開催された。来場者数は約170万人にのぼり，歴史的町並み保存と共存する新たな観光交流が創造されたと言えよう。

4　結婚の風習を利用した新たなツーリズム

（1）　観光化された縁結びのパワースポット

1970年から1980年代にかけて，全国の小京都ブームが起こり，萩・津和野，高山，金沢などに雑誌『アン・アン』や『ノンノ』に影響されたアンノン族と呼ばれる多くの若い女性が訪れた。神社・仏閣，食，お土産など多彩な観光魅力を味わい，旅のファッションとともに旅のスタイルも大きく変化したのである。海外旅行がまだ少し手の届かないものであり，大阪万博が閉幕した後に国鉄（現・JR）が仕掛けたディスカバー・ジャパン・キャンペーンは，人生における旅の意味を問い，若者の圧倒的な支持を得て1976年まで続いたのである。

第 10 章　観光化された結婚の風習

　当時，電通が国鉄に対して行ったキャンペーンのプレゼンテーションには，「列車（旅）が競合するのは他の乗り物というより家庭のテレビです。生活を充足する価値観の捲き返し，それが『失われた旅』の回復です」という考え方を示している。また「旅は見る旅ではなく，自分を創る旅です。日本を発見し，自分自身を再発見する心の充足です。DISCOVER JAPAN と呼んで見ました」とあり，多くの人々の生活において，旅がより大きな価値を持つことを謳っている。その後の海外旅行ブームを経て，現代の若者は旅をしないというのが定説となっている。1970年代は旅の競合相手はテレビであったが，現代においての競合相手は SNS と言えるだろう。そうした SNS を駆使した情報共有の時代にあって，旅の動機として登場してきたのがパワースポットめぐりである。昔から「縁結び」「金運」「出世」「子宝安産」「厄除け」「学業成就」「技芸上達」「健康」などさまざまなご利益を求めて神社にお参りしていたが，近年はパワースポットめぐりという呼び方で，新しい旅のスタイルとして定着してきている。「健康」や「美」の願いにおいても，ストレス解消，きれいな脚，美しい肌などと細分化しているのが興味深い。

　島根県の出雲地方には，日本最強の縁結び神社として有名な出雲大社をはじめ，多くの縁結びのスポットがある。その中にユニークな願掛けで若い女性の参拝客が絶えない八重垣神社を紹介する。

■八重垣神社（図 10-9）

　八岐大蛇退治で名高い素戔嗚尊と稲田姫命がこの地で夫婦生活をはじめたという故事にちなみ，二神を祀る縁結びの神社として知られている。素戔嗚尊が出雲の斐の川上で八岐大蛇を退治して稲田姫命を救った後に，佐草の地に宮造りをされ，「八雲立つ出雲八重垣妻込めに，八重垣造る，その八重垣を」という妻をめとった喜びの歌を謳われて夫婦の宮居とされ縁結びの道を開かれたのである。

　境内には，稲田姫命が飲料水とし，姿を写された鏡の池（姿見の池）（図 10-10）がある。湧き出る清水は昔ながらの面影をしのばせ，稲田姫命の御霊魂が深く浸透しているので，訪れた人々は必ず縁結びの占いを試みる。社務所で授

241

第Ⅲ部　観光化する結婚とブライダル

図 10 - 9　八重垣神社
出典：筆者撮影。

図 10 - 10　八重垣神社・鏡の池
出典：筆者撮影。

かった占い用紙に硬貨をのせてそっと池に浮かべる。占い用紙にお告げが浮かび上がり，早く沈めば良縁早く，遅く沈むと縁が遅いと言われている。また，境内には2本の椿が地上で1本になった珍しい夫婦椿がある。

（2）　恋人の聖地ツーリズム

　NPO法人地域活性化支援センターでは「少子化対策と地域活性化への貢献」をテーマとした「観光地域の広域連携」を目的に「恋人の聖地プロジェクト」を展開している。このプロジェクトでは，2006年4月より，全国の観光地域の中からプロポーズにふさわしいロマンチックなスポットを「恋人の聖地」として選定し，地域の新たな魅力づくりと情報発信を図るとともに，地域間の連携による地域活性化を図っている。「恋愛」「プロポーズ」「結婚」をテーマとして，新たな旅の動機づくりを図ろうとするものである。これらの聖地では，お守りやお札など御利益が得られるとともに，話題性のあるものが工夫され人気を呼んでいる。全国に137カ所の恋人の聖地が，また86カ所の恋人の聖地サテライト[6]が選定されている（2017年4月8日現在）。

　このプロジェクト開始から10年の節目を迎えるにあたり，2016年に「恋人の聖地観光協会」が設立された。設立趣旨には「全国各地の『恋人の聖地』参画団体，協力企業が連携し，観光振興の手法を共有できるプラットフォームを構

第10章　観光化された結婚の風習

築することにより，交流人口・定住人口の拡大による地方創生と『恋人の聖地ツーリズム』の実現を目指す」とある。旅離れの若者が，聖地巡礼に出かけることで日本の自然を知り，歴史を学び，友人とSNSを通じてコミュニケーションを図る。その結果として恋人関係になり，結婚にいたることとなる。ニューツーリズムの新しいコンテンツとして期待したい。

■　■　■

●注────────

(1)　夜這いは，「呼び合い」であり，求婚を意味する古い言葉である。

(2)　若者宿とも言う。日本の村々には年齢別の組織があり，元服を行った若者組が毎晩集まる宿のことで，ここで縄ないやむしろ作り，行事の相談，雑談などをする。女性が集まる宿は娘宿と言う。

(3)　貰い年というのは産土神へ参って，神主にお神楽をあげてもらい，年を一つ付け加えるのである。年齢差が偶数であることも二つに割れるといって嫌われたので，その場合はたいてい女が貰い年をして結婚した。

(4)　1985年3月17日から同年9月16日までの184日間にかけて行われた国際博覧会である。48カ国と37国際機関，28の民間企業・団体が参加。来場者数2033万4727人。

(5)　毎年5月下旬～6月下旬に，市内を流れる前川沿いにある「水郷潮来あやめ公園」で開催される。約1.3haの園内には約500種類・100万株の色とりどりのあやめ（花菖蒲）が栽培されている。また「美しい日本の歩きたくなるみち100選」にも選ばれるなど優れた景勝地として人気を集めている。この祭りは1952（昭和27）年からはじまり，毎年県内外から多くの観光客が訪れる県内屈指の観光イベントの一つである。

(6)　プロジェクトの趣旨に賛同する一般企業・団体が運営管理する，プロポーズにふさわしいロマンチックなスポット・施設等の中から選定する。

●参考文献────────

石井研士（2005）『結婚式──幸せを創る儀式』日本放送出版協会。

石井沙耶・高橋智子・畔柳昭雄・坪井塑太郎（2012）「水郷水都における水辺環境の変遷に関する研究」『平成24年度日本大学理工学部学術講演会論文集』795-796頁。

岩井宏實（2006）『「君の名は」の民俗学』河出書房新社。

国書刊行会編（2015）『日本の珍しい結婚風習』国書刊行会。

清水ちなみ（1996）『日本一の田舎はどこだ』幻冬舎。

第Ⅲ部　観光化する結婚とブライダル

『週刊新潮』（1995年1月26日号）新潮社，38頁。

東條さやか（2007）「花嫁のれんと袱紗の移り変わり」『研究紀要』（第4号）財団法人金沢文化振興財団，43-50頁。

日本イベント産業振興協会（2004）『クリエイティブイベント』（153号）（社）日本イベント産業振興協会。

花岡慎一（1988）「加賀のれん　花嫁のれん」『月刊染織α』（2月号）染織と生活社，18-27頁。

花岡慎一（2005）「花嫁のれん考」『銀花』（2005年春141号）文化出版局，95-121頁。

藤岡和賀夫（1987）『藤岡和賀夫全仕事［1］　ディスカバー・ジャパン』PHP研究所。

藤澤衛彦（1951）「現代の結婚風俗いろいろ」『労働文化』（10月号）労働文化社，48-50頁。

宮本常一（2016）『日本の人生行事——人の一生と通過儀礼』八坂書房。

室井康成編（2010）「全国各地に残る変わった風習」『歴史読本』（第55巻第10号）新人物往来社，189-203頁。

山田昌弘・白河桃子共編（2008）『「婚活」時代』ディスカヴァー携書。

冨山かなえ（2015）『水郷潮来のあやめと嫁入り舟』。http://www.tsukubabank.co.jp/corporate/info/monthlyreport/pdf/2015/06/201506_01.pdf（最終確認は2017年3月23日）

『水郷潮来観光ガイド・さっぱ舟』。http://www.city.itako.lg.jp/index.php?code=1364（最終確認は2017年3月23日）

あ と が き

　神戸国際大学では2014年度より「ブライダル産業論」を開講し，本書の執筆に携わった近藤剛，白砂伸夫，辻幸恵（現・神戸学院大学教授）と私の４人がリレー形式で担当した。受講学生の学習目標は結婚についての歴史，宗教的意義，社会的背景，世界のブライダル，ブライダルとファッション，ブライダル関連産業の現状と課題などについて総合的に学び，理解することとした。これをきっかけとして2015年４月１日にスタートしたプロジェクトXXでは「結婚観の歴史的変遷と婚礼の多様性に関する学際的研究」をテーマとして，前述の４名に桑田政美が加わって，2017年３月末までの２年間にわたって研究が行われてきた。

　序章で述べられたとおり，その間に研究活動の節目として2016年２月には地元神戸を拠点としてブライダル業界で活躍されている福永有利子氏，吉備由佳氏，萩原宏宗氏の３氏を基調講演者とパネリストとして招き，特別フォーラム「Kobe Wedding Forum 2016」を開催した。３氏のご協力に対し，この場を借りて御礼を申し上げたい。さらに，翌2017年２月と３月の２日間，公開土曜講座「結婚──変わりゆくもの　変わらないもの」を催して，近藤，白砂，桑田，中矢がそれぞれの研究成果について講演した。

　本プロジェクトの代表は「ホテル・ブライダル・セレモニーコース」の主担当者である中矢が務めたが，２年間にわたり，微力な私をプロジェクトメンバーである４氏が力強くお支えくださり，感謝の念に堪えない。研究会後のアフターで毎回白熱した議論が展開されたことも楽しい思い出である。

　本書の刊行に際し，本プロジェクトの活動にご協力をくださった神戸国際大学経済文化研究所，また研究会を円滑に進められるよう多岐にわたってお手伝いくださった事務スタッフの皆様に感謝申し上げたい。そして出版に向けて編

集上の実務を担われたミネルヴァ書房編集部の河野菜穂氏に心から御礼を申し上げたい。

　ライフスタイル全般において多様化が進む日本であるが，人生の中で重きを占める結婚・婚礼分野の研究に取り組む機会を得られたのは大きな喜びであった。これからも結婚・婚礼領域が重要な研究セグメントとしての位置づけを高めることが予想される中，研鑽を続けてゆきたい。

　2017年9月1日

執筆者を代表して

中矢　英俊

執筆者紹介・執筆分担

近藤　剛（こんどう　ごう）

（序章，第Ⅰ部の第1章，第2章）

編著者紹介参照。

白砂伸夫（しら　すな　のぶ　お）

（第Ⅰ部の第3章，第4章）

1953年　生まれ。
1976年　信州大学農学部卒業。
1983年　京都大学工学部建築学教室，故増田友也教授に師事。
2013年　東京農業大学後期博士課程修了，環境共生学博士。
現　在　神戸国際大学経済学部教授。
専　攻　環境共生学。
主　著　『白砂伸夫作品集』マルモ出版，2003年。
　　　　『イングリッシュローズ』講談社，2005年。
　　　　『まちづくりDIY』（共著）学芸出版，2013年。
　　　　『The Rose Garden 白砂伸夫作品集Ⅱ』マルモ出版，2015年。

辻　幸恵（つじ　ゆき　え）

（第Ⅱ部の第5章，第6章）

1962年　生まれ。
1992年　神戸大学大学院経営学研究科博士前期課程修了（修士：商学）。
1996年　武庫川女子大学大学院家政学研究科博士後期課程修了（博士：家政学）。
現　在　神戸学院大学経営学部教授。
専　攻　マーケティング論。
主　著　『流行と日本人』白桃書房，2001年。
　　　　『京都とブランド』白桃書房，2008年。
　　　　『京都こだわり商空間』嵯峨野書院，2009年。

『こだわりと日本人』白桃書房，2013年。
『リサーチ・ビジョン』白桃書房，2016年。

中矢英俊（なか　や　ひで　とし）

（第Ⅱ部の第7章，第8章，あとがき）

編著者紹介参照。

桑田政美（くわ　た　まさ　よし）

（第Ⅲ部の第9章，第10章）

1947年　生まれ。
2016年　大阪市立大学大学院創造都市研究科博士後期課程修了（博士：創造都市）。
　　　　JTBにて法人営業，国内企画商品開発・宣伝担当，博覧会，自治体の観光振興事業，MICE事業等多数に携わる。京都嵯峨芸術大学（現・嵯峨美術大学）教授を経て，
現　在　神戸国際大学経済学部教授。
専　攻　経営学，観光学，イベント学。
主　著　『観光デザイン学の創造』（編著）世界思想社，2006年。
　　　　『イベント学のすすめ』（共著）ぎょうせい，2008年。
　　　　『地域創造のための観光マネジメント講座』（共著）学芸出版社，2016年。
　　　　『博覧会と観光──復興と地域創生のための観光戦略』日本評論社，2017年。

《編著者紹介》

中 矢 英 俊（なかや・ひでとし）

1947年	生まれ。
1969年	大阪府立大学経済学部卒業。
1996年	ウェスティンホテル大阪取締役総支配人。
2001年	ANA ホテルズ＆リゾーツ執行役員。
2007年	ロイヤルホテル執行役員。
現 在	神戸国際大学経済学部教授。
専 攻	ホスピタリティ・マネジメント，ホテル産業論。

近 藤 　剛（こんどう・ごう）

1974年	生まれ。
2004年	京都大学大学院文学研究科博士後期課程学修認定退学。
2007年	京都大学博士（文学）学位取得。
現 在	神戸国際大学経済学部教授。
専 攻	哲学，神学，宗教学。
受 賞	第12回日本シェリング協会研究奨励賞，2016年。
主 著	『哲学と神学の境界』ナカニシヤ出版，2011年。
	『増補版　キリスト教思想断想』ナカニシヤ出版，2014年。
	『現代の死と葬りを考える』（編著）ミネルヴァ書房，2014年。
	『問題意識の倫理』ナカニシヤ出版，2015年。

神戸国際大学経済文化研究所叢書18

現代の結婚と婚礼を考える
──学際的アプローチ──

2017年10月30日　初版第1刷発行　　　〈検印省略〉

定価はカバーに
表示しています

編 著 者	中	矢	英	俊
	近	藤		剛
発 行 者	杉	田	啓	三
印 刷 者	田	中	雅	博

発行所　株式会社　ミネルヴァ書房

607-8494　京都市山科区日ノ岡堤谷町1
電話代表　　（075）581 - 5191
振替口座　　01020-0-8076

ⓒ中矢英俊・近藤剛ほか，2017　　　創栄図書印刷・新生製本

ISBN978-4-623-08130-1
Printed in Japan

───── 神戸国際大学経済文化研究所叢書 ─────

中島克己・林 忠 吉 編著
地球環境問題を考える
A 5 ・368頁
本体3,800円

中島克己・太田修治 編著
日本の都市問題を考える
A 5 ・384頁
本体3,800円

下村雄紀・相澤 哲・桑田 優 編著
コミュニケーション問題を考える
A 5 ・240頁
本体3,800円

太田修治・中島克己 編著
神戸都市学を考える
A 5 ・360頁
本体3,800円

中島克己・三好和代 編著
安全・安心でゆたかなくらしを考える
A 5 ・384頁
本体3,800円

桑田 優・平尾武之・山本祐策 編著
八代斌助の思想と行動を考える
A 5 ・236頁
本体3,800円

三好和代・中島克己 編著
21世紀の地域コミュニティを考える
A 5 ・276頁
本体3,800円

三好和代・中島克己 編著
日本経済の課題と将来を考える
A 5 ・352頁
本体3,800円

三宅義和・居神 浩・遠藤竜馬・松本恵美・近藤 剛・畑 秀和 著
大学教育の変貌を考える
A 5 ・250頁
本体3,800円

近藤 剛 編著
現代の死と葬りを考える
A 5 ・296頁
本体3,800円

───── ミネルヴァ書房 ─────

http://www.minervasyobo.co.jp/